Zu diesem Buch

Magersucht und andere Formen von Essstörungen haben sich zum vorrangigen Problem in der Jugendlichentherapie entwickelt. Den bisher vorgelegten Behandlungsansätzen ist gemeinsam, dass sie die Störung ins Zentrum stellen und untersuchen, was »fehlt«. Ohne den Schweregrad einer Magersuchtserkrankung in Abrede stellen zu wollen, schlägt Christian Ziegler einen anderen Weg vor: Nicht die Defizite rücken in den Mittelpunkt, sondern die Ressourcen. Pubertätsmagersucht wird als – mehr oder weniger heftige – Jugendkrise verstanden, die auch die Chance der Reifung und Weiterentwicklung der Persönlichkeit in sich birgt. Diese Reifungsschritte anzuregen, versteht der Autor als therapeutische Aufgabe.
In einem imaginären Raum erweitert Hypnotherapie nach M. Erickson die Entfaltungsmöglichkeiten und unterstützt eine gesunde Integration dadurch, dass sie Ressourcen, Offenheit und Reaktionsbereitschaft fördert. Unnütze und unpassende alte Stategien können leichter über Bord geworfen werden. Dieser therapeutische Ansatz wirkt indirekt, indem die Jugendlichen im Aufbau ihrer Beziehungsfähigkeit, in der Fähigkeit zu Selbstbehauptung und Auseinandersetzung unterstützt werden. Das Symptom, die Magersucht, wird überflüssig. Zielgruppe des Buches sind Kinder- und Jugendlichentherapeuten, Hypnotherapeuten, aber auch Eltern betroffener Kinder, die hier für ihre Familie »Krisenmanagement« erlernen können.

Dr. med. Christian Ziegler, Facharzt für Kinder- und Jugendpsychiatrie, ist in eigener Praxis in Thun/Schweiz tätig (Schwerpunkt: Hypnotherapie); Ausbilder und Vorstandsmitglied in der Schweizerischen Gesellschaft für Hypnose. Eine weitere Veröffentlichung ist im Verlag Pfeiffer bei Klett-Cotta erschienen: »Aufmerksamkeitsstörung bei Kindern«.

Christian Ziegler

Wege aus der Hungerfalle

Hypnotherapeutische Strategien
bei Magersucht in der Pubertät

Pfeiffer bei Klett-Cotta

Leben lernen 171

Pfeiffer bei Klett-Cotta
© J. G. Cotta'sche Buchhandlung Nachfolger GmbH, gegr. 1659,
Stuttgart 2004
Alle Rechte vorbehalten
Fotomechanische Wiedergabe
nur mit Genehmigung des Verlages
Printed in Germany
Umschlag: Michael Berwanger, München
Titelbild: Edvard Munch, Pubertät (1894)
© The Munch Museum/The Munch Ellingsen Group/
VG Bild-Kunst, Bonn 2003
Satz: PC-Print, München
Auf holz- und säurefreiem Werkdruckpapier gedruckt
und gebunden von Gutmann + Co., Talheim
ISBN 3-608-89728-3

Bibliographische Information Der Deutschen Bibliothek
Die Deutsche Bibliothek verzeichnet diese Publikation in der
Deutschen Nationalbibliographie; detaillierte bibliographische
Daten sind im Internet über <http://dnb.ddb.de> abrufbar.

Inhalt

Einleitung	9

KAPITEL I
Acht Irrgärten auf dem Weg zur Selbstbehauptung — 11
1. Selbstbehauptung — 11
2. Drängende Probleme des Alltags — 13
   2.1 Erster Irrgarten: Selbstunsicherheit ↔ Kontaktsperre — 14
   2.2 Zweiter Irrgarten: Überforderung ↔ (beleidigt) Verantwortung abschieben — 15
   2.3 Dritter Irrgarten: Extreme Herausforderung ↔ Misserfolg — 16
   2.4 Vierter Irrgarten: Kampf um Kontrolle ↔ Kontrollverlust — 17
3. Fehlender Selbstbezug — 18
   3.1 Fünfter Irrgarten: Misserfolg ↔ beleidigter Selbsthass — 19
   3.2 Sechster Irrgarten: Aus Versagen ↔ destruktiv handeln — 20
   3.3 Siebter Irrgarten: Erfolg ↔ Sorglosigkeit — 20
   3.4 Achter Irrgarten: Mehr Perfektionismus ↔ weniger Selbstwert — 21

KAPITEL II
Acht Strategien, die Patientin ins Leben hineinzuziehen — 24
1. Therapie im Hier und Jetzt — 24
2. Hypnose — 25
3. Utilisation und Paradox — 27
4. Unterstützung im Alltag — 28
   4.1 Erste Strategie: Die Patientin in die Therapie hineinziehen — 28
   4.2 Zweite Strategie: Die Magersucht als notwendige Krücke bezeichnen — 29

4.3	Dritte Strategie: Den therapeutischen Rahmen sichern	31
4.4	Vierte Strategie: Durchhaltevermögen	32

5. Den Selbstbezug stärken … 33
   5.1 Fünfte Strategie: Konstruktive Auseinandersetzung … 34
   5.2 Sechste Strategie: Der Therapeut macht Fehler … 35
   5.3 Siebte Strategie: Den Schatten bearbeiten … 36
   5.4 Achte Strategie: Hypnotisches Lernen … 37

KAPITEL III
Barbies Behandlung bei Milton Erickson … 40
1. Barbie … 42
2. Irrgärten und Strategien in Barbies Fallgeschichte … 45

KAPITEL IV
Heilung aus der Distanz … 48
1. Denise: Kurz und heftig … 48
2. Bea: Ihr Weg … 53
3. Regula: Hohe Ideale und wenig Tricks … 59

KAPITEL V
Ehrgeizige Mädchen … 85
1. Laura … 85
2. Susanne: Schnelle Fortschritte … 97
3. Delia: Lust zu essen … 99
4. Nadja: Unschuldiger Ehrgeiz … 101

KAPITEL VI
Nähe zulassen … 105
1. Anna: Lockerheit … 105
2. Lucy: Liebeskummer … 115
3. Angela: Tiefe Trance … 127

KAPITEL VII
Claudia 143
1. Erster Teil: Stürmischer Beginn 143
2. Zweiter Teil: Claudia reist nach Südfrankreich 185
3. Dritter Teil: »Zumindest ein guter Brauch sollte die Welt verderben« 207

KAPITEL VIII
Frank Farrelly bei der Arbeit:
»Ein Sack voll Hobelspäne« 230
1. Erstes Interview 231
2. Zweites Interview 239

Anmerkungen 253

Meinen Patientinnen gewidmet.
Ebenfalls Dank gebührt Frank Farrelly für alles,
was ich von ihm lernen durfte,
und für seinen Beitrag in diesem Buch.
Dann danke ich der Lektorin
vom Verlag Pfeiffer bei Klett-Cotta,
Frau Dr. Chr. Treml,
für ihre verständnisvolle Anleitung und Begleitung
und meiner Frau Monika für wertvolle Tipps.
Das Werk Milton H. Ericksons hilft mir
tagtäglich bei meiner Arbeit.
Leider ist er schon lange von uns gegangen.

Einleitung

Im Film »Deer Hunter« taucht ein amerikanischer Soldat am Ende des Vietnamkrieges in Saigon unter. Er spielt russisches Roulette, das er jedesmal gewinnt. Niemand kann ihn von dem grausamen Spiel abhalten. Weil der ehemalige Soldat nicht mit sich reden lässt, begibt sich ein alter Freund in die Spielhölle und erhält so Gelegenheit, doch ein paar Worte mit ihm zu wechseln, während beide die Pistole an ihre Schläfen halten. Fast wäre es dem Freund gelungen, ihn zum Aufhören zu überreden, als sich der Soldat in diesem letzten Duell doch noch selbst erschießt.
Die dramatischen Geschichten rund um eine Magersucht ziehen die Beteiligten ebenfalls in scheinbar ausweglose Irrgärten. Eine selbst geschaffene Spielhölle hält die Magersüchtige in ihrer vagen Erfolgssehnsucht und der Möglichkeit weiterer Körperzerstörung gefangen. Bei aller Dramatik ist mir in meiner therapeutischen Arbeit glücklicherweise der Tod von Klientinnen erspart geblieben.
Die Dialoge mit den anorektischen jungen Frauen sind in diesem Buch zu finden, wie sie während der Hypnotherapiesitzungen tatsächlich stattgefunden haben.
Jede einzelne Therapie bedeutet Erkundung eines neuen Weges; aber auch einen neuen Weg geht man am besten nicht völlig blind. Unterstützung erhält man als Therapeut von bisherigen Erfahrungswerten, die man als Vergleich für die neue Situation heranzieht. Und dann helfen mir auch immer wieder die Prinzipien Erickson'scher Therapie, welche mit den drei Stichworten »Begreifen«, »Vertrauen« und »Handeln« die Ziele für die Patienten definieren.
Ähnlich wie in der Kindererziehung balanciert Therapie meist auf einem schmalen Grat, balancierend zwischen dem Abgrund der völligen Planlosigkeit und dem Unsinn genormter Vorgehensweisen und Vorurteilen, was in einer Therapie zu geschehen habe. Auch in der heutigen, »qualitätskontrollierten« Zeit ist Therapie immer noch eine einzigartige Begegnung mit all den paradoxen Risiken, die sich im Spannungsfeld gegensätzlicher menschlicher Bedürfnisse nach Freiheit und Sicherheit breit machen. Was kommt dabei heraus? Ich denke Übung im Umgang mit dem Ermessensspielraum, ein Training, das wir als Therapeuten und Patienten gleichermaßen immer

wieder dringend brauchen. So sitzen wir partnerschaftlich im selben Boot.
In ihrem Freiheitsdrang erleben die magersüchtigen Jugendlichen die ungebremsten Suchterlebnisse anfänglich noch als angenehm, dann aber kippen ausufernde ängstliche, verunsichernde und depressive Empfindungen in den unangenehmen Bereich. Von ihrer Krise geschüttelt, suchen diese Jugendlichen ihr Heil in verletzenden Grenzerfahrungen, sie suchen den Halt in wenig geeigneten Einschränkungen. Während andere Jugendliche im sozialen Feld experimentieren und auch ab und zu über die Stränge schlagen, spielt sich bei der Magersüchtigen die kriegerische Schlacht zu einem guten Teil auf der Ebene des eigenen Körpers ab.
In einem imaginären Raum erweitert Hypnose die Entfaltungsmöglichkeiten und entlastet von rigider Grenzsetzung. Sie unterstützt eine gesunde Integration, indem sie Ressourcen, Offenheit und Reaktionsbereitschaft fördert, im Loslassen unnütze alte Strategien absurd erscheinen lässt und unangenehme Empfindung eine Spur angenehmer und damit erträglicher macht. Hypnose verändert also die Realitätswahrnehmung und vergrößert so das Experimentierfeld der Jugendlichen mit ihrem Körper.
In einem ausgewogenen Leben halten sich vernünftige Einschränkungen die Balance mit angemessenem Lustgewinn. Eine solch gelungene Integration ist Ziel der Erziehung und der Hypnotherapie zugleich. Nach einer engagierten Therapie kann die Magersüchtige selbst zu dieser Einsicht gelangen, wenn sie im Umgang mit ihrem Körper gelernt hat, dessen Bedürfnisse und Begrenzungen zu respektieren und liebevoll zu steuern.
Das Buch handelt von magersüchtigen jungen Frauen. Im Sinne einer konsistenten Problemdefinition habe ich die jungen Männer weggelassen, ebenfalls die bulimischen Essstörungen. Letztere entfalten ja meist eine etwas andere Dynamik als die restriktive Magersucht, gedeihen auch mehr im Geheimen, während bei der Pubertätsmagersucht die Darstellung des ausgezehrten Körpers ein Stück weit zu ihrer Geschichte gehört. Ebenfalls kommt die Heftigkeit der Jugendkrise bei der Magersucht ungeschminkter zum Vorschein.
Dies ist ein Buch über den therapeutischen Dialog. Für einen Überblick zum Krankheitsbild empfehle ich die entsprechende Literatur (z. B. 1).

Kapitel I

Acht Irrgärten
auf dem Weg zur Selbstbehauptung

1. Selbstbehauptung

In der Entwicklung vom Kind zum Erwachsenen steht erfolgreiche Selbstbehauptung an vorderster Stelle, weil Selbstbehauptung eigenständige Individualität ausdrückt.
Man kann Magersucht aus verschiedenen Blickwinkeln studieren; ich ziehe es vor, die Magersucht als eine heftige Pubertätskrise zu sehen: Auf dem Weg zu einer gesunden Selbstbehauptung müssen die Betroffenen viele Schwierigkeiten überwinden. Es handelt sich dabei um Dilemmas und Engpässe, denen auch nicht-magersüchtige Jugendliche begegnen.
Im Zentrum eines solchen Engpasses stellen sich nur dann Fortschritte ein, wenn paradoxe *(2)** Aufgaben gelöst werden, ähnlich wie im Märchen die Heldin z. B. die guten Körner ins Körbchen, die schlechten ins Kröpfchen sortieren muss, eine enorme Arbeit, die eine einzelne Person gar nicht meistern kann, weshalb die Heldin auf hilfreiche Geister angewiesen ist. Die hilfreichen Geister symbolisieren Fortschritte in der Einsichtigkeit einer Person; dem gereiften Verständnis erscheinen dann die paradoxen Aufgaben längst nicht mehr so unüberwindlich, vielleicht sogar bereits bewältigt.
Bei der Magersuchtsbehandlung sind mir immer wieder acht Arten von Krisen begegnet, deren Bearbeitung sich auf dem Weg zur Heilung sowohl als notwendig wie auch als nützlich erwies. Unterwegs, mitten in einer schwierigen Therapiephase, schien das Wort Krise leicht beschönigend, die Bezeichnung »quälender Irrgarten« *(3)* – peinigend für Patientin und Therapeut gleichermaßen – eher angemessen. Und zwar sind die Irrgärten so ineinander verwoben,

---
* Die Ziffern in Klammern beziehen sich auf die Anmerkungen am Ende des Buches.

dass die Magersüchtige beim Verlassen eines Gartens gerade in den nächsten strauchelt. Oder wie es Claudia gegen Ende der Therapie formulierte: »Mein Vater hat mir zu Beginn meiner Magersucht erklärt, dass man am Anfang einer Krise in ein Loch fällt, und irgendwann geht es wieder aufwärts, bis man ins nächste Loch fällt, das aber weniger tief ist, und durch die Reihe vieler Löcher gelangt man schließlich nach oben.« Wie auch immer die Bezeichnung ist, ein Gefühl der Hilflosigkeit und Resignation kann sich schon breit machen, wenn man schmerzhaft in die nächste Falle geht, sobald man ein erstes Problem ansatzweise entwirrt hat. Ein extremes Beispiel betrifft eine 14-Jährige, die jeweils nach einer unbeeinflussbaren Essattacke von heftigsten Wutanfällen gepackt wurde und dann, als einzig möglichen Ausweg, mit dem Sprung aus dem 2. Stock drohte. Gesunde Jugendliche pubertieren und rebellieren innerhalb ihrer sozialen Umgebung, stoßen da schnell auf Widerstand und passen sich irgendwie an. Die eher ängstliche Magersüchtige experimentiert lieber mit ihrem Körper, welcher nicht so radikal Grenzen setzt, wie es ein gestresster Lehrer vielleicht tut. Während im ersten Fall die soziale Umwelt deutlich signalisiert, welche Tricks und faulen Abkürzungen nicht akzeptiert werden, gelingt es beim Körper-Feind länger, mittels Suchttaktik das Letzte aus ihm herauszupressen.
Eine wichtige Rolle im Umgang mit Jugendlichen und Sucht spielt der Begriff »Abkürzung«. Unter einer Abkürzung verstehe ich einen Trick, der auf lange Sicht nicht zum Ziel führt. Bateson beschreibt das Spiel der Kinder mit Klötzchen, bei dem sich die Kinder an die Gesetze der Schwerkraft und des Hebelarms halten müssen, um einen schönen Turm zu bauen, der später auch wieder umfallen darf. Eine ungehörige Abkürzung wäre z. B. die Verwendung von Leim, um die Klötzchen auch in unmöglicher Position zu halten. *(4)* Hier erkauft man sich einen kurzfristigen Gewinn mit der längerfristigen Opferung der Flexibilität, weil die Kinder dann keine anderen Türme mehr bauen können. Wie gesagt, ist es das gute Recht der Jugendlichen, eine Abkürzung auf ihre Tauglichkeit zu prüfen, und manchmal gelingt dabei auch eine geniale Erfindung. Doch die Magersüchtige merkt viel zu spät, was nicht wirklich funktioniert, nämlich erst dann, wenn die Fänge der Sucht sie fest umschlingen.
Weil sie trotz verstärkter Bemühungen immer seltener den Ausgang

findet, sieht sie in den Irrgärten ein unlösbares Paradox, und so präsentiert sie denn auch den Erwachsenen ihr Problem. Oft ist man mit einem negativen Gefühlsknäuel konfrontiert, der den Eindruck erweckt, dass da nichts mehr zu retten oder einzumischen ist. Wenn es einem gelingt, ruhig zu bleiben und sich der Suggestivkraft der negativen Gefühlsknäuel zu entziehen, bemerkt man als Therapeut schnell, dass die Irrgärten gar nicht so paradox und unlösbar sind. Allerdings harren diese Gefühlsknäuel – als eine negative Form der Selbstbehauptung – der Verwandlung in eine konstruktive Form. Noch eigentümlicher mutet im ersten Moment an, wenn sich Selbstbehauptung überwiegend als beharrliche Magersucht äußert. Entrinnt sie der Sucht und den Irrgärten jedoch auf offene, individuelle Art und Weise, erkämpft sich die Magersüchtige *gesunde Selbstbehauptung*; so findet sie auch zu ihrer gefestigten Identität.

2. Drängende Probleme des Alltags

Den Alltag meistern stellt junge Menschen oft vor schwierige Aufgaben. Die ersten vier Irrgärten weisen einen doppelten Bezug zur Alltagsbewältigung auf: Erstens entstehen sie aus der täglichen Mühsal, zweitens erschweren sie das Meistern eben dieses Alltags zusätzlich. Gänzlich überfordert dient die Magersucht als letzter Ausweg, um den Qualen der Irrgärten zu entkommen. Die Magersüchtige lässt sich zur Instrumentalisierung des Körpers verleiten, indem sie ihren Körper zum kurzfristigen Lustgewinn ausbeutet und damit den Alltagsstress mildert, aber auf Kosten zukünftiger Ressourcen. Kurzfristiger Erfolg wird so zum Gift für die Zukunft, ohne dass die Betroffene sich darüber Rechenschaft ablegen kann. In einem Irrgarten verstärken sich mindestens zwei Pole gegenseitig und halten die Betroffenen auf diese Weise gefangen.

2.1 Erster Irrgarten: Selbstunsicherheit ↔ Kontaktsperre

Selbstunsicherheit: Heftige Gefühle, ungewohnte Körperempfindungen und -veränderungen oder irritierende Gedanken überraschen den jungen Menschen zu Beginn der Pubertät. Hohe idealistische Ansprüche erschweren obendrein die Zuordnung dieser neuen Erfahrungen zu sich selbst.

Die Magersüchtige weiß dann nicht mehr, wer sie ist, und lässt sich als Folge immer weniger auf ihre Umgebung ein. Mit Leistung und suchtmäßigem Verzicht versucht sie dieses Versagen wieder gutzumachen. Verzichten, sei es aufs Essen oder auf Therapie, heißt ihre Botschaft, die sie in ihrer Körpersprache, im Schweigen oder in den abweisenden Kommentaren ausdrückt, vor allem wenn ihre doch so gute Idee, die Magersucht, nicht auf Begeisterung stößt. Sie verzichtet dann auch auf alle Probleme, auf Problemlösung und konstruktive Auseinandersetzung. Nur, im Verzichten findet sie den ersehnten Hort auch nicht, da sich in ihr noch ganz andere, gar nicht so bescheidene Bedürfnisse regen.

Kontaktsperre: Die Magersuchtskrise ist gerade deshalb so schlimm, weil Behandlungsunwilligkeit ein Stück weit zur Diagnose gehört. Die Magersüchtige wehrt sich ja nicht nur gegen die Therapie, sondern sie schottet sich auch gegen wohlmeinende Unterstützung und Korrektur aus ihrer alltäglichen Umgebung ab. Die Kontaktsperre hat die Krankheit ja erst ermöglicht. Will man die Magersüchtige retten, schlägt sie wie eine Ertrinkende wild um sich. Früher selbstverständliche Kommunikationsweisen versagen ihren Dienst, schmerzliche Missverständnisse machen sich breit. Für ihre Entwicklung dringend benötigte soziale Beziehungen und hilfreiche Rückmeldungen bleiben aus; frühere, kleinkindliche Regungen greifen um sich, frühkindliche Essmuster werden aktiviert. Mit ihrer Abschottung versperrt sich die Magersüchtige auch intensiv ersehnte Anerkennung.

Zusammenfassend kann man sagen: Weil die Magersüchtige keine Rückmeldung über sich empfängt, weiß sie nicht, wer sie ist; weil das Selbstgefühl verloren geht, lässt sie sich nicht mehr auf ihre Umgebung ein. Und eine Sucht entwickelt sich leichter im Geheimen.

2.2 Zweiter Irrgarten: Überforderung ↔ (beleidigt) Verantwortung abschieben

Verantwortung abschieben: Die Magersüchtige sucht das Heil im ausgezehrten Körper, der als Ausweg aus der Überforderung verkündet: »Ich bin gar nicht ›da‹, und ich kann deshalb auch keine Verantwortung übernehmen. In meiner Abwesenheit erreichen mich keine Probleme mehr: die Welt kann mich nicht mehr anwidern, keine negativen Gefühlsknäuel mich peinigen.« So muss sie nicht zugeben, wie beleidigt und wenig »cool« sie auf ihre Niederlagen reagiert. In der heutigen Jugendkultur bedeutet nicht »cool« sein ja eklatanter Misserfolg. Auf der Suche nach Erfolg experimentiert sie mit ihrem Körper und findet den Erfolg für einen kurzen Moment, wenn ihr das forcierte Abnehmen so gut gelingt, dass die schmerzlichen Empfindungen der Jugendzeit vorübergehend gelindert sind. So kann die Magersüchtige ihre Überforderung anfänglich überspielen.

Überforderung: Trotzdem steht sie unter Hochspannung und verstrickt sich immer mehr im Knäuel negativer Emotionalität. Der Gefühlsknäuel äußert sich z. B. so: »Es geht mir ganz schlimm, und ich weiß, ich bin selber schuld und verurteile mich deswegen, aber ich halte das nicht aus und deshalb attackiere oder provoziere ich dich, bis du ausflippst, und dann bist du an allem schuld.« Die negative Tönung macht eine solche Aussage so suggestiv überzeugend, und das Abschieben der Verantwortung bleibt oft unentdeckt. Natürlich bleiben auch befriedigende Erfolge aus, wenn man keine Verantwortung übernimmt. Dieser Weg scheint bequemer, und das anstrengende, lebenspraktische Lernen entfällt. Lernen wird ja von den Jugendlichen nicht nur positiv gesehen: Es ist eine Niederlage, dass man nicht bereits alles kann und weiß. Natürlich könnte man sich auch auf die Erfolge des Lernens freuen ... Dass »Arbeiten« in der Therapie auch etwas Schönes ist: Die Magersüchtige davon zu überzeugen gelingt nicht immer.

2.3 Dritter Irrgarten: Extreme Herausforderung ↔ Misserfolg

Extreme Herausforderung: Von ihrem Naturell her neigt die Magersüchtige zu extremen Erfahrungen. Sucht ist eine dieser extremen Erfahrungen. Schien die Magersucht im Anfangsstadium elegant alle Probleme auf einen Streich zu lösen, schränkt sie mit der Zeit das Leben immer mehr ein, und deshalb benötigt die Magersüchtige dringend Beratung.
Misserfolg: Extreme Erfahrungen bergen ein großes Risikopotenzial. Im Umgang mit ihrem Körper hat die Magersüchtige zu hoch gepokert: Dies zuzugeben ist nicht einfach, und erstaunt reibt sie sich die Augen und will es nicht wahrhaben, wenn sie sich im Gefängnis des suchtartigen Umgangs mit ihrem Körper entdeckt.
Die Sucht beherrscht, verachtet und beutet den Körper zur ungehemmten Lustzufuhr aus. Alle unangenehmen Gefühle müssen sofort verschwinden. Ein geduldiger, partnerschaftlicher Umgang mit dem Körper liegt auf dem Höhepunkt der Krise meilenweit entfernt.
Der Wille zu hohem Einsatz wird auch im aktiven Quälen des Körpers sichtbar. Das übermäßige Hungern erscheint dann geradezu kontraphobisch: Um dem persönlichen Elend nicht ausgeliefert zu sein, wird es aktiv herbeigeführt, so behält die Betroffene wenigstens die Illusion der Kontrolle. Zunehmender Misserfolg lässt sie immer höher pokern.
Die Dynamik der gestörten Körperfunktionen bewirkt eine weitaus größere Dramatik als das übliche Wellenbad des Jugendalters, das »Himmelhoch jauchzend und zu Tode betrübt«. Körperliche Fehlfunktionen sind noch weniger flexibel als emotionale.
Im konkreten Alltag manifestiert sich dieser Irrgarten auch als ein Wechselspiel zwischen zu kurz kommen und hyperaktiv sein. Sollte gedankliche oder körperliche Hyperaktivität eigentlich den Verlust oder die Leere wieder auffüllen, impliziert gerade extremes Herumhetzen, dass etwas fehlt und man zu kurz kommt; und diese Implikation verstärkt die Hyperaktivität noch mehr.

2.4 Vierter Irrgarten:
Kampf um Kontrolle ↔ Kontrollverlust

Warum verliert eine Magersüchtige immer mehr die Kontrolle über ihr Essverhalten, ihre Ängste und ihr alltägliches Leben?
Kontrollverlust: Befriedigte die extreme Gewichtsabnahme zu Beginn Bedürfnisse nach Kontrolle und Wohlbefinden gleichzeitig, erfahren die magersüchtigen Jugendlichen irgendwann, dass ihr Leben nicht eine einzige Grenzerfahrung, eine einzig interessante Abenteuerreise ist. Nach anfänglichen Glücksgefühlen erweist sich Kontrolle als ein immer größeres Kunststück. Riskante Aktivitäten eignen sich nicht als Dauerzustand. Nachdem sich ihre Gemütsverfassung unweigerlich labilisiert hat und die Kontrolle verloren ging, stellt eine Magersüchtige mit Entsetzen ihre Abhängigkeit vom Körper fest, die ihre Autonomie gefährdet. In der entstehenden Panik versucht sie, weitere Abkürzungen, Tricks und Verleugnungen im Umgang mit dem eigenen Leben zu erfinden.
Die Jugendlichen sollten sich mit ihrem Körper arrangieren, dessen Autonomie bewundern und nachahmen, statt ihn gnadenlos auszubeuten.
Im Kampf um mehr Kontrolle scheitert man umso schneller, je übertriebener oder verkrampfter man Kontrolle anstrebt. 100% Körperkontrolle muss notgedrungen scheitern: Körperfunktionen sind zum großen Teil autonom, man kann sie beeinflussen, aber nicht gegen ihren Rhythmus kontrollieren. Weil Kontrolle so nicht funktioniert, steigt das Bedürfnis nach mehr Kontrolle unweigerlich.
Nahrungsaufnahme: Ängstliche und gescheiterte Kontrollversuche bestimmen schließlich auch das große Thema »Essen«; Essbedürfnisse erlangen, ähnlich einem schlecht gehaltenen Pferd, aus den bewussten Manipulationsversuchen heraus so viel Unberechenbarkeit und Bockigkeit, dass die Magersüchtige sich meist nur noch in größter Panik an die Nahrungsaufnahme heranwagt.
»Die Geister, die ich rief ...« Das Mädchen verliert die Kontrolle über das Essen wie der Zauberlehrling, dessen Experimente vielleicht drei Monate lang Erfolg und Glücksgefühle weckten, bevor sie in der Katastrophe enden.

Angesichts ihres Alters kann man es der Magersüchtigen nicht verargen, wenn sie der lockenden Stimme der Sucht nicht widersteht, einer Stimme, die in unerträglichen Gefühlslagen Wohlbefinden und Anerkennung verspricht. Bei allem Verständnis arbeitet der Therapeut geduldig an längerfristigen Strategien, die eine Sucht dann überflüssig machen.

3. Fehlender Selbstbezug

Die zweite Serie der Irrgärten befasst sich mit der Suche nach gesundem Selbstbezug. Ohne gefestigten Selbstbezug scheitert auch die Bewältigung des Alltags immer wieder.
Mein primäres Therapieziel, Chronifizierung und das Abrutschen in einen lebensgefährlichen Gewichtsbereich zu verhindern, lässt sich ohne gestärkten Selbstbezug nicht erreichen.
Zur Struktur der nächsten vier Irrgärten gehört der falsche Stolz. Dieser nährt sich aus unglücklich verarbeiteten Niederlagen. Bateson hat in seinen Überlegungen zur Sucht festgehalten, dass der Stolz die Süchtigen von menschlichen Kontakten fern hält, solange sie nüchtern bleiben. Hingegen fühlen sich die Betroffenen akzeptiert und gesellig, wenn sie ihrer Sucht frönen ... Bateson nennt die süchtige Art der Versöhnung eine ungehörige Abkürzung: ein Schummeln, bei dem man sich des kurzfristigen Gewinnes wegen nicht an die Regeln hält: die Rechnung für die Sucht wird im Nachhinein gezahlt, wenn man sich unbefriedigt, niedergeschlagen und noch abhängiger fühlt. *(4)*
Sucht entfaltet übermenschliche Kräfte. Der Süchtige stellt sich über die Gebote der menschlichen Gemeinschaft, und sieht sich nicht mehr als Teil des Ganzen. In dieser abgehobenen Position kann er, wie Bateson feststellt, allein im Kampf gegen sein Schicksal nur hoffnungslos verlieren. Dieses Verlieren schürt seinerseits den unseligen Stolz, der in seiner Blindheit den Betroffenen über die sozialen Gesetze stellt. Der Süchtige kann nicht, wie es die Anonymen Alkoholiker fordern, zugeben, dass er am Ende ist, weil er erkannt hat, dass sein bisheriges Leben so nicht funktioniert hat. Erst nach

einer Kapitulation der kindlichen, stolzen oder trotzig-destruktiven Einstellung könnte er Zugang finden zu einem größeren, bedeutungsvolleren Sinn im Leben. Stattdessen mildert er Spannung, hervorgerufen von Scham und Schuld, mittels destruktivem Kampf, um im Zerstören doch noch seine Macht und das letzte Bisschen an Würde zu demonstrieren.

Zur Überheblichkeit passt die magersüchtige Wahrnehmungsstörung: Wenn man Einschränkungen im Leben nicht akzeptiert oder wahrnimmt, spürt man sich selbst nicht richtig, erst in diesem luftleeren Raum kann sich überheblicher Stolz richtig entfalten.

3.1 Fünfter Irrgarten: Misserfolg ↔ beleidigter Selbsthass

Aus Fehlern lernt man ... oder man hasst sich deswegen. Magersüchtige wählen hauptsächlich den zweiten Weg, mit dem Resultat weiterer Misserfolge.

Die Kunst der Auseinandersetzung: Früher in der Kindheit, im Zustand der selbstverständlichen Zugehörigkeit konnte die spätere Patientin den großen Problemen aus dem Weg gehen. Es brauchte keine Kultur konstruktiver und harter Auseinandersetzungen. Fehler musste sie nicht als Anreiz zum Lernen nehmen. Sobald das Jugendalter mehr Selbstbehauptung verlangt, fehlt ihr aber die Fähigkeit zur konstruktiven Auseinandersetzung, die Jugendliche reagiert auf Misserfolge persönlich beleidigt und gekränkt. Was früher, im Zustand der selbstverständlichen Zugehörigkeit, gut funktionierte, klappt im Jugendalter nicht mehr: nämlich bei Schwierigkeiten sich treiben zu lassen, ohne Stellung zu beziehen.

Beleidigter Selbsthass: War der Misserfolg das Ergebnis des dritten Irrgartens, ist er hier Ausgangspunkt. Schwierigkeiten in der Selbstbehauptung rufen unangenehme Körpergefühle hervor: Als Konsequenz denkt die Magersüchtige nach einer Niederlage, sie sei defekt und hässlich; sie sucht die Lösung der Probleme in weiterem Fasten, nur um zu entdecken, dass sie die Abscheu vor ihrem Körper auch bei niedrigstem Gewicht immer wieder einholt. Natürlich spürt die Magersüchtige ihr erneutes Versagen, und sie reagiert wiederum mit verletztem Stolz und Selbstaversion. Die Magersüch-

tige gleicht dann einem Menschen mit körperdysmorpher Störung, der mit untauglichen und bizarren Mitteln versucht, seinen Ekel loszuwerden.
Bei andern Magersüchtigen steht weniger der Abscheu vor dem Körper im Vordergrund, sie wollen eher – mittels körperlichen Leistungen und mittels Erfolgen – ihren Frieden zurückzwingen, und dazu kommt die Körperzerstörung gerade recht; diese führt aber nur in den nächsten, den sechsten Irrgarten.

3.2 Sechster Irrgarten: Aus Versagen ↔ destruktiv handeln

Schuldgefühle: Durch das Tor des Versagens gelangt man in einen weiteren Irrgarten, darin lauern quälende Schuld- und Schamgefühle; um diese neuerliche Qual zu übertünchen, tut die Magersüchtige absichtlich etwas »Verbotenes«: Sie bestraft sich selbst, wird süchtig, hyperaktiv, schummelt oder wendet fiese Tricks an.
Destruktive Prozesse bedrohen auch die Therapie: Mit falschem Mitleid, Überbehütung und ungeschickten Hilfsangeboten handelt der Helfer wie ein Ko-Abhängiger. Oder mit andern Worten: In der anspruchsvollen, von Misserfolgen bedrohten Suchttherapie verfällt der Helfer gerne seinem destruktiven überheblichen Schatten, ohne dass er es merkt: Seine eingeschränkte Sichtweise macht ihn dann blind für die schwierigen Realitäten der Suchtbehandlung.
Hierzu passt ein weiterer Gedanke zum *Widerstand* gegen die Therapie: Die Magersüchtige findet sich meist in drei abgrenzbaren Rollen: 1. das soziale, selbstlose Wesen, 2. das egoistische »Teufelchen« und 3. das vernünftige Mädchen. In einer Krise verstummt die Stimme der Vernunft, und sowohl für das selbstlose Wesen wie auch für das »Teufelchen« macht eine Therapie wenig Sinn.

3.3 Siebter Irrgarten: Erfolg ↔ Sorglosigkeit

»Wo Licht ist, ist auch Schatten!« Diese Erkenntnis verhilft den Menschen zu einem gesunden Gleichgewicht. Doch so leicht lässt sich die Magersüchtige nicht von ihrer Paradiessehnsucht abbringen.

Sorglos: Macht ihr Schatten gerade Pause, hat sich vermeintlicher Erfolg eingestellt, ist sie den Abgründen des Versagens entwichen, dann heißt es abheben, endlich Richtung Paradies entschwinden, Schwierigkeiten geraten aus dem Blick. Die Gefahren des Abmagerns, die verratene Zukunft und die hervorstehenden Knochen werden einfach nicht gesehen. Dies erklärt, warum sich die Situation einer Magersüchtigen nach Bewältigung der Irrgärten drei, fünf und sechs, also nach Überwindung der Versagensproblematik, noch nicht grundlegend verbessert hat. Zum wohlbehüteten Kind gehört natürliche Überheblichkeit; es lebt in der Meinung, Unglücke beträfen nur andere Menschen und ihm selbst könne nichts passieren.
Arglos: Hinter diesem »Abheben« lauert schon der nächste Misserfolg. Holt sie der Schatten unweigerlich wieder ein, ist ihm die Magersüchtige doppelt ausgeliefert: Denn sie lebt erstens ihr liebenswertes, idealistisches Selbst – und besitzt zweitens keine Mittel zur konstruktiven Auseinandersetzung: Ein engelhaftes Wesen, ihrem hinterlistigen Schatten völlig ausgeliefert; in einem solchen Missverhältnis kann das gutherzige Mädchen den Weg zu reiferen Formen der Verantwortung nicht finden.
Gruppenverhalten: Ein häufiges Beispiel aus dem Alltag illustriert, wie Unbekümmerheit zur Schattenseite eines wichtigen Anliegens wird: Um ihre Gruppenzugehörigkeit nicht zu gefährden, verzichten Jugendliche häufig sogar auf die heiß geliebte Selbstbestimmung. Selbstbehauptung wird dann beliebig. Diese schattenhaften Vorgänge zu erkennen erweist sich oft als wahre Herkules-Arbeit.

3.4 Achter Irrgarten:
Mehr Perfektionismus ↔ weniger Selbstwert

Stellen Sie sich vor, das Leben sei nur eine einfache Schulprüfung: Erfolg hängt dabei stark vom eigenen Engagement ab. Ein ungeeigneter Lehrer lässt das Engagement jedoch rapide sinken. Der Kontext oder das Gegenüber bedeutet einem nicht mehr viel, man sieht auch keinen Grund mehr, sich zu behaupten oder zu beweisen. Denn Leistung und Erfolg schaffen nur dann Befriedigung, wenn sie in Beziehungen eingebettet sind. Ehrgeiz und Perfektionsstreben hängen sonst im leeren Raum.

Perfektionismus: Was stärkt ein gesundes Selbstwertgefühl, mit dem man die Prüfungen des Lebens meistert? Ich möchte hier kurz den Themen des zweiten Kapitels vorgreifen. In einer hypnotischen Perspektive nährt sich gesunder Selbstwert von zwei Dingen: locker kämpfen und dankbar Geschenke annehmen. Ein Mangelzustand behindert beides: Die Geschenke sind immer zu wenig, und locker kämpfen mag man nicht mehr. Die Falle des Perfektionismus verschließt den Irrgarten vollständig; er verbraucht die restlichen Ressourcen und behindert beim Kämpfen und Annehmen. Perfektionsstreben lässt die Wahrnehmung nach Ausnahmen suchen, und mit der Zeit sieht man das Unperfekte übergroß; weitere Sehnsucht nach dem perfektem Paradies wird geweckt.

Der ausgezehrte Körper versinnbildlicht zweierlei: Dass dieser Mensch sehr bedürftig ist, aber auch nach Stärke und Selbstbehauptung sucht. Der ausgezehrte Körper scheint gegen ein »Zuviel« oder ein »Zuwenig« zu protestieren, vielleicht ein Zuviel an Fürsorglichkeit, welche sich der Identitätsentwicklung in den Weg stellt und destruktive Kräfte weckt, eben ungesundes Abnehmen oder Launenhaftigkeit. Magersucht kommt ja nur in Wohlstandsgesellschaften vor.

Fürsorgliche Eltern möchten Schutz und Wohlbefinden schenken. Wie aber schon J. Kuhl *(5)* feststellte, wirkt sich eine falsch abgestimmte oder übertriebene oder nicht locker-natürliche Fürsorglichkeit in der Erziehung kontraproduktiv aus, weil sie beim Kind eher Ekel denn Freude weckt. Diese schattenhafte Wirkung entspricht der alten Weisheit »Allzu viel ist ungesund«. Als Folge von elterlichen Zuwendungsangeboten, die an den wirklichen Bedürfnissen des Kindes vorbeigehen, sieht Kuhl die Unfähigkeit des Kindes, innerhalb einer Gruppe das Gute für sich in Besitz zu nehmen, seinen Bedürfnissen gerecht zu werden und Zufriedenheit aus eigener Aktivität zu erlangen. Übertriebene Fürsorglichkeit impliziert, dass der Schüler oder das Kind sehr bedürftig sein muss.

Manipulation: Weil man sich in der Sucht die Belohnung selbst beschafft, bekommt Manipulation einen hohen Stellenwert. Die Magersüchtige verliert die Fähigkeit, Geschenke, göttliche Gnade oder Liebe anzunehmen. Schon in ihrer Kindheit war sie oft pseudoselbstständig. Schließlich verliert sie den Glauben an ihren selbstverständlichen Wert, der Geschenke auch verdient hat – gelangt in einen süchtigen Eifer, glaubt, sie könne sich jegliche Zuneigung nur aus eigener Anstrengung verdienen, und in der Konsequenz fühlt sie sich leer und ausgepumpt.

Anerkennung: Obwohl eine Magersüchtige gerade wegen ihrer Körperexperimente auf viele Menschen eine abstoßende Wirkung erzielt, lechzt sie insgeheim nach Anerkennung und Zuneigung. Und ihre hohen Ansprüche verlangen nach einem immer verfügbaren Wohlbefinden, Ansprüche, die wohl nur ein Suchtmittel erfüllen kann. Eine Beziehung würde Geduld und Frustrationstoleranz voraussetzen. Unperfekte Beziehungen schrecken deshalb ab und schicken die Jugendliche zurück in eine Heile-Welt-Vorstellung (und zurück in den ersten Irrgarten).

Am Schluss meiner »Problemdefinition« möchte ich betonen, dass Merkmale einer Magersüchtigen, wie sie anderswo beschrieben werden, in meiner Sicht ihren Wert und ihre Gültigkeit behalten *(z. B. 1, 6, 7)*.

Zum Zweck eines unabdingbar fokussierten Behandlungsplans bei Magersucht habe ich in diesem ersten Kapitel die acht Irrgärten aufgelistet, die mein therapeutisches Handeln leiten, und ich betrachte die Auflösung der Irrgärten als Voraussetzung einer Heilung.

KAPITEL II

Acht Strategien, die Patientin ins Leben hineinzuziehen

1. Therapie im Hier und Jetzt

Durch meine Begegnungen mit den magersüchtigen Klientinnen habe ich nicht nur meine Kenntnisse über Magersucht erweitert und therapeutische Werkzeuge verfeinert, sondern, wie schon im 1. Kapitel erwähnt, auch einiges über die speziellen Bedingungen der Jugendzeit erfahren.
Was wissen wir eigentlich über die Jugendlichen? Was ist Realität, was sind einfach nur Mythen? Ich kenne meine Klienten nur durch ihr Verhalten und ihre Aussagen in meinem Sprechzimmer: wie sie auf die Begegnung mit mir und auf meine Veränderungsarbeit reagieren.
Aus der Wahrnehmungsforschung ist bekannt, dass wir nicht die Dinge an sich sehen, hören, fühlen, schmecken oder riechen, sondern nur deren Kontraste, d. h. nur zeitliche oder örtliche Unterschiede, bemerken. Am Anfang meiner klinischen Erfahrung stand die Suche nach Veränderungsstrategien. Erst viel später, in einem zweiten Schritt, erkannte ich aus den beobachteten Veränderungen, welche Persönlichkeitsbereiche sich zur therapeutischen Bearbeitung eignen; die Erkenntnisse des ersten Kapitels entstanden also im Nachhinein, als Reflexion der therapeutischen Veränderungen.
Weil man einer Magersüchtigen ihre große Sensibilität äußerlich wenig anmerkt, begleiten mich bei der Arbeit die beiden folgenden Grundsätze:
a. In der Planung der Therapiestunde stütze ich mich auf Vorwärtsstrategien: Ich überlege mir mögliche Sackgassen im Therapieverlauf und wie ich sie vermeiden kann. Sicher lohnt sich kein hitziger Streit mit der Jugendlichen. Denn unter Druck verlässt sie sich gerne auf unlogische Argumentationen, z. B. nach dem

Muster: »Du willst mir helfen, dabei kannst du es ja auch nicht besser.« Oder sie stellt allen Ernstes unmögliche Fragen, um dadurch meine Unzulänglichkeit zu beweisen. Sehr erfolgreich beim Ausmanövrieren des Therapeuten erweisen sich alle Formen der verleugneten Verweigerung.
b. Die Utilisationstechnik hilft, im Hier und Jetzt der therapeutischen Situation zu bleiben. Es ist ziemlich müßig, über verweigerte Nahrungsmengen der letzten Tage oder über gute Absichten für die Zukunft zu diskutieren. Natürlich höre ich auch dabei höflich zu, nehme aber weniger den Inhalt zum Nennwert, sondern das Bedürfnis, gewisse Dinge mitzuteilen.

2. Hypnose

Hypnose-Werkzeuge lassen sich sowohl im Gespräch wie auch bei formaler Hypnose einsetzen.
1. Mit der *Schrotschussmethode* geht der Hypnotherapeut auf die Bedürfnisse des Individuums ein, ohne diese im Voraus zu kennen. Er lässt eine Vielzahl von Versuchsballons steigen und beobachtet, was passiert – oder anders gesagt: Von den zahlreichen Vorschlägen, die er anbietet, wählt er diejenigen aus, welche günstige Antworten bewirkt haben. Z. B. erzählt er einige Geschichten, betont dabei bestimmte Aspekte und fragt nächste Stunde, woran sich die Patientin tatsächlich erinnert.
2. Hypnose versucht die Aufmerksamkeit der Patientin auf nützliche Aspekte hinzulenken. Je *beiläufiger* das Vorgehen, umso unbewusster reagiert die Patientin, umso weniger Widerstand oder Selbstbefangenheit baut sich auf. Fokussiert man die Ängste zu stark, verstärkt man diese nicht selten ungewollt.
Wichtige Probleme im Erleben der Patientin will der Therapeut weder anheizen noch übersehen: Er erwähnt die problematische Angst nebenbei, legt jedoch die Betonung auf die Ressourcen zur Überwindung der Schwierigkeiten.
Schrotschussmethode und Beiläufigkeit machen erste Ansätze zur erfolgreichen Körperregulation sichtbar:

- die momentane Funktionsweise des Körpers akzeptieren;
- Körperfunktionen, wie z. B. Essen, weniger starr, d. h. mit mehr Variationsmöglichkeiten kontrollieren;
- unangenehme Empfindungen beiläufiger wahrnehmen, diese weniger intensiv fokussieren.

Schrotschussmethode und Beiläufigkeit als hypnotische Merkmale fließen auch in die Sprache dieses Buches, weil ich so das Flair der Hypnose übermitteln will. Ich lade auch der Hypnose unkundige Kritiker ein, sich vom Unbekannten inspirieren zu lassen.

3. Hypnotisches Intervenieren funktioniert ein wenig wie eine Geschichte, die das Aktuelle auf Vorhergegangenem aufbaut. Ihr Ziel peilt die Hypnose über viele Stationen an, und wenn sie anfänglich das Ziel zu deutlich herausstriche, würde die Geschichte viel von ihrem Reiz verlieren. Spannung und Unterhaltung entschädigt dann für die benötigte Geduld. Die *zeitliche Dimension* spielt in den Überlegungen zur Hypnose eine immense Rolle. So wird von Milton Erickson auch erzählt, dass er wirklich jede Eigentümlichkeit akzeptieren konnte, um im nächsten Moment zu betonen, das, was jetzt gut ist, es morgen vielleicht nicht mehr ist, da wir morgen ja schon wieder gescheiter sind. Dies ist bereits ein schönes Beispiel der Utilisationstechnik.

4. Hypnose unterstützt erfolgreiche Wirklichkeitsbewältigung: Weg vom Wunsch nach kleinkindlichem Festklammern hin zur lockeren Gelassenheit. Auf der Suche nach Erfolg ersetzt Vertrauen auf unbewusste Kräfte das übertriebene, bewusste Kontrollieren und die Sehnsucht nach Allwissenheit.

Um Gelassenheit zu signalisieren, bietet sich der Therapeut in einer hypnotischen Beziehung als ruhiger, verlässlicher Partner an. *Er vermeidet fürsorgliche, dramatisierende, urteilende oder beschwichtigende Botschaften*, weil diese implizieren, dass es eigentlich doch einen schlimmen Kern gibt, der kleinkindliche Emotionen rechtfertigt. Ganz wichtig erscheint mir in diesem Zusammenhang ein lockerer Umgang mit Fehlern, Perfektionsstreben und Körperidealen.

Dieser Abschnitt streifte eine kleine Auswahl an Hypnosetechniken. Hypnose ist jedoch ein weites Feld, und ich verweise auf die einschlägige Literatur *(z. B. 8)*.

3. Utilisation und Paradox

Unter Utilisation versteht man das typischste Merkmal Erickson'scher Hypnose: Gemeint ist damit das indirekte Nutzbar-Machen jeglicher Eigenschaften eines Menschen oder einer Situation, egal ob man dieser individuellen Eigenschaft positiven oder negativen Wert beimisst. Es kann den Patienten im ersten Moment paradox erscheinen, wenn auch ein Problem eine Ressource sein soll.
Probleme folgen nicht logischen Gesetzen, sondern spielen sich im irrationalen Bereich der meist negativen Gefühle ab. Hypnose, selbst paradoxer Natur, erschließt uns die positive Seite dieser irrationalen, paradoxen Ebene: entspannt, spielerisch-locker und kreativ. Ähnlich wie schwierige Probleme den gewohnten Fluss des Alltags unterbrechen, katapultiert Hypnose den Patienten aus seiner hilflosen, widerspenstigen Patientenrolle heraus: Erstarrte Beziehungsmuster verlieren ihre Bedeutung, im ebenso paradoxen Loslassen spürt sich der Patient wieder besser.
Therapeutisch erleichtert Hypnose den Perspektivenwechsel: Der Irrgarten wird zwar noch als anstrengende, aber immerhin wichtige Erfahrung empfunden. Das Verhaftet-Sein in illusionären Wünschen und Zwängen wandelt sich zu Gelassenheit und lockerer Aktivität. In Hypnose vermindert sich auch das Bedürfnis, schattenhafte Seiten zu amputieren; Integration des Schattens stellt sogar neue Energien zur Verfügung.
Mit der Hypnose verwandt sind die Koan, welche man in der buddhistischen Lehre verwendet. Ein Koan manövriert den Studenten in scheinbar paradoxe oder ausweglose Situationen. Z. B. sagt der Lehrer zum Studenten: »Hier halte ich einen Stock. Nachher frage ich dich, ob dies ein Stock ist. Ob du mit Ja antwortest, mit Nein oder gar nichts sagst, ich werde dich damit schlagen.« Um diesem Paradox zu entfliehen, muss der Student kreative Antworten entdecken, z. B. dem Lehrer den Stock entreißen, und so lernt er schließlich in einem Prozess der Erleuchtung Loslassen und Entspannung des Bewusstseins.

4. Unterstützung im Alltag

Mit der Unterstützung im Hier und Jetzt greift man das Paradox des abgemagerten Körpers auf, der verkündet, »ich bin eigentlich nicht da« (siehe 1. Kapitel). Ausgehend von der Beobachtung, dass man nicht »nicht-kommunizieren« kann, gibt der Therapeut zu bedenken, dass der Betreffende gerade deswegen existiert, weil er behauptet, er sei nicht da: Man nimmt das Dünnsein als Existenzbeweis.

4.1 Erste Strategie: Die Patientin in die Therapie hineinziehen

Maximale Distanzierung gepaart mit gelegentlich heftigen, unvernünftigen Kleinkindreaktionen seitens der Patientin verlangen vom Therapeuten aktive Beziehungsarbeit. Als Therapeut einer Magersüchtigen darf man nicht nur abwarten, die Patientin spiegeln oder akzeptieren; man verlöre das Steuer im Nu aus der Hand, zu heftig und schwierig sind die Stimmungsschwankungen der Jugendlichen. In Trance spielen muskuläre Phänomene eine wichtige Rolle: Entspannung, Katalepsie oder Trance-Bewegungen. So findet die Hypnose auch zu körperlichen Reaktionen und Botschaften leicht Zugang – der ausgezehrte Körper ist ja so eine verschlüsselte, paradoxe Botschaft.
Die hypnotische Beziehung ruft zudem rasch Gefühle von Vertrautheit und Nähe hervor. Um dem ausgezehrten Körper wieder Leben einzuhauchen, kann das Bedürfnis nach spezieller Aufmerksamkeit in Hypnose gut utilisiert werden. Auf direkte Art zum Beispiel mit ernst gemeinten Komplimenten: »Ich mag dich, du interessierst mich. Ich freue mich, wenn du kommst.« Indirekt, indem ich mich mit Selbsthypnose in einen Zustand freudiger Erwartung versetze, der sich vom abweisend-griesgrämigen Gesicht nicht abschrecken lässt. Die so genannte Snoopy-Technik kontert einen ätzenden Angriff humorvoll: »Ach du liebes Kätzchen, welche Laus ist dir heute über die Leber gelaufen?« Es ist ein Modell für die Patientin, dass auch ihre Ablehnung mein Wohlwollen nicht zerstören kann. Ich

sage: »Verstecken oder Leugnen ist für den Moment genau das Richtige für dich, aber morgen ist ein anderer Tag, und wer weiß, was dann kommt.« Diese bedingungslose Zuwendung soll helfen, dass die Patientin sich selbst besser aushält; sie soll sie überzeugen, dass sozialer Austausch Gewinn bringt und dass sie in ihren Zielen nicht mehr so sehr aufs Verzichten setzt.

Ich verhalte mich abwechselnd aktiv und zurückhaltend, als Rollenvorbild für angemessene Aktivität in sozialen Situationen: »Wir machen eigentlich keine Therapie, das brauchst du ja gar nicht. Ich will dich an der Hand nehmen, dir ein paar Dinge aus meiner Lebenserfahrung erklären und dir ein paar nützliche Tipps geben.« Einer Patientin mit einer schlimmen Missbrauchsgeschichte würde ich all diese Dinge nicht erzählen; ihr würde ich eher versichern: »Ich will dir ernsthaft helfen.« Aber einer Magersüchtigen kann man auf konventionelle Art meist nicht helfen.

4.2 Zweite Strategie: Die Magersucht als notwendige Krücke bezeichnen

Bei dieser Strategie handelt es sich um eine Symptomverschreibung, die sich als therapeutische Methode von der Hypnose ableitet, um unnötigen Widerstand zu umgehen. Bei Suchtproblemen bewirkt eine Symptomverschreibung alleine noch keine Heilung, aber sie ist Teil der Strategie der völligen Akzeptanz der Patientin und der Vermeidung der Falle, als Therapeut in eine moralische Position zu geraten, die der Patientin vermitteln würde: »Sei bitte ein braves Mädchen.« Eine moralische Position würde die Magersüchtige ins Unrecht setzen und ihre unterschwellig-trotzigen Reaktionen verstärken. Natürlich füge ich hinzu: »Man braucht eine Krücke nur so lange, bis man geheilt ist. Ich würde einen Menschen nach einem Beinbruch sicher nicht seiner Krücken berauben, solange er sie noch benötigt. Ich verstehe, du brauchst das Abnehmen und das niedrige Gewicht als Schutz vor all den Verletzungen im Leben, vor den Überforderungen und den grässlich negativen Gefühlen, die dabei entstehen.«

Therapie stellt für Magersüchtige auch eine Bedrohung dar, und das Akzeptieren der Magersucht verhindert eine zusätzliche Über-

forderung, welche Suchttendenzen aktivieren würde. So muss die Betroffene ihre Magersucht nicht auf negative Art rechtfertigen.
Kritik geht der Magersüchtigen leicht unter die Haut, sorgenvolle Falten im Gesicht des Diagnostikers implizieren und verstärken die schlimmen Ahnungen, denen sie sich hilflos ausgeliefert fühlt. Leiseste Ablehnung wird als Niederlage empfunden und verstärkt Selbstkritik und -hass zu einem negativen Gefühlsknäuel. Auch gut gemeinte Kritik nimmt die Jugendliche als willkommenen Vorwand, Objektivität und Anstrengung aus dem Weg zu gehen. Natürlich erwähne ich auf einer rationalen Ebene die Gefahren der Magersucht, betone aber mit Zuversicht und optimistischem Tonfall, dass gute Arbeit konstruktives Wachstum ermöglicht.
In der Therapie belange ich die Magersüchtige auch nicht moralisch wegen ihres Schummelns. In Anlehnung an C. G. Jungs Archetyp des Tricksers würde ich ihr eher erzählen, dass wir natürlich alle unsere Tricks anwenden, um unser Leben konstruktiv zu gestalten, dass aber destruktive Tricks ins Elend führen.
Während Männer in der Jugendzeit eher zu ungestüm aufwachen und manchmal auch mit dem Kopf gegen die Wand rennen, nehmen sich einige junge Frauen viel Zeit und verharren im Dornröschenschlaf. Doch der Wunsch nach geistiger Entwicklung ist bei den meisten Magersüchtigen unverkennbar. Geistige Entwicklung zeigt sich gerne in einem asketischen Körper. Neben seinen gravierenden Nachteilen besitzt Magersucht zweifelsohne kleinere Vorteile (siehe auch Frank Farrelly im Kapitel VIII). Z. B. rüttelt diese körperliche Entbehrung mit Hilfe des erhöhten Adrenalinspiegels auf.
Durch seine azeptierende Haltung geht der Therapeut achtsam mit Ängsten vor Gewichtszunahme um, aber auch mit den Bedürfnissen nach Aufmerksamkeit und Selbstbehauptung. Wird die Magersucht als Anfangserfolg bezeichnet, erleichtert eine solche positive Umdeutung – auf der Erfolgswelle reitend – die Entdeckung reiferer Fähigkeiten zur Problemlösung.
Können Sie sich an der witzigen, geistreichen Seite einer Karikatur freuen? Gerne karikieren Kinder und Jugendliche mit ihren Symptomen die Erwachsenen: Der ausgezehrte Körper klagt die Ausbeutung der Ressourcen durch die Gesellschaft an, äußert den Wunsch nach kindlicher Geborgenheit, drückt Gefühle des Zukurzkommens und des Verlustes aus und karikiert übertriebenes Leis-

tungsdenken in unserer Zeit. Nicht zuletzt klagt der ausgezehrte Körper das Spiel mit der subtilen Verleugnung an, die man beim Mobbing, in Missbrauchssituationen und in der verrückten Teerunde bei Alice im Wunderland beobachten kann: Dort werden die Spielregeln zum Zweck von Alices Ausbeutung willkürlich und laufend geändert.
Umso klarer stechen Transparenz und Integrität des Therapeuten hervor. Er setzt konsequent Grenzen, damit die neu geschaffenen Ressourcen nicht sofort verbraucht werden und verpuffen, nach Suchtmanier und getreu gesellschaftlicher Muster.

4.3 Dritte Strategie: Den therapeutischen Rahmen sichern

Suchtmechanismen unterlaufen Alltagsschranken im Nu. Damit ich nicht augenblicklich ausgehebelt werde, lege ich lieber kein fixes Gewichtslimit zur Spitaleinweisung fest. Eher sage ich den Patientinnen oder deren Familien Folgendes: »Unter dieser oder jener Gewichtsgrenze wird es lebensgefährlich. Wie gesagt, ich habe nichts gegen Magersucht, das ist eine persönliche Entscheidung. Aber für lebensbedrohliche Situationen bin ich nicht eingerichtet oder ausgebildet. Ich möchte, dass Sie mir folgendes Recht geben: Falls das Gewicht unter das vereinbarte Limit fällt, bin ich berechtigt, die Patientin ins Spital einzuweisen, falls es aus meiner klinischen Erfahrung heraus notwendig wird. Ich darf, aber ich muss nicht, sondern ich werde alle wichtigen Faktoren mit berücksichtigen.«
Oft mache ich das Recht der Patientin, ihr Menü selbst festzulegen, ebenfalls von einem Gewichtslimit abhängig. Unterhalb dieser Grenze ist die Mutter oder der Vater für die Einhaltung des Essensplans verantwortlich, oberhalb darf die Magersüchtige ihr Essen weitgehend selbstständig bestimmen. Die Jugendlichen lieben ihre Freiheit: Wenn man sie sich erkämpfen musste, ist sie umso wertvoller. Die Patientin lernt so Konsequenz als positiven Wert kennen, nicht als negative Sanktion.
Therapeutisches Wohlwollen fördert Rebellion gegen die Einschränkungen ihrer Krankheit, und plötzlich will *die Patientin* ihre Magersucht loswerden, weil es dem Therapeuten nicht so eilt.

So gelangt die Betroffene auch automatisch an den Punkt, an dem sie selbst nicht weiterweiß und es auch merkt. Ohne dass ich Druck ausübe, wird sie offener für Vorschläge und Fragen, die aus der aktuellen Situation herausführen.

Im therapeutischen Rahmen sind die Rollen der Eltern und Betreuer eingeschlossen: Erwachsene Hilflosigkeit erscheint gerade als Voraussetzung, dass die Jugendlichen ihren Weg und ihre Verantwortung entdecken. Wie sollten sie dies schaffen, wenn die Eltern es sowieso immer besser wissen? Hilflose Gefühle belasten zwar die Erwachsenen; doch beim Ertragen ihrer Hilflosigkeit können die Erwachsenen als gutes Beispiel für verantwortungsvolles Handeln vorangehen.

4.4 Vierte Strategie: Durchhaltevermögen

Der abgemagerte Körper stellt die Umgebung vor ein paradoxes Rätsel: Einerseits signalisiert Gewichtsabnahme ein grandioses Beharren, andererseits weist Verhungern auf vorzeitiges Resignieren im Leben hin. Der zähe Wille zum Abnehmen macht auch vor vernünftigen oder gängigen Normen nicht Halt. Angenehme Formen des Zusammenlebens übersehen jugendliche Magersuchtspatientinnen meist, sind stur auf den eigenen Weg bedacht und versuchen, ob sie nicht doch einfach durchstarten könnten ohne Rücksicht auf Verluste. Der Therapeut wird getestet bis an die äußersten Grenzen nach dem Motto: Kontrolle außer Betrieb.

Diesem unkontrollierten Irrgarten setzt der Therapeut sein Durchhaltevermögen entgegen. Wenn nicht wenigstens einmal während der Therapie die wichtigsten Bezugspersonen völlig am Ende sind und der Therapeut auch keinen plausiblen Ausweg sieht, dann handelt es sich wohl nicht um eine Magersucht. Dazu kommen in weniger heftigen Phasen immer wieder die Zweifel: »Wie lange geht es noch? Wird es überhaupt je gut? Bahnt sich ein chronischer Verlauf an? Gibt es nicht noch viel bessere Therapien, meine Tante hätte da eine Adresse?«

Und mittendrin der Therapeut, gut gelaunt mit starken Nerven, sich nicht provozieren lassend. Ich sage dann:»Es ist gut, in einer Krise zu stecken, die bringt einen weiter und man lernt, unnötigen Ballast abzuwerfen; wenn man das durchgemacht hat, weiß man, was fürs Leben wichtig ist.« Wenn Geduld und Frustrationstoleranz nicht gerade die Stärke der Patientinnen oder ihrer Angehörigen ist, sollte der Therapeut umso mehr darin brillieren. Sowohl Frank Farrellys Humor wie Ericksons Hypnose weisen den Weg, solche Klippen ruhig zu überwinden, manchmal mehr stolpernd als locker schreitend, aber immerhin in Richtung gesundes Ziel.

Der Therapeut übt Kontrolle aus, aber auf weite Sicht und wirkungsvoll.

Die beiden ersten, ausweitenden Strategien zielen auf Bereiche, in denen sich die Patientin übermäßig ins Schneckenhaus zurückzieht. Sie betonen Gegenseitigkeit. Die dritte und vierte Strategie setzen Grenzen an kritischen Punkten, wo die Patientin zu nachsichtig und zu gewährend mit den Problemen umgeht.

Mit den ersten vier Strategien bietet der Therapeut vorübergehend einen Ich-Ersatz für die Bewältigung des Alltags an, er nimmt das Steuer in seine Hände, wenn das Leben der Patientinnen in Chaos und Leid zu versinken droht. Er geht auf die nonverbalen Kommunikationsangebote ein und befriedigt die momentanen Bedürfnisse. Auf die Dauer kann ein solcher Ersatz nicht funktionieren.

Umso notwendiger folgt der nächste Schritt, der die Perspektiven zu eigenständigem Funktionieren öffnet. Der Therapeut vermittelt ganz selbstverständlich: »Du kannst die Anforderungen an dein Leben gut selbst bewältigen, du kannst dich als Person entdecken und darin Zufriedenheit finden.« So logisch diese Sätze klingen, so weit ist der Weg angesichts eines mageren Häufchens Elend, erstarrt in übellauniger, ablehnender Haltung.

5. Den Selbstbezug stärken

Die nächsten vier Strategien sollen von ungesunder, weil übermäßiger Beschäftigung mit dem Körper wegführen zu einem lockereren Körperverständnis einerseits, andererseits soll die Auseinandersetzung mit dem Körper den Geist in Richtung Dezentrierung drängen, wie Piaget es nannte. Von einem kleinkindlichen Egoismus, bei

dem man das Gewünschte sofort und immer haben muss, zu reiferen Lebensformen, bei denen man seine Chancen mit Geduld wahrnimmt, sofern die Situation oder die eigene Ethik es erlaubt.
Es sind weniger komplementäre, stützende Hilfen, sondern mehr konfrontierende und integrative Interventionen, welche den Selbstbezug stärken. Unterwegs sollen reifere Formen von »gegensätzlich« und »gegenseitig« entdeckt werden. In einer Beziehung betont »gegensätzlich« den eigenen Standpunkt, »gegenseitig« die Achtsamkeit für das Gegenüber.

5.1 Fünfte Strategie: Konstruktive Auseinandersetzung

Ich hege und pflege die Patientin nicht wie ein zerbrechliches Kleinkind. Indirekt teile ich ihr mit: »Du bist stark«, wenn ich sie in eine Auseinandersetzung oder in einen kleineren Streit verwickle. Ich möchte, dass sie Misserfolg als Herausforderung sieht und nicht mit tragischem Selbsthass darauf antwortet.
So früh wie möglich erwähne ich in der Therapie, dass wir die Welt nicht aus dem gleichen Gesichtswinkel betrachten müssen und dass wir die Unterschiede besprechen können.
Da die Behandlung nicht sofortige Linderung bringt, verliert die Magersüchtige normalerweise wegen ihrer Abkürzungstendenzen schnell die Motivation, vor allem wenn sie trotz Anfangserfolge bereits im nächsten Irrgarten gelandet ist. In der Logik der süchtigen Einstellung, mit kleinem Aufwand möglichst viel Gewinn zu erwirtschaften, erscheint Therapie als Zeitvergeudung, denn bei längerfristig ausgerichteten Aufbaumaßnahmen sieht man den unmittelbaren Gewinn nicht. Wie schon zuvor erwähnt, ist eine Beziehung nicht jederzeit für die Befriedigung der Bedürfnisse verfügbar, auch nicht mit dem Anspruch vereinbar, dass es einem immer gut gehen muss. Der Therapeut lässt sich aber von dieser Einstellung wenig beeindrucken.
Die Themen »Hilfe« und »Therapie« rufen schnell Meinungsverschiedenheiten hervor, weil die Magersüchtige ihrer Ansicht nach ja keine Therapie bräuchte. Im Lichte der Utilisationstechnik ist diese Ablehnung nicht immer ein Hindernis, sondern ein guter Ansatzpunkt zur Kontroverse: Ist die Patientin der Herausforderung

durch die Therapie wohl gewachsen? In einer Auseinandersetzung entkommt die Magersüchtige der Patientenrolle, eine Rolle, die unkontrollierbare Dynamiken heraufbeschwört.

5.2 Sechste Strategie: Der Therapeut macht Fehler

»Wir alle, auch Therapeuten und Eltern, machen Fehler«, betone ich ganz am Anfang und immer wieder, um Perfektionismus, übertriebenen Erwartungen und Idealisierungen die Spitze zu nehmen.
Mindestens einmal während der Therapie ist eine liebevolle Schelte wichtig und angebracht; im sensiblen Empfinden der Magersüchtigen sollte der Therapeut dies natürlich nicht tun, und deshalb entschuldigt er sich dafür, damit die Schelte nicht als Verletzung und Groll in den negativen Gefühlsknäuel fließt.
Der Therapeut macht Fehler als Mensch, er macht Fehler angesichts der unverschämten pubertierenden Mädchen, welche die Erwachsenen bis zum Äußersten testen. Er macht Fehler wie die Diener im Märchen, die Schneewittchens Sarg unabsichtlich auf den Boden knallten und sie so aus ihrem Scheintod und gläserner Isolierung befreiten. Er macht Fehler, damit sich die Jugendlichen nicht so schuldig fühlen, weil sie etwas Unperfektes an sich entdecken. Er macht Fehler und redet locker darüber, um dem Konkurrieren Boden zu entziehen.
Dass man nicht perfekt sein muss, dass Fehler Ausgangspunkte für kreatives Schaffen darstellen, dass Versagen, Verlust und Niederlage nicht tödliche Katastrophen, sondern gesunde Beschränkungen im Leben nach sich ziehen, das zu lernen ist nicht einfach. Die Fehler des Therapeuten mögen zuerst die Wut der Magersüchtigen wecken, aber vielleicht eine weniger tödliche Wut als diejenige, die hinter der gewichtsreduzierenden Selbstdestruktion wirkt. Gemäßigte Wut darf ebenfalls Platz im Leben haben.
Der Therapeut dient als Vorbild, wie man das »Verbotene« elegant und konstruktiv »vollbringt«. Er zeigt, wie man mit Versagen locker und ohne übertriebene Schuld- und Schamgefühle umgeht.
Vielleicht begeht der Arzt ja auch einen Fehler, wenn er die Magersucht nicht sofort und rigoros bekämpft, etwa im Sinne eines starken Antibiotikums gegen eine bakterielle Infektion. Doch weil die

Magersüchtigen selbst nach Perfektion streben, sollte wenigstens der Arzt nicht den gleichen Fehler begehen. Mit Besserwissen würde er die kindliche Überheblichkeit verstärken.

5.3 Siebte Strategie: Den Schatten bearbeiten

Das Beachten eigener Schattenseiten wirkt ausgezeichnet gegen Überheblichkeit.
C. G. Jungs Anregung, »Wo Licht ist, ist auch Schatten und lerne mit beidem umzugehen«, wirft ein Licht auf eine Entwicklungsaufgabe im Jugendalter, die nicht immer beherzt angegangen wird. Aus der Verweigerung resultieren jedoch Probleme. Sobald die Magersüchtige harmlose Schattenseiten zulässt, kommt sie ihren Gleichaltrigen wieder näher; Distanzierung und Wahrnehmungsstörung vermindern sich; starke Individuen halten Fehler aus.
Der Magersüchtigen ist oftmals nicht klar, dass Probleme und Unzulänglichkeiten speziell in ihrem Alter dazugehören. In einer Diskussion des Körperschemas würde Milton Erickson es so formulieren: »Weiß sie, dass sie schöne Augen, einen schönen Mund und eine wohl geformte Nase besitzt; weiß sie auch, dass ihr Kinn zu wuchtig ist und dass es in Ordnung ist, dass sie es weiß?«
Der Schatten zeigt immer wieder Grenzen und Einschränkungen unseres Daseins auf und wirkt so der ungebremsten Sucht entgegen. Natürlich müssen die Schattenseiten aussortiert werden, »die guten Körner ins Töpfchen, die schlechten ins Kröpfchen«, und dies ist eine mühsame Arbeit: »Deine Unlustgefühle, zu wie viel Prozent entstammen sie deiner Bequemlichkeit und Passivität, und wie viel Prozent machen die berechtigten Wünsche nach verdienter Muße aus?«
Bei der Überwindung ihrer Sucht bringt nicht der überhebliche Sieg über ihren Körper die Betroffene voran, weil dessen Unterjochung notgedrungen schlimme Rückfälle verursacht, wie Bateson anmerkt. Stattdessen erleichtert geduldiges Lernen die Partnerschaft mit dem Körper.
Ebenfalls sollten die betreuenden Erwachsenen ihre Bedürfnisse nach heiler Welt, nach Unverletzbarkeit und nach absoluter Kontrolle zügeln. Magersüchtige sind unterschwellig sehr beeinflussbar.

Elterliche Überheblichkeit steckt sie an und weckt alte Trotzmuster. Darum rate ich in den Familiensitzungen den Eltern: »Falls Ihre Tochter anfängt zu essen, und Sie wollen einen Rückfall alter Probleme der Essensverweigerung provozieren: Loben Sie Ihre Tochter und zeigen Sie Ihre Zufriedenheit, signalisieren Sie, dass doch schon immer alles zum Besten stand.«

5.4 Achte Strategie: Hypnotisches Lernen

Ehrgeiz wirkt sich nicht nur destruktiv aus, gerade angesichts einer Welt, in der vieles nicht zum Besten steht. Dass die Magersüchtige ihren Ehrgeiz auf Gewichtsabnahme und unrealistische Körpermaße lenkt, kann man ihr nicht nur verübeln, da sie im Leben als Erwachsene bisher erst wenig Erfahrung sammeln konnte. In der Therapie bietet es sich an, ihren Ehrgeiz auf gesunde therapeutische Ziele zu richten. Auch positive Varianten der Überheblichkeit, Unbeschwertheit und verspielte Rebellion können einem Jugendlichen angesichts der schwierigen Entwicklungsaufgaben dienlich sein.

Magersuchtsfreie Autonomie soll das Ziel der (Therapie-)Geschichte und nicht bereits auf der ersten Seite stehen: Ganz im Sinne einer spannenden Erzählung führen Überraschungen und Umwege zum Happy-End. Später wird die Magersüchtige vielleicht einmal feststellen: »Es war schrecklich, bei allem Schrecklichen habe ich aber etwas gelernt; jetzt ist es besser und ich will das Schreckliche nicht mehr erleben.« Realisierte Erfahrungen verwandeln sich in gesunde Selbstbehauptung.

Erickson'sche Pädagogik erfordert viel Geduld: Zur Unterstützung der kindlichen Lernschritte muss man manchmal lange warten, bis das Kind in einem offenen Moment auch wirklich zuhört – voreiliges Handeln würde diese Chance verbauen.

Um sich trotz großer Veränderung in der Jugend gut behaupten zu können, braucht es genügend Zeit und Übung. Bei der schwierigen Aufgabe, auch unattraktive Eigenschaften sein Eigen zu nennen, geht natürlicherweise vieles schief, und die betreuenden Erwachsenen sind mit einem großen Vorrat an Humor und Standhaftigkeit gut beraten: Diese Niederlagen verkraften helfen und auf künftige

Tab. 1: Therapeutische Strategien und entsprechende Irrgärten

Therapeutische Strategien	Irrgärten
Unterstützung im Hier und Jetzt	*Drängende Probleme im Alltag*
1. Die Patientin in die Therapie hineinziehen/Kontaktsperre	1. Selbstunsicherheit ↔ Kontaktsperre
2. Die Magersucht als notwendige Krücke bezeichnen	2. Überforderung ↔ (beleidigt) Verantwortung abschieben
3. Den therapeutischen Rahmen sichern	3. Extreme Herausforderung ↔ Misserfolg
4. Durchhaltevermögen	4. Kampf um Kontrolle ↔ Kontrollverlust
Den Selbstbezug stärken	*Fehlender Selbstbezug*
5. Konstruktive Auseinandersetzung	5. Misserfolg ↔ beleidigter Selbsthass
6. Der Therapeut macht Fehler	6. Aus Versagen ↔ destruktiv handeln
7. Den Schatten bearbeiten	7. Erfolg ↔ Sorglosigkeit
8. Hypnotisches Lernen	8. Mehr Perfektionismus ↔ weniger Selbstwert

Erfolge hinweisen, wenn später einmal die Selbstbehauptung besser gelingen wird.

Lernen ist mühsam und verlangt Geduld. Lebenspraktisches Lernen liegt oft nicht im Augenmerk der Magersüchtigen, weil es zu wenig effektiv geht, zu wenig schnell, zu wenig leicht. Da kommt Hypnose gelegen, diese will ja Lernen erleichtern.

Neben den guten Projekten, die ich schon erwähnt habe, benötigt ein gelungenes Leben den sozialen und emotionalen Austausch. In einem gemeinsamen Rhythmus Freude teilen gehört zu den Erlebnissen, nach denen sich die Menschen am intensivsten sehnen. Dazu zähle ich auch das gesunde Körpererleben, das einem individuellen Rhythmus zwischen Ruhe und Anstrengung folgt, wechselnd zwischen Muße und Kraft, nicht gleichzeitig, sondern schön der Reihe nach. Eigentlich lernen die Kinder schon im Kindergarten, dass sie der Reihe nach drankommen und sich nicht immer in den Vordergrund drängen können. Statt den gesunden Rhythmus von Anstrengung und Erholung zu leben, flüchten die Betroffenen in ein Gebilde namens Magersucht, eine Mischung aus hyperaktiver Leistung und pausierender Vernunft.

Doch gesunder Rhythmus liegt im Kern der Hypnose, und Magersüchtige können immens von ihr profitieren und lernen.

Zusammenfassend lautet das Ziel hypnotherapeutischer Behandlung: seinen Selbstwert alleine wie auch in der Gruppe genießen – durch positive Wahrnehmung der eigenen Individualität. Wohlstandskrankheiten wie Perfektionismus und ein Zuviel des Guten behindern die gesunde hypnotische Lebensweise.

KAPITEL III

Barbies Behandlung bei Milton Erickson

Ich möchte zuerst einige Ideen über Ericksons Therapiekonzept voranstellen.
1. In Ericksons Behandlungsphilosophie erkennt man immer wieder, dass er bildlich gesprochen zuerst mit dem Strom schwimmt und ihn dann später ablenkt. Er würde sich nicht frontal gegen den Fluss stemmen, dieser würde ihn mitreißen. Erickson würde nicht direkt gegen eine Psychose oder eine hysterische Lähmung ankämpfen, sondern sie zuerst akzeptieren und dann langsam auf ein unschädliches Maß einschränken. Auch konzentriert sich Erickson bei der Ablenkung des Stroms auf einen nur sehr kleinen ersten Schritt, der eine winzige Bresche in das starre System des Patienten schlagen soll.
Manchmal nimmt Erickson zur Problemlösung sogar zuerst Anlauf, wie er es in folgender Metapher beschreibt: »Du bist mit deinem Wagen in einem Graben gelandet. Du möchtest hinausfahren, aber deine Räder spulen. Wenn du weiter spulst, gräbst du dich immer mehr in den Graben hinein. Versuch lieber rückwärts Anlauf zu holen. So wechselst du Rückwärtsgang und Vorwärtsgang, bis du dich aus dem Graben hinausgeschaukelt hast.« Erickson achtete darauf, dass die energischen Vorwärtsschritte trotz allem locker blieben.
2. Erickson vergleicht seelische Schwierigkeiten mit einer Armfraktur. Er erwähnt den Chirurgen, der zum Patienten nicht sagt: »Ich mag Sie als Person, aber mir wäre lieber, sie kämen ohne Armbruch bei mir vorbei.« Analog drängt sich die Haltung auf: »Es ist o. k., dass du eine Magersucht hast, ich kann sie als Anreiz zur Selbstfindung durchaus akzeptieren, doch lasst uns gespannt sein, wie schnell du bessere Lösungen findest.«
Natürlich muss auch dem Patienten klar sein, woran er leidet. Erickson beschreibt einen psychotischen Patienten in der Klinik, der unablässig jammerte: »Ich will nicht hier sein.« In Ericksons Beschreibung half dem Patienten eine kurze Antwort, die ihm

über Monate hinweg immer wieder gegeben wurde: »Aber du bist hier.« Ähnlich, so denke ich, kann man der Magersüchtigen, die ihren Körper hasst oder ihn loswerden will, antworten: »Gerade mit Hilfe deines Körpers wirst du dich lieben lernen.« In diesen Zusammenhang passt auch Ericksons Charakterisierung einer Frau, der gesunde Selbstbehauptung noch fehlte: »Sie kann sich selbst nicht mit eigenen Augen betrachten, sie sieht sich durch die Augen und mit den Maßstäben anderer Leute.«

3. Erickson mobilisiert in Hypnose unbewusste Ressourcen. Er erwähnt gerne das Bild vom Tausendfüßler, der in den Graben fällt, sobald er bewusst überlegt, welches Bein als nächstes zu bewegen sei.

Zu diesem Thema passt die Geschichte des Mannes, der sich nicht über eine Eisfläche traute, weil er an Krücken ging. Erickson hieß ihn die Augen schließen und dreht ihn ein paar Mal im Kreise, damit er die Orientierung verlor. Danach lief der Mann ganz normal über die Eisfläche. Er dachte, es wäre Asphalt, und er fürchtete sich nicht mehr vor dem Ausrutschen; unverkrampft behielt er sein Gleichgewicht.

4. Als ein Hauptziel der Therapie bezeichnet Erickson die Erweiterung des emotionalen Verständnisses. Zu diesem Zweck bewarf er einmal in einem Ausbildungsseminar einen Teilnehmer mit einem Felsbrocken. Der Teilnehmer erschrak nicht schlecht. Bei dem Felsbrocken handelte es sich nur um eine Styroporattrappe, und Erickson benutzte das Erschrecken und Aufwachen, um seine Botschaft prägnant hinüberzubringen: »Die Dinge sind oft nicht so, wie sie scheinen.« Erickson war der Ansicht, Einsicht ließe sich auf konventionelle Art nur schwer vermitteln.

Meine Assoziation dazu lautet: Vielleicht braucht die Betroffene ihre Magersucht ein Stück weit, weil sie nur mit Hilfe dieser extremen Körpererfahrung als Persönlichkeit aufwachen kann.
Im Folgenden schildere ich zusammenfassend Barbies Fallgeschichte, so wie Erickson sie erzählte. Dann möchte ich auf diejenigen Irrgärten und Strategien hinweisen, die in Barbies Geschichte deutlich werden.

1. Barbie

Barbies Mutter rief aus Kanada an und fragte Erickson: »Kann ich mit meiner Tochter zu Ihnen in Behandlung kommen? Sie sind der Einzige, der ihr noch helfen kann. Sie war lange im Krankenhaus, und auch dort hat sie weiter an Gewicht verloren. Sie leidet an Magersucht.« Erickson nahm die 14-jährige Barbie nicht sofort als Patientin an. Er wollte zuerst herausfinden, ob Barbies Mutter, eine Ärztin, für die Behandlung genügend Motivation mitbringen würde. Am Telefon sagte Erickson, er müsse es sich zuerst überlegen, sie solle in drei Tagen nochmals anrufen. Drei Tage später telefonierte die Mutter, und Erickson sagte, Mutter und Barbie sollen zu ihm nach Arizona fliegen. Erickson interviewte Barbie am ersten Tag, und immer gab ihre Mutter die Antwort. Erickson interviewte Barbie am zweiten Tag, und wieder antwortete die Mutter. Erickson beobachtete, dass sich Barbie wie eine sanfte Märtyrerin verhielt, ohne heftige Gefühle und ohne Widerspruch. Anscheinend meinte sie, dass sie im Leben eher Bestrafung als ein feines Essen verdiente. Am dritten Tag sagte Erickson zu Barbies Mutter, sie solle »die Klappe halten«, er habe schließlich Barbie gefragt. Barbie sah ihre Mutter danach mit ganz anderen Augen an. Da hatte doch ein fremder Arzt ihrer Mutter gesagt, sie solle die Klappe halten! Konnte da Barbie ihre Mutter noch mit ehrfürchtigen und unterwürfigen Augen anschauen? Erickson fügte hinzu, dass Magersucht oft tödlich ende.
Auf gutes Zureden hin reagierte Barbie nicht, sie aß nicht. Also wählte Erickson den Weg der Konfrontation. Er bestrafte Barbie mit Essen. Barbie ließ sich willig bestrafen.
Die ganze Nacht hatte Barbie ihre Mutter mit lautem Schluchzen und Weinen wach gehalten. Wegen Störung der Nachtruhe musste sie darauf Ericksons Spezialsandwich essen. Als Strafe schluckte sie das Sandwich mühelos. Dem Magen war es jedoch egal, aus welchen Gründen sie das Sandwich schluckte, er verdaute die Kalorien.
Der Hauptteil der Therapie bestand darin, dass Erickson Geschichten erzählte, welche Barbies Gefühle herauslocken sollten. Erickson erzählte vom Minencamp, wo er in einer Blockhütte mit Erdboden das Licht der Welt erblickt hatte. Seine Mutter führte die Kantine.

Weil nur alle halbe Jahre ein Versorgungstransport das Camp erreichte, musste die Mutter die Nahrungsmittelvorräte gut einteilen. Die Früchte gingen jeweils schnell zur Neige, es stellte sich die Frage nach einem guten Dessert, und die Mutter erfand eine Zimtkreme, die sich bald zum Lieblingsdessert der Minenarbeiter mauserte.

Einmal war Ericksons Mutter drei endlose Stunden lang Witwe wegen der Geschichte vom bösen Sawyer, der immer betrunken zur Arbeit erschien. Es wurde gemunkelt, der böse Sawyer habe schon einige Männer erschossen und dafür jedes Mal einen Strich in seinen Revolvergriff geschnitzt. Auf dem Revolver gab es drei oder vier solcher Striche. Dann erschien der böse Sawyer wiederum nicht nüchtern zur Arbeit. Ericksons Vater war Vorarbeiter und musste den bösen Sawyer verwarnen. Dieser stieß wilde Drohungen aus, schlief seinen Rausch aber zu Hause aus. Am nächsten Tag kam er abermals besoffen zur Arbeit, und Ericksons Vater musste den bösen Sawyer entlassen. Dieser lief schnurstracks zu Ericksons Mutter und fragte sie, welchen Heimweg ihr Mann normalerweise nehme. Sie erklärte es ihm, und er sagte: »Heute Abend um sieben Uhr sind Sie eine Witwe.«

Sie wollte den bösen Sawyer aufhalten, doch vergebens. Abends stellte sie das Essen auf den Tisch. Als ihr Mann um sieben Uhr nicht erschien, stellte sie das Essen wieder zurück auf den Herd zum Wärmen. Die Zeit verging sehr langsam. Um neun Uhr stapfte Ericksons Vater durch die Eingangstür und sagte, er habe sich unglücklicherweise auf dem Heimweg verirrt. Die Mutter sagte: »Bin ich froh, dass du dich verirrt hast.« Der Vater fragte missmutig, warum sie darüber froh sei. Die Mutter erzählte die Geschichte vom bösen Sawyer. Wütend nahm der Vater die Flinte und ballerte in der Nacht herum. Kleinlaut kam er bald wieder zurück und meinte, es habe keinen Sinn, der böse Sawyer sei schon über alle Berge. Barbie hörte fasziniert zu, und Erickson kommentierte dazu später, man müsse die Gefühle der Magersüchtigen in Aufruhr bringen.

Barbies Mutter aß zu Mittag ebenfalls nur kleinste Portionen. Erickson wies sie deswegen zurecht. Ich glaube, weil Barbie nicht groß und stark werden wollte, machte Erickson einfach die Mutter kleiner, damit der enorme Größenunterschied nicht mehr so blockierte. Damit schwächte sich auch Barbies Verweigerung ab.

Erickson sagte zu den beiden: »Ich glaube, meine Behandlung gefällt euch nicht. Macht doch einen Ausflug zum Gran Canyon. Barbie muss mir einzig versprechen, jeden Tag die Zähne mit fluorhaltiger Zahnkreme zu putzen und nachher das Zahnfleisch mit Lebertran zu spülen.« Barbie versprach dies gerne, hielt ihr Versprechen aber nicht, wie Erickson richtig vorausgesehen hatte. So war Barbie plötzlich nicht mehr das perfekte Mustermädchen, sondern sie begann ungewollt ihre Eigeninteressen zu verteidigen.

Nach dem Ausflug provozierte Erickson Barbie. Erickson berichtet: »Ich bezichtigte sie, eine Lügnerin und ein Feigling zu sein, und ich versicherte ihr, das beweisen zu können. Natürlich protestierte sie gegen meine Beschuldigungen. Ich forderte sie heraus: ›Schlag mich auf den Arm.‹ Sie war sichtlich wütend und gab mir einen leichten Klaps auf den Arm. Ich hielt ihr vor, dass sie mir nur einen leichten Klaps gegeben habe und so tue, als ob das ein Schlag sei. Ich sagte, sie sei ein Feigling, wenn sie mich nicht schlage, und sie sei eine Lügnerin, wenn sie mich glauben machen wolle, dass ein leichter Klaps in Wirklichkeit ein Schlag sei. Das Mädchen wurde wirklich zornig und schlug mich tatsächlich, wenn auch leicht, auf den Arm, aber dann drehte sie sich sofort um und lief ins Wartezimmer. Kurz darauf kehrte sie unverweint und trockenen Auges wieder zurück und nahm ihren Platz ein. Ich beschuldigte sie wieder, ein Feigling und eine Lügnerin zu sein. Als Beweis führte ich an, das sie von den Folgen des Schlages gegen mich davongerannt und in das Wartezimmer gegangen sei, weil sie nicht wollte, dass ich die Tränen in ihren Augen sehe, und eine Lügnerin sei sie, weil sie trockenen Auges und unverweint zurückkomme, da ich doch ihre Tränen gesehen hätte, als sie den Raum verließ. Danach fuhr ich fort, sie die ganze Gefühlsskala rauf- und runterzujagen, und ich erzählte ihr auch interessante, erfreuliche und faszinierende Dinge.« *(9)*

Erickson lud die ganze Familie zur Hochzeitsfeier seiner Tochter ein. Vor der Feier machte er Barbie heftig zum Vorwurf, dass sie in letzter Zeit keine Geschenke mehr angenommen hatte. Den übrigen Familienmitgliedern warf er vor, sie hätten diese Verweigerung geduldet. Beim Fest waren Barbie und ihre Familie Zeugen, wie die Hochzeitsgeschenke fröhlich übergeben wurden. Barbie ließ ein Foto von sich machen, als sie auf Ericksons Schoß saß und Hochzeitskuchen aß. Danach fuhr die Familie heim nach Kanada, aber

Barbie blieb brieflich mit Erickson in Kontakt und erholte sich von ihrer Krankheit.

Entsprechend Ericksons Lebensphilosophie bilden gegenseitiges Geben, Nehmen und Teilen die grundlegenden Eckpfeiler für Glück und Zufriedenheit.

Erickson erzählte weiter: »Sie hat mir von zwei andern Mädchen geschrieben, die auch an Anorexia nervosa leiden. Sie hat mir geschrieben, wie viel Mitgefühl sie für die Mädchen hätte, und ob es wohl richtig wäre, wenn sie mit den Mädchen über ihren eigenen Fall spräche. Ich habe ihr geantwortet: ›Barbie, als ich dich das erste Mal gesehen habe, da hatte ich auch Mitgefühl für dich und hätte es dir gern gezeigt. Aber ich wusste, wenn ich es gezeigt hätte, so hätte ich dich dem Tode näher gebracht. Darum bin ich so hart und roh gegen dich gewesen, wie ich nur konnte. Deshalb zeige bitte den beiden Mädchen kein Mitgefühl! Sonst trägst du nur dazu bei, dass sie früher sterben.‹ Und Barbie antwortete: ›Sie haben vollkommen Recht, Doktor Erickson. Hätten Sie mir Mitgefühl gezeigt, dann hätte ich gedacht, Sie seien ein Lügner, und hätte mich umgebracht. Aber die Art, wie Sie mich behandelt haben, war so unfreundlich, dass ich einfach gesund werden musste.‹ Und trotzdem sind die Ärzte so verdammt eingeschworen auf ihre Standeswürde und Berufsethik, dass sie die Anorexia nervosa »standesgemäß« mit Medikamenten behandeln und mit künstlicher Ernährung, und der Körper weist alle Nahrung zurück. Ich habe Essen einfach zur Strafe gemacht, und das konnte Barbie hinnehmen.« *(10)*

2. Irrgärten und Strategien in Barbies Fallgeschichte

Erickson charakterisiert Magersucht so: »Anorexia nervosa tritt meistens bei halbwüchsigen Mädchen auf, kann aber auch bei Erwachsenen, männlichen oder weiblichen, vorkommen. Und sie ist eine Krankheit, eine psychische Krankheit, bei der sich die Kranken mit einer religiösen Gestalt identifizieren, mit Gott, Jesus oder

Maria, mit einem Heiligen oder mit der Religion im Allgemeinen, und dabei hungern sie sich freiwillig zu Tode ...
In meiner Krankenhauszeit habe ich mindestens fünfzig Patienten gesehen, die an Anorexia nervosa gestorben sind. Und das, obwohl die Ärzte alles versucht hatten, soweit es nicht gegen die Würde des Ärztestandes und die Berufsethik verstieß, um das Leben der Kranken zu retten.« *(10)*
Erickson weist auf Perfektionismus und die Idealvorstellungen hin, welche im ersten, im siebten und achten Irrgarten eine wichtige Rolle spielen.
Erickson deutet ebenfalls an, dass der Therapeut auch Fehler machen muss (siebte Strategie), weil man auf konventionell richtige Art den Patienten nicht helfen kann. Später sagt Erickson zu Mutter und Barbie, und dies gibt einen noch deutlicheren Hinweis auf diese Strategie: »Ich glaube, Sie können mich beide nicht ausstehen. Ich glaube, die Art, wie ich Sie behandle, gefällt Ihnen gar nicht, und darum denke ich, es wird Zeit, dass Sie sich entscheiden, welches Gewicht Sie haben wollen, wenn sie wieder heimfahren.« *(10)*
Erickson erwähnt emotionale Distanz (wichtig im ersten Irrgarten) und die Weigerung, Geschenke anzunehmen (mangelndes Selbstwertgefühl im achten Irrgarten).
In Ericksons Lehrgeschichten nehmen erfolgreiche therapeutische Strategien einen wichtigen Platz ein. Erickson kümmerte sich ziemlich aktiv um die Beziehungsgestaltung, wie es meiner ersten Strategie entspricht: vom ersten Moment an, als er etwas zögerte, Barbie als Patientin anzunehmen, um ihre Motivation zu steigern, bis zum Ende der Behandlung, als er sie zur Hochzeit seiner Tochter einlud.
In seinem ersten Brief schrieb Erickson an Barbie in eindringlichen Worten, »dass die Frage ihres Gewichts nur sie und ihr Gewissen etwas angehe und niemand sonst etwas darüber zu wissen brauche«. Dieser Ratschlag zielt in eine ähnliche Richtung wie meine zweite Strategie, welche die Magersucht als vorübergehend notwendige Krücke bezeichnet.
In seiner überlegten Art wusste Erickson genau, wie er vorausblickend den therapeutischen Rahmen sicherte (dritte Strategie). Durchhaltevermögen (vierte Strategie) stärkte er dadurch, dass er Mutter und Barbie zum Gran Canyon schickte.
In der Geschichte vom bösen Sawyer finden sich viele interessante

Aspekte: Er ist im negativen Sinn ziemlich hyperaktiv, zählt seine Toten wie die Magersüchtige ihre Kalorien und ist offensichtlich süchtig nach Alkohol. Ebenfalls wird durch die temporäre Scheidung der Eltern die Distanz des Vaters symbolisiert, welche in Magersuchts-Familien oft eine Rolle spielt. Zudem waren alle Akteure in der Geschichte leicht übermütig, trauten sich zu viel zu und mussten einsehen, dass sie den Gegenspieler nicht erschießen konnten. Vater und Mutter erkannten den Schatten der eigenen Dummheit. Solche Geschichten wirken wie eine Impfung, welche die Selbstheilungskräfte stimuliert (siehe auch Kapitel VII).
Die Geschichte über das Minencamp und die Kantine zeigen (hypnotische) Strategien auf, wie man Geborgenheit und Nahrungsaufnahme gut regulieren kann.
Nahrung nicht als Geschenk darzustellen sondern, als Bestrafung zu verordnen, entspricht weniger einer bestimmten Strategie, sondern eher der Utilisationstechnik. Denn Nahrung ist für Barbie auch im Alltag eine Bestrafung und Geschenke konnte sie noch nicht annehmen.

Kapitel IV

Heilung aus der Distanz

Die ersten beiden, kürzeren Therapiegeschichten handeln von zwei Familientherapien, die ziemlich heftig, manchmal sogar außerordentlich unfreundlich verliefen.

1. Denise: Kurz und heftig

Die Lage spitzt sich schnell zu

In dieser Geschichte über Magersucht stechen die Aspekte der Jugendkrise besonders deutlich hervor, wenn Denise jeden Hebel in Bewegung setzte, um die Erwachsenen zu manipulieren, dann aber genug wendig war, um neue Wege zu suchen, sobald sie auf unüberwindbare Grenzen stieß. So wich Denise auf Abkürzungen aus, die einigermaßen funktionierten, wenn auch mehr schlecht als recht.
Dramatik entfachte die 14-jährige Denise vor allem in ihrer Beziehung zum Hausarzt. Dieser war von seinen Patienten nicht gewohnt, dass sie falsche Angaben machten oder eindrucksvoll die medizinische Untersuchung verweigerten. Aufgebracht beklagte er sich telefonisch beim Therapeuten; er wollte Denise unbedingt ins Kinderkrankenhaus einweisen. Doch Denise befand sich zu diesem Zeitpunkt in einem genügend guten körperlichen Zustand, sodass die Klinik sie wieder nach Hause schickte. In einem ersten Behandlungsgespräch, zu dem Denise mit ihrer Mutter erschienen war, erweckte sie noch mit knapper Not einen kooperativen Eindruck, auch weil sie sich mit dem Therapeuten auf einer humorvollen Ebene unterhalten konnte. Allerdings verstand Denise die Aufregung der Erwachsenen kaum, da ihr die tägliche Nahrungsmenge, bestehend aus einem Glas Wasser und zwei Äpfeln, völlig normal vorkam. »Ich bin mit meinem Leben ganz zufrieden«, meinte sie, ohne die zunehmende Ratlosigkeit und Verzweiflung der Mutter wahrzunehmen.

»Denise bleibt die ganze Zeit zu Hause«, sagte die Mutter, »früher konnte sie nicht häufig genug Partys und Discos besuchen. In einem halben Jahr hat sie 20 kg abgenommen, ihre Menstruation hat ausgesetzt. Auf Essensangebote geht sie einfach nicht mehr ein.« Denise wog im Moment 46 kg bei einer Größe von 159 cm.
Der Therapeut erklärte seinen Therapieplan: »Wichtig ist mir, dass du, Denise, diese Krise gut überstehst. Du darfst deine Magersucht behalten, solange du sie brauchst. Allerdings, falls dein Gewicht so sehr sinkt, dass es für dich lebensbedrohlich wird, muss ich dich in die Klinik einweisen, weil ich für solche Zustände nicht eingerichtet bin. Ich schlage vor, dass du mir die Erlaubnis gibst, dich in die Klinik zu schicken, falls dein Gewicht unter 42 kg fällt. Dann darf ich dich einweisen, muss es aber nicht, weil auch noch andere Faktoren für einen solchen Entscheid eine Rolle spielen. Im Übrigen bin ich so eine Art Problemlösungsfachmann. Ich will dir helfen, dein Leben wieder auf die Reihe zu kriegen, damit du dich gar nicht mehr mit dem Abnehmen beschäftigen musst.«
Trotzig stapfte Denise beim nächsten Mal ins Zimmer und sprach kein Wort. Die Mutter erzählte: »Zu ihrem Vater hat Denise kein gutes Verhältnis, sie streiten sich wegen der Meerschweinchen. Die Probleme mit dem Essen hat der Vater bisher kaum bemerkt, wir reden nicht darüber. Mein Mann kommt heim, wann er will, er ist mit seinem Beruf als Lastwagenfahrer und den Hobbys völlig ausgelastet. Er ist ein sehr selbstbezogener Mensch. Ihrem jüngeren Bruder gegenüber verhält sich Denise neuerdings sehr aggressiv. Ich selbst leide zunehmend unter dem Gefühl, dass sie mich ausnützt. Das trifft mich in meiner Selbstachtung. Ich kann bei Denise drei verschiedene Verhaltensweisen beobachten: Verhalten A ist bockig, Verhalten B vernünftig, Verhalten C wütend. Im Zustand C behandle ich sie sehr vorsichtig, um keinen lautstarken Anfall zu provozieren. Zu Hause geht Denise kaum mehr einer Tätigkeit nach. Es ist ihr langweilig, sie läuft dauernd hinter mir her und verlangt, dass ich ihr etwas vorlese.
Unsere Familiensituation wächst mir schon längere Zeit über den Kopf. Deswegen bin ich vor kurzem zur psychologischen Beratung gegangen. Da hatte Denise allerdings noch nicht abgenommen.«
Der Therapeut meinte zu Denise: »Welcher böse Geist bestimmt dein Verhalten? Oder handelst du einfach aus Langeweile? Früher

hast du dich gut mit deiner Mutter verstanden, doch jetzt bröckelt die gemeinsame Frauenfront in der Familie. Ich glaube, deine Mutter sollte dich nicht zu sehr bemitleiden. Mit Bedauern kann man eine Tochter in den Tod treiben. Die Mutter braucht wohl viel Geduld mit dir; und es ist hart, geduldig zu sein, wenn man sich hilflos fühlt.«

Auf dem Höhepunkt der Krise

Vor dem nächsten Gespräch erreichten verschiedene Telefongespräche den Therapeuten. Die Mutter berichtete mit Entsetzen, dass die Tochter auch nicht mehr trinken würde. Der Therapeut entgegnete, dass er das nicht glaube. Daraufhin entgegnete die Mutter resolut, sie kenne schließlich ihre Tochter; Denise würde sie nie hintergehen. Zwei Tage später berichtete die Mutter ziemlich kleinlaut, dass Denise heimlich getrunken habe. Aus Verzweiflung hätten sie und der Hausarzt beschlossen, eine Untersuchung im Kinderspital durchführen zu lassen. Der Therapeut war einverstanden. So gingen die Eltern und Denise das Kinderkrankenhaus anschauen, und sie führten ein Gespräch mit der zuständigen Kinderpsychiaterin. Am selben Abend fand auch die nächste Sitzung mit dem Therapeuten statt, an dem erstmals der Vater teilnahm.
Später schrieb die Kinderpsychiaterin: »Die früher aktive, kontaktfreudige Denise lebt seit einigen Wochen völlig zurückgezogen. Sie ist unnahbar und redet aktuell nicht mehr in Gegenwart der Eltern. Kürzlich drohte das Mädchen mit Suizid, was bisher noch nie vorgekommen sei. Aufgrund der medizinischen Abklärung ist keine Hospitalisation erforderlich (BMI 18,6). Mit dem Hausarzt und dem Psychotherapeuten ist bereits ein Hospitalisationsgewicht (42 kg) abgemacht. Die ambulante Behandlung bei beiden Ärzten wird fortgesetzt. Die Familie ist über unser Anorexieprogramm informiert.«
Die Eltern erzählten dem Therapeuten: »Das Kinderspital wollte Denise nicht behalten. Die Kinderspychiaterin sprach von einer schweren Depression. Wir haben uns die Abteilung und das Therapieprogramm angeschaut; Denise hat es anscheinend nicht gefallen.«
Der Therapeut sagte: »Du bist immer noch zu stolz, um etwas zu sagen, Denise! Vielleicht bist du eine Sphinx, die den andern Men-

schen den Kopf abschlägt.« Der Therapeut erklärte, was eine Sphinx ist. »Ich will dir nicht Unrecht tun: Falls du dich wie in einem Gefängnis fühlst und deshalb nichts sagen kannst, dann gib mir ein Zeichen. Auf jeden Fall, schau mal hin, falls du es bis jetzt nicht gesehen hast, wie sehr deine Mutter unter deinem Verhalten leidet. Vielleicht war dir das bisher nicht klar.« Denise schaute die Mutter an, die leise weinte. Denise murmelte unsicher: »Ist das wahr?«, und die Mutter nickte. Der Therapeut schlug vor, dass der Vater seine Frau trösten sollte. Doch dieser lehnte ab, er könne so etwas nicht auf Geheiß tun.

Weil soeben die Ferien des Therapeuten begannen, lud er die Familie für ein paar Tage später zu sich nach Hause zum Essen ein. Die Eltern stimmten zu. Das war am Montag. Am Donnerstag erhielt der Therapeut einen Telefonanruf. Die Mutter berichtete: »Montags besuchten war das Kinderspital und hatten die Sitzung bei Ihnen. Am Dienstag Morgen stand Denise zu meiner Überraschung völlig verwandelt auf. Sie verkündete: ›Jetzt esse ich wieder.‹ Seither ist sie so fröhlich wie früher und macht gelegentlich sogar Treffen mit ihren Freundinnen aus. Ich glaube, ein Besuch bei Ihnen zu Hause erübrigt sich.«

Zum nächsten Gespräch weigerte sich Denise zu erscheinen, die Mutter kam alleine, und der Therapeut freute sich, dass sie auch ohne ihre Tochter gekommen war. Andere Mütter wären zu Hause geblieben. Sie sagte: »So ist Denise, sie sagt nie, wenn es ihr nicht passt. Sobald sie aber jemanden ablehnt, dann konsequent zu hundert Prozent.«

Die Mutter und der Therapeut entdeckten Gemeinsamkeiten zwischen Vater und Tochter. Beide waren meistens unterwegs; der Vater empfand seine Führerkabine als eine abgeschlossene, egoistische Burg, und Denise begegnete einigen Menschen aus einer ähnlichen Position.

Nachbereitung

An ihrem Tiefpunkt wog Denise 42,5 kg. Ihre Mutter kam zu drei weiteren Beratungsgesprächen, jeweils alleine. Denise lehnte jegliche Behandlung ab, sei es beim Hausarzt, beim Therapeuten oder sonst wo. Der Mutter wäre eine Therapie am Herzen gelegen. Sie wollte

Denise aber nicht mit aller Gewalt zwingen, um ihr die Möglichkeit zu lassen, als Erwachsene doch noch eine Therapie-Chance wahrzunehmen. Trotzdem bestrafte sie Denise mit befristetem Ausgangsverbot.
Eine Schwester des Vaters lebte in den USA. Sie besaß ein eigenes Haus, hatte keine Familie und litt ebenfalls an Anorexie. Immer, wenn sie in Stress geriet, würde sie abnehmen und für eine Zeit zum Psychiater gehen. Diese Tante von Denise befürwortete ebenfalls eine Therapie für Denise, doch auch das nützte nichts.
Zwischendurch klammerte sich Denise immer wieder an ihre Mutter und kommandierte sie herum. Die Mutter lernte, sich aus dem Würgegriff zu befreien. Obwohl sie spürte, dass ihre Tochter sie brauchte, pochte sie auf ihre persönlichen Rechte. Früher, als Kind, hatte Denise ihre Mutter wenig beachtet.
Frau A. war froh um die Gespräche mit dem Therapeuten, damit sie sich in Erziehungsfragen nicht völlig alleine fühlte. Rückblickend stellte die Mutter fest, dass die Wende im Krankheitsverlauf kam, als sie realisierte, wie gemein sie von Denise behandelt wurde, z. B. als Denise das Trinken verweigerte.
Der Therapeut sagte: »Denise muss noch vieles lernen. Ein glückliches Leben besteht aus Geben, Nehmen und Teilen. Momentan spezialisiert sie sich noch lieber aufs Befehlen. Sie als Mutter sollten Ihre Tochter darauf hinweisen, wann Befehlen fehl am Platz ist.«
Beim Schlussgespräch, viereinhalb Monate nach Beginn, sagte Frau A.: »Sie nimmt an Gewicht zu, die Menstruation hat bereits wieder eingesetzt. Sie ist dauernd unterwegs, und ich muss schauen, dass sie nicht zu spät ins Bett kommt. Denise ist wieder so gesellig wie früher. Z. B., als sie vor Jahren ihre Großmutter in einem kleinen Dorf besuchte, gelang es ihr, innerhalb kürzester Zeit alle Einwohner kennen zu lernen.
Als die Krankheit anfing, bin ich immer gesprungen, wenn Denise ein Bedürfnis äußerte. Sie hat mich erpresst, wo sie nur konnte. Jetzt sage ich häufiger, ›es ist Schluss‹. Nun gibt es Grenzen zwischen uns beiden. Ich kann besser mit ihr reden, sie sagt manchmal, was sie fühlt oder denkt. Die Selbstverständlichkeit der Kindheit ist aber weg, manchmal wirkt sie selbstbefangen, und Lockerheit jagt ihr Angst ein.«
Gut, dass auch Unsicherheit in diesem Alter einen Platz hat!

Die delikaten Momente der Therapie waren die Telefonanrufe des Hausarztes und die Sitzung unmittelbar nach dem Besuch des Kinderspitals. Zu jenem Zeitpunkt zeichnete sich eine erfreuliche Wende überhaupt nicht ab! Ich versuchte, Denise in meine Welt hineinzuziehen, doch sie zog es vor, Reißaus zu nehmen und sich einzuigeln. Meine Herausforderung konterte Denise auf ihre Art. Der Vater war da ungewollt ihr Vorbild, während sich die Mutter bei mir Unterstützung holte zum Aufbau eines eigenen Standpunktes: als gute Voraussetzung zur vernünftigen Ablösung von der Tochter.
Außer der Unterstützung für die Mutter scheint mir in dieser Geschichte am wichtigsten, dass ich meinen Standpunkt besonnen durchhielt: die Anliegen der Klienten ernst nehmen, aber locker, humorvoll und ohne Panik.

2. Bea: Ihr Weg

Diese Geschichte veranschaulicht, wie Bea in ihrer Selbstbehauptung sicherer wurde: Während der Therapie fand Bea jene Distanz, die ihr behagte; mehr Erfolg, mit dem ihr das Leben wieder mehr Spaß machte. Und sie lernte besser abzuschätzen, welche Abkürzungen sich lohnen und welche nicht.
Da Verantwortung in der Familie klar und vernünftig gehandhabt wurde, folgte die Therapie einem schnellen, guten Verlauf.

Familiensituation

Familie Lachmann wurde vom Kinderarzt geschickt, nachdem die 15-jährige, 172 cm große Bea über 10 kg abgenommen hatte. Wie häufig bei andern Familien auch, verhinderte zu Beginn eine Katastrophenatmosphäre die klare Einschätzung der Situation. Eine Mischung aus Skepsis und Angst lag in der Luft: Braucht es eine Therapie und ist das hier die richtige?
Nach und nach entstand folgendes Bild der Familie Lachmann:
Ein sensibler Vater kam oft nervös von der Arbeit heim. Er hat Bea zwei Mal geschlagen, nachdem sie nicht gegessen hatte. Doch auch

damit konnte er sein Gefühl der Ratlosigkeit nicht vertreiben. In einem weiteren hilflosen Akt versprach er Bea 10 Franken für jedes Kilogramm Gewicht, das sie zunehmen würde. Wie Bea war der Vater von hagerer Statur; auch bei reichlichem Essen nahm er an Gewicht nicht zu.
Die ebenfalls sensible Mutter schlief schlecht wegen Beas Problemen. Sie litt unter vielen Ängsten, war auch nahe daran, Bea zu schlagen, als diese nur noch 45 kg wog. Zu Beginn der Therapie waren sich Bea und ihre Mutter sehr nahe, später rückten sie ein bisschen auseinander, ohne dass die Mutter Bea ganz fallen ließ. Einen Tag in der Woche arbeitete die Mutter als Sekretärin.
Für Familie Lachmann war Harmonie sehr wichtig. Zu ihrem Leidwesen saßen sie in der jetzigen Situation wie auf dem Pulverfass: Bea brachte die Mutter häufig zur Explosion, was bei Bea wiederum ein schlechtes Gewissen nach sich zog. Bea und ihre jüngere Schwester Christa, die früher nie gestritten hatten, inszenierten dauernd Eifersuchtsszenen.
Angeblich hatte die Geburt der jüngeren Schwester Bea so sehr verunsichert, dass sie sich nie ganz davon erholt hatte. Trotzdem trat Bea als Kind vorwitzig in Erscheinung und ließ lautstark von sich hören, durchaus im angenehmen Rahmen. Die Mutter hätte nie gedacht, dass sich Bea später so zurückziehen würde. Jetzt empfand die Mutter Beas Motzen und Maulen als sehr unangenehm, wie auch die Aggressionen gegenüber der Schwester. Später wollte Bea Kindergärtnerin werden. Sie machte gerne Ballett, musste aber von den Eltern aus pausieren, solange sie zu wenig Gewicht hatte.
Die Mutter erzählte: »Bea kennt Susanne, eine ehemalige Patientin des Therapeuten (siehe Kap. 5). Susanne hatte ihre Essstörung überwunden, weil sie ausführlich Tagebuch schrieb und einen genauen Essensplan befolgte.«
Sofern während der Sitzungen anwesend, fiel die jüngere Schwester Christa vor allem durch ihr Bemühen auf, unter keinen Umständen aufzufallen oder sich zu exponieren.

Rollen und Interaktionen in der Familie

In den ersten Sitzungen legte der Therapeut Wert auf einen lockeren, humorvollen Umgangston. Später fragte er eine Spur provokativer: »In dem Pulverfasslager zu Hause wird es einem sicher nicht langweilig. Könnt ihr jeweils voraussagen, wer wen als Nächsten auf eine interessante, aber explosive Geisterbahn schickt?« Als Kontrast zeichnete der Therapeut ein Bild von Bea, welche am liebsten die Amme für die ganze Welt spielte, dabei aber selbst zu kurz kam. Er gab ihr den Spitznamen Mutter Teresa und fügte hinzu, dass die wirkliche Mutter Teresa für ihre schwere Arbeit ein bisschen mehr Gewicht auf die Waage brachte.

Von Natur aus schüchtern, hatte Bea anfänglich versucht, ihre Magersucht zu verstecken. Später sprach sie selbst vor Freundinnen offen davon. Zur gleichen Zeit bemerkte die Mutter mit Freude, dass Bea nicht mehr völlig entnervt war, wenn sie mal nicht mit der bestmöglichen Note von der Schule heimkam.

War es die natürliche Entwicklung, die Bea geholfen hat, einen sicheren Standpunkt zu finden, oder half ihr die Magersucht dabei?
Bea hasste sich selbst, und als Folge griff sie auch vermehrt die andern Familienmitglieder an.

Die Mutter erzählte: »Bea stand schon früh auf Kriegsfuß mit ihrem Körper. Sie hat ein angeborenes Zittern der linken Hand, das ihr nicht gefällt. Früher war sie oft ungelenk und ungeschickt und hat sich deswegen aufgeregt. Lange machte sie nachts ins Bett.«

Bea fügte an: »Mir selbst machte das nasse Bett nichts aus, aber ich fürchtete Mutters Reaktionen.«

Später in der Therapie erzählte Bea, dass sie das Alleinsein oft als Horror empfand. Als sie an Gewicht zunahm, verstärkte sich diese Angst wieder. Sie stellte sich vor, wie andere Leute sie deswegen auslachten, und sie empfand Ressentiment gegen die böse Welt. Langsam-schöne Lieder trösteten sie aber, und sie spielte auch noch mit Barbie-Puppen. Deswegen schämte sie sich ebenfalls.

Ängste

Ihre Angst vor dem Zunehmen erschien Bea ziemlich unlogisch. Da unlogische Ängste das tägliche Brot des Therapeuten waren, meinte er, solche Ängste begegneten ihm häufig. Es sei ja gerade das Markenzeichen dieser Ängste, dass sie einen wegen ihrer Unlogik besonders ärgerten.

Eine gegensätzliche, abweisende Haltung verstärkt die Ängste und führt in einen Teufelskreis. Deshalb wollte ich mehr Verständnis wecken, das von einem Gegeneinander zu einem Miteinander mit den Ängsten führt.

Dem Vater kamen Beas Ängste unverständlich vor. Angst kannte er eigentlich nur vor Spritzen und beim Zahnarzt. Schwester Christa überwand die Furcht auf ihre Art: Sie machte den Mund zu und sagte: »Ich will nicht.«

Später erklärte Bea: »Eigentlich haben mich meine Freundinnen zum Abnehmen angestachelt. Ich empfand meine Oberschenkel als zu dick. Dann schaffte ich es zuerst nicht abzunehmen. Ich wurde wütend, weil die andern Erfolg hatten. Plötzlich ging es leicht. Jetzt macht mir das gegenseitige Anstacheln nichts mehr aus, ich achte nicht mehr darauf.«

Später fügte Bea hinzu: »Ich war sehr enttäuscht, als ich merkte, dass meine Freundinnen mich belogen hatten. Auch die angeblichen Erfolge beim Abnehmen stimmten nicht immer.«

Essen lernen

Nach einigen Wochen aß Bea ziemlich viel und nahm trotzdem nicht zu. Die Eltern standen vor einem Rätsel. Der Therapeut schilderte eine kurze Geschichte von Erickson: »Eine Frau lag nach einer Speiseröhrenverätzung lustlos im Krankenhaus und wurde mit der Sonde ernährt. Obwohl sie täglich 4000 Kalorien zugefügt bekam, nahm sie nicht zu. Erickson reduzierte die Diät auf 2500 Kalorien, gab aber vor der Sondierung etwas Rettich in ihren Mund, um die Verdauungssäfte anzuregen. Daraufhin nahm die Patientin zu.«

Später erwähnte Bea: »Als mir die Mutter das Essen zubereitete und ich essen musste, wollte ich nicht zunehmen.« Begünstigt von der Ratlosigkeit der Eltern begann Bea, ihr Essen selbst auszuwählen, fühlte sich damit zufriedener, und ihr Gewicht stieg an.

Zu kurz kommen

Bea und ihre Mutter stritten häufiger, und Bea verglich ihre Mutter mit einem Nilpferd, das sie anbrüllt. Der Therapeut sagte: »Abnehmen und niedriges Gewicht haben dich bis jetzt vor schlechten Gefühlen geschützt. Ohne Sucht wird das Leben härter. Dann tut

es nicht mehr der Körper, sondern die Gefühle verarbeiten die Spannungen des Lebens.«
Zu den praktizierenden Katholiken, die die Lachmanns waren, sagte der Therapeut provozierend: »Sogar Jesus hat gestritten und Fehler gemacht, das darf in Ihrer Familie auch vorkommen. Jedenfalls mochte Jesus die Bettler lieber als die Pharisäer.
Du, Bea, sehnst dich nur nach dem ›Guten‹ und machst wie eine Litfasssäule Werbung für die Zu-kurz-Gekommenen.«
An dieser Stelle beging ich mehrere Fehler gleichzeitig!
Bea hatte das Gefühl des Zu-kurz-Kommens noch gar nie bewusst wahrgenommen, doch der Therapeut meinte, jetzt sollte sie es kennen lernen, um besser damit umzugehen: »Hättest du ein normales Gewicht, wäre die Mutter viel fröhlicher, aber hat sie das wirklich verdient?«
Auf diese Attacke reagierte Bea eher ungnädig. Der Therapeut entschuldigte sich: »Wir haben uns hier in der Therapie getroffen, und es tut weh. Tut mir leid, aber frag deine Mama, die kann dir bestätigen, dass Treffen mit Männern manchmal schmerzlich sind.«

Trauriger Abschied von der Kindheit

Zu Beginn einer Sitzung pflegte Bea jeweils »heile Welt« vorzuspielen. Dass ihr Leben ohne Probleme funktionierte, erstaunte den Therapeuten. Sein Erstaunen sollte Bea aufrütteln. Bea lenkte schnell ein und nannte als Problem den Streit mit Christa, der manchmal auch aggressiv ausartete. Sich an einen seiner Therapie-Lehrer erinnernd, der behauptete, Bettnässen seien versteckte Tränen der Blase, sagte der Therapeut: »Und dann gibt es auch deine traurige Seite. In der Jugend verliert man viel, vor allem die heile Welt der Kindheit.« Diesmal reagierte Bea überrascht und erzählte von ihrer schlechten Stimmung, wenn sie alles ankotzte.
»Du bist wohl manchmal ziemlich verzweifelt. Es gibt Dinge, die machen das Leben unerträglich. Aber was macht dein Leben erträglicher?«
»Ich habe nur eine Freundin. Und auch in dieser Freundschaft funkt Eifersucht dazwischen. Ich möchte mehr Freundinnen haben.«
Der Vater besaß einen großen Freundeskreis. Er meinte lakonisch, man müsse diesen halt pflegen. Ihre Freunde seien Beas Problem, er

könne und wolle seine Tochter da nicht unterstützen, sie solle nicht verwöhnt werden.

Trotz dieser »ermunternden« Worte fiel es Bea nicht leicht, aus der heilen Welt ihrer Familie in die harte kalte Welt hinauszugehen. »Mein Zuhause ist mein Schloss«, meinte der Therapeut. »Aus der adeligen Welt geht niemand gerne unter die rauhen Bauern und Handwerker.«

Da ihr heiles Weltbild mit der momentanen und nicht mit der vergangenen Familie assoziiert war, löste sich dieses Weltbild recht einfach auf, nämlich Hand in Hand mit der natürlichen Ablösung im Hier und Jetzt der Pubertät.

Bea träumte davon, nach Amerika auszuwandern. Ihr Vater stammte nicht aus der Schweiz.

»Mir kann man keine Freude mehr machen«, meinte Bea betrübt. Aber mit selbst gebackenen Kuchen beglückte sie die übrigen Familienmitglieder. Im Gegensatz zu Bea würde Christa ihre Chancen wahrnehmen, sobald sie sich boten.

Beas Stimmung schwankte auf und ab. Die Mutter gestand ihr mehr Autonomie zu, die Bea aber nicht immer nutzte. Manchmal langweilte sie sich, wenn die Mutter nicht da war. Herausfordernd sagte der Therapeut: »Aus Langeweile könnte man auch magersüchtig werden. Das schafft Unterhaltung und ein Ziel.«

Ich war mir ziemlich sicher, dass ein solches Bewusstmachen möglicher Beweggründe deren Reiz mindert. Oder noch besser, Bea sollte mir beweisen, dass ich im Unrecht war.

»Bea hasst sich wegen ihrer Tolpatschigkeit«, vermutete die Mutter. »Die eigenen Schwächen könnten ja bewirken, dass man besser für sich selbst sorgt«, schlug der Therapeut vor, »oder man versteckt sie, oder man überwindet sie. Oft hast du den Eindruck, dass dein Vater nicht sehr hilfreich ist. Manchmal möchtest du ihn wohl ändern, aber das gelingt dir nicht. Ich glaube, dies ist auch nicht deine Aufgabe. Es reicht, wenn du dir selbst hilfst, wenn *du* geschickter agierst. Du siehst ja, wie dein unbeholfener Vater auf dich wirkt.« Den letzten Satz äußerte der Therapeut mit einem Augenzwinkern.

Aufbruch in die große, große Welt

Tanzen, Feste und vor allem ein Tanzlager zogen Bea wieder ins Leben hinein. Damals, als vorwitziges Kind, hatte die Mutter ja von ihr gedacht, sie würde sich im Leben gut durchsetzen, und mit etwas Verspätung sollte sie nun Recht bekommen.

»Nach viel ›Action‹ darf man ruhig ausruhen«, schlug der Therapeut vor, »Kämpfen und Ausruhen sollten sich abwechseln, wenn du gesund bleiben willst. Einzig den richtigen Rhythmus muss man finden, was der Tänzerin eigentlich liegen sollte.

Wie im Film ›Die Schöne und das Biest‹ sind Fest und Tanz der glückliche Endpunkt im verzweifelten Ringen um Liebe und Glück. Das Licht nach dem unheimlichen Schatten des Fastens.«

Bea nahm jetzt ihre Probleme von einer besseren Plattform aus in Angriff. Wenn ihr die kreativen Ideen fehlten, hasste sie sich aber selbst. Sie mochte sich auch nicht, wenn sie etwas nicht verstand. Der Therapeut schlug vor, dass vielleicht gerade das Aushalten dieser schlimmsten Pein sie reif fürs Leben machen würde. Enttäuschungen, weil nicht alle Menschen ehrlich sind, wären das eine; doch sich selbst deswegen als hässlich zu empfinden, wäre wohl gar nicht nötig, wäre eine andere Art der Unehrlichkeit.

Ob sie es wollte oder nicht, Bea lernte mehr Geduld mit sich und der Welt, etwas missmutig zwar, aber die Eltern ließen ihr keinen Ausweg. Meine Aufgabe in den Familiensitzungen bestand darin, Emotionen im richtigen Maß zu wecken, mit Hilfe von Konfrontation, Lockerheit, Metaphern und Geschichten.

3. Regula: Hohe Ideale und wenig Tricks

Im Gegensatz zu Denise oder Bea, die ich nur in Begleitung ihrer Familien gesehen habe, befand sich Regula im fortgeschrittenen Jugendalter. Die Einzeltherapie stellte für sie eine schon geringere Bedrohung ihrer immer noch fragilen Identität dar.[*]

---

[*] Ich schildere hier jede einzelne Therapiestunde, wie bei allen ausführlich wiedergegebenen Fallgeschichten.

Abnehmen als Beruhigungsmittel

Regulas Gesicht beeindruckte durch die großen dunklen Augen, die elegant geformte Nase und die vollen Lippen. An jenem Tag im August bat der Therapeut Regula und ihre Mutter pünktlich ins Behandlungszimmer, wie bei jedem Erstgespräch mit angenehmer Erwartung einer interessanten Begegnung. Vor dem offenen Fenster floss ruhig und kühlend die Aare vorbei. Mit sympathischer Offenheit begann Regulas Mutter zu erzählen. Regula überragte ihre Mutter an Größe, die langen Haare waren zu einem Pferdeschwanz gebunden, was ihre natürliche Liebenswürdigkeit unterstrich. Die Augen konnten gar nicht anders als strahlen, obwohl der Therapeut schnell spürte, dass sie nicht ganz aus freien Stücken hergekommen war.

»Ich habe Angst, dass Regula in eine Magersucht fällt«, erklärte die Mutter den Grund ihres Besuches. Diese Aussage wurde von Regula weder mit Worten noch mit Gesten kommentiert. Die Mutter hätte genausogut über ein Gurkensalatrezept sprechen können. Regula hatte eben erst ihren 18. Geburtstag gefeiert. Bei einer Körpergröße von 175 cm wog sie 52 kg.

Der Therapeut drehte sich zu Regula: »Die jungen Menschen haben es schwer, Enttäuschung und Verunsicherung sind oft ihre Begleiter. Dann müssen sie sich ja irgendwie vor den schmerzlichen Gefühlen schützen. Dieses Sich-Schützen erfordert viel Aufwand, insbesondere wenn man zu den gutmütigen Menschen gehört.«

Die Mutter sagte: »Es liegt in der Luft, aber wir reden nicht darüber. Manchmal sagt Regula über längere Zeit kein Wort. Ich komme nicht mehr an sie heran.« Regula ergänzte: »Mich versteht kein Mensch; wie das für mich ist, kann niemand begreifen.«

Der Therapeut dachte im Stillen, es wäre vielleicht ein Fortschritt, wenn nur schon Regula sich selbst begreifen könnte. Stattdessen sagte er: »Abnehmen beruhigt enorm, vor allem in stressigen Momenten. Untergewicht besänftigt die unangenehmen Gefühle, sodass man sie weniger spüren muss. Das verstehe ich gut. Andererseits sollte das Untergewicht kein so gefährliches Ausmaß erreichen, dass man daran sterben könnte.«

Im Laufe des Gesprächs erfuhr der Therapeut, dass Regulas Vater in einem Heim aufgewachsen war. Obwohl er früher auch einmal

Hilfe bei einem Psychotherapeuten gesucht hatte, würde er sich kaum mit zwischenmenschlichen Problemen beschäftigen, sie machten ihn zu hilflos.

Am Schluss der Sitzung wurde vereinbart, dass Regula alle zwei Wochen zur Therapie kommen würde, gelegentlich begleitet von ihrer Mutter. Gewichtskontrollen fänden zudem regelmäßig beim zuweisenden Kinderarzt statt.

»Jeder Mensch ist ein Individuum.« Getreu Milton Ericksons Leitsatz erkundete ich damals die Bedürfnisse von Regula und ihrer Mutter: Sie wollten nicht, dass der Vater in die Therapie einbezogen wurde. Familientherapie wäre auf der Hand gelegen. Meine Erfahrungen in Magersuchtstherapien ließen eine lockere Vorstellung entstehen, wie ich die Therapie strukturieren könnte. Ich behielt diese Ideen meist im Hinterkopf. Sie sollten die Begegnung nicht dominieren, das spielerische Aufeinander-Eingehen nicht behindern. Bevormunden ist mir meist ein Greuel, im Gegensatz zu Begeisterung und vorsichtigem Optimismus.

Vorsichtiges Abtasten

Regula kannte ihren Freund Micha seit früher Schulzeit. Jetzt empfand sie kaum mehr Gefühle für ihn und zweifelte am Sinn aller Beziehungen. »Wenn die Liebe von beiden Seiten kommt, dann ist eine Beziehung in Ordnung«, bemerkte die Mutter. »Mein Mann war damals, ohne mich zu fragen, in meine Wohnung eingezogen. Und da blieb er einfach. Schließlich haben wir geheiratet.«

Der Therapeut wandte sich wieder Regula zu. Mit verletzter Wehmut und ziemlichem Starrsinn behauptete sie, dass niemand sie verstehe, dass ihre Gedanken anders waren und deshalb nicht geschätzt würden. In Tat und Wahrheit hatte Regula oft über menschliche Bedürfnisse nachgedacht, und sie befand, dass jeder Mensch seine Freiheit kreativ gestalten müsste. Das klang in den Ohren des Therapeuten überaus interessant. »Ich wünschte mir, mein Freund hätte viel Zeit für mich und wir würden in freier Natur spazieren gehen«, sagte Regula. Aber Micha saß lieber mit seinen Kumpels zusammen und schaute fern. Regula saß daneben, schaute sich den Film an, obwohl sie ihn schon kannte. Der Therapeut verstand sie recht gut, doch glaubte Regula ihm nicht.

In ihrer Kindheit fühlte sich Regula von der Mutter hundertprozentig verstanden, vom Vater jedoch überhaupt nicht. Wenn man sich nur mittelmäßig versteht, fängt man an, sich auseinander zu setzen. In der Beziehung mit ihrem Freund hätte Regula die Fähigkeit zur Auseinandersetzung dringend benötigt.
In der Anfangsphase bot Regula wenig Angriffsfläche zum Disput. So ließ ich mich in die Atmosphäre der Hilflosigkeit einbinden und wartete geduldig auf bessere Gelegenheiten.

Missverständnisse

Beim letzten Treffen mit Micha hatte dieser sie überhaupt nicht beachtet. Wut und Traurigkeit stiegen in ihr auf, und als sie in der folgenden Woche einen lieben Brief von ihm erhielt, war ihre Verwirrung perfekt. Immer wieder entstanden riesige Missverständnisse zwischen ihnen, und Regula glaubte, der Grund sei, dass sie und Micha sich zu wenig sahen.
Mutters Gefühle gerieten aus anderen Gründen durcheinander, nämlich weil sie Regulas Verunsicherung hilflos zuschauen musste; wie Regula sich einzig von den eigenen Bedürfnissen leiten ließ, was gar nicht ihrem Naturell entsprach; wie sie ihr Zimmer nicht mehr aufräumte und wie Micha und Regula manchmal das ganze Wohnzimmer der sowieso zu kleinen Wohnung in Beschlag nahmen. Sogar die eigene Mutter wickelte Regula mit ihrem Charme immer wieder um den Finger. »Es ist doch mein Recht als Mutter, Nein zu sagen, ohne dass ich es begründen muss«, stöhnte sie. Sie wusste nicht mehr, wie sie der sensiblen und meist rücksichtsvollen Regula beibringen konnte, dass sie zu Hause auch die Bedürfnisse der andern Familienmitglieder mit in Rechnung stellen müsste. Der Therapeut versuchte zu vermitteln, doch er schuf damit noch mehr Missverständnisse.
Damals begriff ich wenig von den Ereignissen, im Nachhinein glaube ich, Mutter und Tochter verzweifelten nicht so sehr an den misslungenen Absprachen, sondern eher am Gefühl der Entfremdung.
Vielleicht brauchte es diese Verunsicherung, damit Regula ihren eigenen Standpunkt fand. Oder wie Erickson gerne formulierte: Verwirrung kommt vor der Erleuchtung.

Sensibles und zurückhaltendes Naturell

Schon ganz zu Beginn hatte Regula erwähnt oder – wie auch immer man es auffasst – gedroht, Termine für die Therapie zu finden werde ihr nicht leicht fallen. In ihrer Ausbildung als Schuhverkäuferin wurde sie manchmal kurzfristig zur Arbeit aufgeboten oder für einen freien Tag eingeschrieben. Während sich der Therapeut über dieses nicht sehr zeitgemäße Arbeitsverhältnis wunderte, nahm Regula ganz selbstverständlich Rücksicht auf die Notwendigkeiten des Betriebs.
Regula hatte gerade eine Woche Urlaub und fühlte sich einsam, weil alle ihre Bekannten arbeiten mussten. Sie schlief viel und träumte von der Zukunft, wenn sie nach Abschluss der Lehre von zu Hause in eine eigene Wohnung umziehen würde. Reichlich Zeit zum Überlegen brachte ihre innere Unruhe und den Kummer wegen ihres Freundes verstärkt ins Bewusstsein. Sie sehnte sich nach einer glücklichen Liebe: Z. B. zusammen mit Micha etwas zu unternehmen, etwa einen Vergnügungspark besuchen. In ihren Träumen wären sie beide ganz füreinander da. Doch das bevorstehende Handballturnier war für Micha wichtiger. Vielleicht würde er nächstes Jahr sogar zu einem Handballclub nach Zürich wechseln können; bei solchen Überlegungen erschien ihr Micha ziemlich eingebildet. Eigentlich hasste Regula Eingebildet-Sein von allem am meisten, und sie versuchte, es bei sich unter allen Umständen zu vermeiden. *Obwohl oder gerade weil Regula viel Aufmerksamkeit auf sich zog, fühlte sie sich eingesperrt in ihrer Sehnsucht nach Beachtung, die sie nicht akzeptieren konnte.*
Manchmal wünschte sich Regula, sie könnte sein wie ihre jüngere Schwester, die locker eine ganze Gruppe mit ihren Geschichten und Witzen unterhielt. Sie wusste, sie würde nie so werden wie ihre Schwester, dazu war sie zu sensibel.
Oft steht Unterhaltung im Gegensatz zu Sensibilität und Verantwortungsbewusstsein ...

Immer wieder das Eis brechen

Als Regula nach den Ferien zum vereinbarten Termin kam, verhielt sie sich ziemlich abweisend. Der Therapeut war verunsichert, stell-

te aber Begeisterungsfähigkeit, Engagement und Sympathie dieser Ablehnung entgegen.
Regula sehnte sich nach dem letzten Schuljahr zurück, das sie locker, unbeschwert und gut eingebettet im Kreise ihrer Freundinnen verbracht hatte. Immer nur reibungslos hatte sich ihre Schulzeit jedoch nicht gestaltet. In den unteren Klassen wurde sie wegen ihres fröhlichen Lachens verspottet, und danach kam sie sich alleine und ungeliebt vor. Eine andere Erinnerung betraf ein übergewichtiges Mädchen, das von einigen Kindern arg ausgelacht wurde.
Der Therapeut sagte: »Menschen sind soziale Wesen, die sich vor allem in guten Beziehungen ruhig und wohl fühlen. Aus Tierversuchen weiß man, welchen Stress und ungesunde Erregung der Ausschluss aus einer Gruppe bewirkt. Man schämt sich, und das Ausgelacht-Werden verstärkt die Pein. Man sackt zusammen, wird handlungsunfähig und schaut weg. Sich schämen heißt: Ein hoch geschätztes Ziel kann nicht mehr erreicht werden; ein Ziel, das viel Freude oder Unterhaltung verspricht und das man deshalb nicht so schnell aufgeben will. Sich schämen beobachtet man bereits bei Kleinkindern, z. B. wenn sie nach einer farbigen Kugel langen wollen, es aber nicht schaffen.
Dem Schamgefühl versucht man zu entkommen, entweder mit Aggression oder Sich-Verstecken. Andererseits gehört auch eine gute Portion Misserfolg zu einem erfolgreichen Leben. Man lernt schon als Kind, im Spiel zu verlieren. Liebe, Humor oder Kreativität helfen einem über den Misserfolg hinweg.«
Regula kämpfte um ihre Selbstbehauptung. Sie frühstückte nicht mehr. Wenn sie später einmal alleine wohnen würde, wird sie das Essen bestimmt mit weniger Fett zubereiten als ihre Mutter.
Micha nahm sich mehr Zeit für Regula, insbesondere vor einem Handballmatch. Der Therapeut fragte, ob sie zusammen schliefen. Regula sagte, sie nähme die Pille. Der Therapeut sagte wohlwollend: »Dann weiß ich, wovon Sie leben: von Luft und Liebe.«
Regula meinte nachdenklich: »Vielleicht habe ich nicht den richtigen Beruf gelernt. Ich möchte eigentlich nicht den ganzen Tag eingebildete oder unzufriedene Leute bedienen. Vielleicht eigne ich mich besser zur Spielgruppenleiterin. Auch in Sprachen bin ich nicht schlecht, ich könnte etwas arbeiten, das mit Französisch zu tun hat, oder vielleicht führe ich einmal mein eigenes Geschäft.«

Familiensitzung

Die Mutter bemerkte, dass Regula zu Hause eine Wand aufbaute, die sich kalt und komisch anfühlte: Ihre Tochter erzählte kaum noch etwas aus ihrem Leben, die Antwort auf die meisten Fragen lautete, es sei ihr egal. Schmerzlich vermisste die Mutter die früher gewohnte Nähe. Unsicherheit und Verärgerung machten sich breit. Der Therapeut riet, eine beruhigende Tätigkeit zu suchen. Ein bisschen Trost fand die Mutter in ihrem Teilzeitberuf.
Aus ihrer eigenen Perspektive sah Regula die Menschen als Schachfiguren, die sinnlos auf einem Feld herumgeschoben werden. Dass es sich um neuere Gedanken handelte, realisierte Regula erst, als der Therapeut sie fragte, wie lange sie schon so denke.
Regulas Differenzierung zu einem erwachsenen Individuum erzwang die Ablösung von der Mutter. Wäre Regulas Eigenständigkeit bereits sicher und gefestigt, ergäben sich neue Chancen zur gegenseitigen Beruhigung. Als Individuen sehen wir die Welt aus unterschiedlichen Perspektiven. Schon aus geographischen Gründen besitzt jeder Mensch eine einzigartige Sichtweise auf die Welt.

Alltagsprobleme

Vor der Sitzung rief die Mutter den Therapeuten an und sagte, Regula habe Probleme an ihrem Ausbildungsplatz.
Wie meistens kam Regula unschuldig strahlend zur Tür herein und sagte, sie nehme jetzt Fahrstunden und sonst gäbe es keine Probleme: »Ich habe keinen Hunger, im Übrigen liefern Früchte viel Energie und ich fühle mich besser bei leichterem Gewicht. Es liegt alles an mir selbst, wie gut es kommt, es ist eine Frage der Einstellung.«
Kinder wünschen sich eine paradiesische Welt, in der alle Wünsche selbstverständlich in Erfüllung gehen. Auf diese Illusionen verzichten lernen bedeutet Schwerarbeit.
Der Therapeut erzählte vom Telefonat mit Regulas Mutter und fügte hinzu, er möchte nicht auf Regulas Lehrstelle in ihrem Job arbeiten. Das Selbstbestimmungsrecht würde dort nach seinem Geschmack zu sehr strapaziert.
Nachdem der Therapeut nun das heiße Thema angesprochen hatte, erzählte Regula von den Problemen. Das Lehrmeisterehepaar be-

stand darauf, dass Regula in der 9-Uhr-Pause ein Sandwich aß, dessen Inhalt Regula, milde ausgedrückt, überhaupt nicht begeisterte. Natürlich machte sich das Lehrmeisterehepaar auch Sorgen um Regulas Gewicht. Regula hatte darauf erklärt, sie ginge in eine Therapie; doch beim Essen setzte sie sich durch und aß weiterhin nur ein Stück Obst.

Das jüngere Lehrmädchen im Betrieb trat von Beginn weg selbstbewusster auf und konnte so ihre Wünsche für arbeitsfreie Tage besser durchsetzen. Obwohl dies Regula benachteiligte, hegte sie gegen ihre jüngere Kollegin keinen Groll. Stattdessen träumte sie vom Auswandern und von besseren Zeiten in der Zukunft.

Ich betonte, dass Probleme zum Leben gehören und man selbstverständlich darüber redet: Sie werden so leichter verstanden und gelöst.

Therapiemotivation

Regulas Therapiemotivation nährte sich einzig aus dem Bedürfnis, die Sorgen ihrer Mutter zu zerstreuen. Halb scherzend erwähnte der Therapeut oftmals: »Sie kommen ja nicht wegen mir in die Therapie!« Mutters Sorgen bedrückten Regula: Wenn es der Mutter schlecht ging, verstummte auch Regula, und gleichzeitig empfand sie dieses Schweigen als eine große Lüge. Regula hing an ihrer Mutter, die Zuneigung zu ihr stand den Wünschen nach Selbstbehauptung oft im Wege, ohne dass es Regula aber gelang, diese dumpfe Zerrissenheit in Gedanken oder Worte zu fassen.

Der Therapeut sagte: »Enttäuschungen lassen uns innehalten und eine Denkpause einschalten. Reichlich Essen würde Ihre Mutter beruhigen, während Sie selbst davon beunruhigt sind. Solche Widersprüche verlangen nach kreativen Lösungen.

Wenn Sie, als vermeintliche Lösung, diesen Weg der Magersucht wirklich gehen müssen, gehen Sie ihn besser mit dem Sicherheitsnetz, das die Therapie Ihnen bietet. Vielleicht ein lästiges Netz für Sie, aber sicher ist sicher. Meine Arbeit beinhaltet, dass ich Sie an der Hand führe und Ihnen die Welt zeige, mit Ihnen ihre Möglichkeiten erkunde, auf der Klaviatur des Lebens zu spielen. Vielleicht spielen Sie einmal besser als ich, so wie begabte Klavierschülerinnen ihre Lehrer überflügeln. Jedenfalls wünsche ich mir für Sie, dass Sie sich selbst gefallen, sich mögen und sich in Ihrer Haut wohl fühlen.«

Mein Interesse an Regulas Person und ihrem Wohlergehen stand in deutlichem Gegensatz zu ihrer spröden Zurückhaltung. Therapeutische Neutralität würde Regula vielleicht gar nicht aushalten. Dem wohlwollenden Ausdruck von »Sie interessieren mich« und »Ich mag Sie« konnte auch Regula nur schwer widerstehen, sodass sie wenigstens zwischendurch auftaute.
Ich signalisierte mein Interesse am Austausch von Lebenserfahrungen, damit das Thema »Reparatur eines möglichen Defekts« aus dem bewussten Blickfeld verschwand. Die alltägliche Überforderung als Ursprung der Magersucht packte ich so an der Wurzel.
Es waren delikate Momente der therapeutischen Beziehung: Aus der Abhängigkeit von der Mutter wollte sich Regula nicht in eine neue, therapeutische Hörigkeit begeben. Weil sich Hypnose differenziert mit Abhängigkeiten auseinander gesetzt, ließ ich mich von dieser Unsicherheit nicht aus der Ruhe bringen.
In diesen Zusammenhang passte das Paradox: »Die Magersucht kann als Krücke dienen. Wenn du sie brauchst, werde ich sie dir nicht wegnehmen. Wenn du den Weg der Magersucht gehen musst, dann geh ihn in Gottes Namen, geh ihn sicher und komm an ein gutes Ziel.« Dieses Paradox berücksichtigt das Selbstbestimmungsrecht der magersüchtigen Patientin.
Gregory Bateson schreibt in seinem Aufsatz über Alkoholismus, dass die Patienten zuerst ihren Boden finden müssen, buchstäblich im Graben landen, bevor eine innere Umkehr, weg von der Sucht, möglich wird. Wohlmeinende Hilfsversuche verhindern den Sturz in den Graben und verbauen die Einsicht, dass das bisherige Leben so nicht funktionieren konnte. (4)

Therapierahmen

Während die meisten Magersuchtspatientinnen um ihr Tiefstgewicht herum mit einer Therapie beginnen, musste ich bei Regula der Gewichtsabnahme hilflos zuschauen.
Während der Weihnachtsferien nahm Regula an Gewicht ab, nach ihren Angaben auf 49,2 kg. Sie ging schon seit einiger Zeit nicht mehr zur Gewichtskontrolle beim Kinderarzt. Die Möglichkeit einer Hospitalisation wies Regula weit von sich. Da sie volljährig sei, könne der Therapeut sie nicht zu einem Spitaleintritt zwingen,

erklärte sie vehement. Dass Magersucht manchmal tödliche Folgen nach sich zieht, hatte der Therapeut schon früher erwähnt, und er wiederholte es jetzt.
Der Therapeut sagte: »Jeder Mensch kann Gefangener seiner Überzeugungen und Gewohnheiten werden. Weil ich das Leben als ernsthaftes und manchmal lustiges Spiel anschaue, möchte ich, dass Sie lernen, mit Ihren Überzeugungen und Gewohnheiten spielerisch umzugehen. Vielleicht würde es Ihren Bedürfnissen zum Beispiel genügen, wenn Sie eine Magersucht einfach nur vorspielen. Das wäre dann nicht so gefährlich. Oder, statt abzunehmen, machen Sie einfach nur in Gedanken ein Schneckenhaus, in das sie sich verkriechen können, solange die Welt Sie verletzt.
Bei sehr niedrigem Gewicht brauchen Sie dringend einen Wachhund. Deshalb muss ich von Ihnen verlangen, dass Sie nicht nur alle 14 Tage, sondern jede Woche zu mir in die Therapie kommen, sollte Ihr Gewicht unter 48 kg fallen.«
Anscheinend war Regula mit dieser Forderung einverstanden: »Ich habe mein Leben im Griff. Einzig meine jüngere Kollegin regt mich auf, aber das ist mir egal. Irgendwann will ich mein eigenes Häuschen, vielleicht sogar mein eigenes Geschäft.«
»Dort sind Sie geschützt und werden vom Leben nicht überfahren.«
»Viele Kunden verhalten sich völlig gefühllos, sie kommandieren mich einfach herum.«
»Zum Glück können die Kunden Ihnen nichts Persönliches vorschreiben.«
Diese Aussagen beklagten das Fehlen innerer Geborgenheit, während Regula äußere Geborgenheit im selben Atemzug zurückwies. Die Gewichtsabnahme nutzte ich zu einem therapeutischen Double-Bind, zur Strukturierung einer »win/win-Situation«: Entweder musste Regula häufiger zur Therapie kommen, oder sie nahm an Gewicht zu. Die Therapie wurde so zu einem »Ordeal«, einer gutartigen Bestrafung. Auf jeden Fall konnte Regula nicht mehr den braven, unbeteiligten Engel spielen.

Wünsche erfüllen

Regula klagte über ein komisches Körpergefühl. Sie gab sich einen Ruck und kam mit viel Charme meiner Bitte entgegen, es genauer zu beschreiben. Sie fühlte sich, als säße sie alleine und passiv auf einem Berg, obwohl sie sich eigentlich freuen würde, etwas anderes zu machen, von dem sie allerdings nicht wusste was es war: »Zweifel sind heutzutage nicht gefragt und ohne Geld kann man nicht existieren. Und einfach nur abzuwaschen oder aufzuräumen, wie meine Mutter es die ganze Zeit macht, möchte ich nicht. Nach der Lehre könnte ich die Diplommittelschule machen, doch modeln als Hobby würde mich mehr reizen. Ein Jahr lang Miss Schweiz sein könnte mich durchaus reizen.«

Der Therapeut interessierte sich für ihre Pläne. Auf noch mehr Schulbank freute sich Regula eigentlich nicht. Vor einiger Zeit meldete sie sich für einen Modelkurs an und dann wegen zunehmender Zweifel wieder ab. Der Therapeut ließ sich von ihrer zaghaften Begeisterung anstecken. Regulas Größe, Aussehen, Ausstrahlung, Intelligenz und liebenswürdiger Charakter passten durchaus zu einer solchen Herausforderung.

Der Therapeut erklärte: »Für den Wettbewerb um den Miss-Schweiz-Titel braucht es natürlich auch Glück; dem Glück müsste man eine Chance geben, und wenn Sie wollen, melde ich Sie an der Modelschule an.« Regula gab sich unschlüssig: »Ist mir eigentlich egal.«

Die Dame der Modelschule nahm gerne Name und Adresse entgegen und erklärte, sie würde sich direkt bei Regula melden.

Angesichts der festgefahrenen Situation mischte ich mich aktiv in Regulas Leben ein – ein nicht unübliches Verfahren in der Hypnotherapie.

Krisen ruhig überstehen

Die beunruhigte Mutter bat um eine zusätzliche, gemeinsame Sitzung. Der Therapeut diskutierte mit Mutter und Tochter verschiedene Möglichkeiten, wie man sich beruhigt und Krisen gut übersteht.

Ich betonte, dass Krisen zur Ablösung gehören. Vielleicht muss man neue Fähigkeiten lernen, um eine Eskalation glücklich zu überstehen.

Sich kennen lernen

Am nächsten Tag erschien Regula wiederum alleine zur vereinbarten Sitzung. Der Therapeut erzählte: »Vielleicht finden Sie einen guten Ersatz für die Magersucht, und dieser Ersatz würde Ihren Bedürfnissen genauso gut gerecht werden. Ich erinnere mich an Jacqueline, die mir erklärte, nachdem sie wieder zu essen angefangen hatte: ›Ich brauche die Magersucht nicht mehr, ich habe jetzt andere Mittel.‹ Statt eines Hungerstreiks setzte Jacqueline damals konsequent und lautstark ihren Kopf durch und bereitete ihren Eltern wegen ihrer Launen und Emotionen eine höllische Erfahrung.«
Regula ließ den Therapeuten raten, ob ihr Gewicht auf 46 oder 49 kg gefallen war. Da hatte er die Bestrafung für seine Vorwitzigkeit, als er vor einiger Zeit behauptet hatte, er könne an Hand ihres Aussehens das Gewicht abschätzen.
»Sie dürfen ruhig auch meine Fehler sehen und mir sagen, was ich falsch mache«, sagte er, doch erhielt er von Regula keinen Tipp.
Oft kämpfte Regula mit ihrer Mutter ums Essen, z. B. beim Käsekuchen: Welche Portion, welche Sorte oder warum überhaupt Käsekuchen? Der Therapeut fand es ein hübsches Thema zum Streiten. Eigentlich streiten auch Geschwister die ganze Zeit miteinander, und solche Auseinandersetzungen dienen sicher einem guten Zweck. Man könnte auch streiten, ohne sich zu verletzen, und am Schluss gibt jemand nach. Oder vielleicht schlichtet der Vater den Streit?
»Mein Vater hat überhaupt keine Ahnung. Er ist so stur.«
Da Regula nicht mehr 48 kg wog, musste sie von nun an jede Woche zur Therapie kommen. Irgendwie fand sie diese »Strafe« sinnvoll und folgte der Order ohne zu murren. Der Therapeut zeigte sich angenehm überrascht.
Wie in Hypnose versuchte ich herauszufinden, wo Regula Widerstand leistete und wobei sie überraschend leicht nachgab.

In Trance den Selbstbezug stärken

»Sie mögen Ihren Kater. Warum sich nicht mit dem Bild des Katers entspannen? Sie arbeiten hart, Sie dürfen sich bei mir in der Praxis ausruhen. Also stellen Sie sich ›Fleckli‹ dort drüben vor, wie er auf dem Stuhl liegt; wenn Sie konzentriert genug hinschauen, dann sehen Sie, was er macht, vielleicht die Pfoten schlecken, oder vielleicht mögen Sie seine rote Farbe mit den weißen Flecken ganz besonders. Sie können mir entspannt zuhören, Sie müssen nichts sagen, sich nicht bewegen. Vielleicht schweben Sie im Weltall, sind ganz schwerelos und schauen auf die blaue Weltkugel hinunter. Und mögen sich selbst in diesem Moment, so wie Sie Ihre Mutter oder Schwester gerne haben. Aus Liebe überwinden die Menschen schier unüberwindbare Hindernisse.

Ein kleines Kind kommt auf die Welt, und es liebt sich selbst natürlicherweise; Sie erkennen das, wenn das kleine Kind seine Bedürfnisse lauthals kundgibt. Dann sieht das Kind seine Eltern und sagt, ich liebe dich, weil du mein Vater, meine Mutter bist, aber es ist das eigene Ich, das es in den Eltern sieht und liebt. Als Jugendliche sagst du zu einer Freundin, ich mag den Klang deiner Stimme oder wie du tanzt: damit hast du das ›Du‹ entdeckt. Die 4. Stufe der Liebe lautet später: In deinem Glücklichsein finde ich mein Glücklichsein. Wenn dein Partner einen dummen Film anschaut und trotzdem Spaß daran hat, dann freue ich mich für ihn, ich freue mich, weil er sich freut. In einem glücklichen Leben sollen alle vier Formen der Liebe vorhanden sein.

Wenn ich mich an den Film ›Die Schöne und das Biest‹ erinnere, dann bist du ›Belle‹, dann machst du häufig, was dein Biest dir sagt, aber ich glaube, du liebst es noch nicht.

Vielleicht haben Sie Delfine gerne. Sie können sich einen Delfin in meiner Wasserwand dort drüben vorstellen. Auf einem Delfin übers Meer reiten oder vielleicht selbst ein Delfin sein, das Wasser spüren, das über die glatte Haut fließt?

Und natürlich möchten Sie geliebt werden, doch aus welchen Gründen? Weil Sie schön und intelligent sind, oder einfach weil Sie ein Mensch sind? Man kann jemanden ohne bestimmten Grund lieben, aber auch eine besondere Eigenschaft kann uns entzücken. Ich denke, beide Arten der Liebe sollten sich vermischen.

Auf jeden Fall lässt du dich in der Liebe berühren. Entspannung ist gut, weil sie die Schmerzen lindert, die beim Berührt-Werden entstehen können.

Als Schneewittchen im gläsernen Sarg kannst du natürlich nicht berührt werden. Der gläserne Sarg schafft jene Distanz, die alle

Schmerzen beseitigt. Vielleicht weckt die Distanz auch eine Sehnsucht, die dich mit der Welt wieder in Berührung bringt; Gemeinsamkeiten erleben, die dich in deiner Identität bestärkt. Jetzt in der Entspannung fühlst du dich ziemlich sicher.«
Regula gelangte während dieser Sitzung in eine natürlichen Trance, ohne dass ich eine formale Hypnose-Induktion eingesetzt hätte. In der Mitte der Trance wechsle ich manchmal unbewusst in die Du-Anrede, um einer allgemeinen Aussage persönliche Bedeutung zu geben.
Ich beschrieb das Dilemma, wie äußere Schönheit narzisstische Verletzlichkeit verstärkt ... und eine gute Trance sie heilt.

Positive Umdeutung des Leugnens

Regulas strahlendes Gesicht veränderte sich im Ausdruck von kindlich-angepasst zu eigenständig-trotzig: »Ich habe keine Magersucht«, verkündete sie selbstsicher. »Das Leugnen des Untergewichts gehört ja gerade zur Magersucht. Das Leugnen verdeutlicht Ihren Überlebenswillen; Magersucht ist ja wirklich ein böser Name, der Ihre Selbstbestimmung in Frage stellt. Also leugnen Sie ruhig, aus Liebe zu sich selbst. Sie sollen eigenständig sein, auch hier in der Therapie, wenn Sie in der Entspannung Ihren Freiraum finden und sich an gute Erlebnisse erinnern, z. B. an Gewitterregen, den Sie mögen, wenn er aufs Dach prasselt, und es riecht nach prickelndem Sommer.«

Die kurze Freude des Abnehmens

Regula kam hustend zur Tür herein und sagte: »Ich habe keinen Husten, ich habe viel Kraft.« – »Und keine Magersucht«, ergänzte der Therapeut schmunzelnd.
»Ich lutsche Bonbons, und danach spüre ich keinen Hunger mehr.«
»Ist schon o. k., ich sehe, Sie sind stark und setzen sich durch. Sie wünschen sich Zuneigung und bekommen sie nur dann von sich selbst, wenn Sie an Gewicht abnehmen. Noch lieben Sie sich selbst nicht bedingungslos. Dabei sind Sie so hübsch. Was an Ihrem Äußern gefällt Ihnen denn nicht besonders?«
»Ich habe abstehende Ohren und mein Becken ist zu breit.«

»Dafür sind Sie im Abnehmen stark: Kosten Sie diese Stärke ruhig aus, sie bleibt Ihnen nur für kurze Zeit. Irgendwann kommt auch das Abnehmen an ein Ende. Doch sonnen Sie sich ruhig in diesem Erfolg, er macht Sie unnahbar und unverletzlich, nichts mehr verunsichert oder erniedrigt Sie. Es verdeckt auch Ihr fehlendes Selbstwertgefühl. Aber Sie leben noch und ich darf weiter meinen Job machen und damit Ihre Mutter unterstützen.«
Akzeptierendes Benennen ihrer Schattenseiten implizierte auch, dass sich später bessere Möglichkeiten eröffnen.

Realitäten des Lebens

Regula wog noch 43,6 kg und dachte, dass sie sich mit 52 kg nicht wohl fühlen könne: »Falls ich wirklich wollte, könnte ich mein Gewicht erhöhen.«
Regulas Freund begleitete sie zu dieser Sitzung. Er bedauerte, dass Regula so wenig Selbstvertrauen besaß, sonst äußerte er sich nicht über Regulas Leben. Der Therapeut meinte, es gäbe viele schwierige Dinge im Leben, die einem das Selbstvertrauen nehmen könnten.
Die Beziehung zwischen Micha und Regula hielt nicht mehr lange. Nach kurzer Zeit trennten sie sich.

Liebeskummer

»Die Menschen haben viele Methoden zur Schmerzlinderung erfunden. Diese können Sie jetzt gut gebrauchen, weil der Kummer nach der ersten großen Liebe wahnsinnig wehtut.«
Zur Ablenkung las Regula während der Freizeit Bücher. Für den Moment konnte sie keinen Zuspruch annehmen, es wäre billiger Trost gewesen. »Die Dinge geschehen in meinem Leben nie so, wie ich es wünsche«, dachte sie oft. Der Therapeut schilderte ein Tranceerlebnis im Urwald, das bei einer anderen Patientin ähnliche Sorgen gelindert hatte, und danach berichtete Regula von den Bergen, die sie mochte.
»Krisen als Herausforderung gehören zum Leben; man findet dabei eine Einstellung, die einen weniger leiden lässt. Die Krisen sind der Ballaststoff in der Diät des Lebens; Astronautennahrung ist eher ungesund. Selbstverständlich lehnt der Dünndarm die Ballaststoffe ab,

er lässt sie im Darm zurück und sorgt so für eine gesunde Verdauung. Wenn ich in meiner Jugend verzweifelt war, haben mich Märchen getröstet. Die Märchen beschönigen nichts, sie schildern hoffnungslose Situationen, welche sich, vielleicht durch dummen Zufall, später in Glück verwandeln. Halten Sie Ausschau nach diesen hilfreichen dummen Zufällen. Es gibt sie, auch wenn Sie nicht daran glauben.«
Falls Regula mir beweisen wollte, dass ich im Unrecht war, musste sie trotzdem zuerst Ausschau halten nach diesen Zufällen, erst dann konnte sie sicher sein, dass es sie nicht gibt. Mit dem Ausschau-Halten würde sie sich öffnen und die hilfreichen Zufälle auch entdecken.

Selbstkritik umgedeutet

»In mir ist es so leer; einzig ein paar leise Gefühle für meine Schwester und Mutter sind mir geblieben. Sonst ist alles weit weg. Früher tanzte ich im Latino-Studio und ging zum Karate. Wegen der unregelmäßigen Arbeitszeit musste ich damit aufhören.«
Seit sie die Freude am Leben verloren hatte, wünschte sich Regula die unbekümmerte Zeit ihrer letzten Schulklasse zurück. Der Schulabschluss hatte ihre Welt verändert, er zerstreute ihre Freundinnen in alle Welt. Nicht der Welt gab sie die Schuld für ihr Elend, sondern sich selbst: »Ich bin zu anspruchsvoll«, meinte sie.
»Man kann auf verschiedene Arten anspruchsvoll sein«, antwortete der Therapeut. »Im Umgang mit sich selbst können Sie sich wie in einem Formel-1-Ferrari fühlen. Die Steuerung eines solchen Wagens ist sehr anspruchsvoll, zuerst kommt man überhaupt nicht zurecht, aber mit etwas Übung steuert man ihn sicher durch die Kurven. Bis es so weit ist, schieben sich manchmal dunkle Wolken des Zweifels vor die Sonne.
Später werden Sie Ihren gesunden Egoismus wiederfinden und nicht mehr sich selbst für alle Zwischenfälle beschuldigen, weil Sie dann mit schwierigen Situationen umgehen können.«
»Ich wünsche mir schnellstens einen guten Job, und nach Abschluss der Lehre nehme ich mir eine eigene Wohnung.«
Die nächsten Tage musste Regula viel und unregelmäßig arbeiten, und so konnte sie erst zwei Wochen später wieder kommen, aber das ging für Regula auch in Ordnung.

Wendepunkt

Regula wurde immer dünner, und ihre Angst stieg ins Unermessliche, sich bei der geringsten Gewichtszunahme »höllendick« zu fühlen. Der Therapeut sagte halb im Scherz: »Wenn Sie auf der Straße zusammenklappen und im Krankenhaus aufwachen, werden sich die behandelnden Ärzte wundern, bei welchem bekloppten Therapeuten Sie in Therapie gehen, der Sie nicht früher eingewiesen hat. Ich weiß, es ist mein Problem, und darum nehmen Sie nicht allzu ernst, was ich sage.« Regula beruhigte den Therapeuten, dass ihr Körper stark sei und sie schon nicht zusammenklappen werde.
Der Therapeut wechselte das Thema: »Vielleicht sind Sie wirklich liebeskrank. Ich möchte Ihnen von Lucy erzählen.« Der Therapeut erzählte, wie bei Lucy die ersehnten Verliebtheitsgefühle in Trance auch nur einmal hinaufgesprudelt waren (siehe Kapitel 6). »Wie die Liebe schenkt Essen ebenfalls Befriedigung, sobald Sie Ihre Selbstbestimmung wiederfinden.«
Vier Tage später rief Regula am Samstag den Therapeuten zu Hause an, um ihm mitzuteilen, dass sie jetzt zur Einsicht gelangt sei und gerne seine Hilfe annähme. Es gehe ihr nicht gut und sie habe ihm das unbedingt jetzt sagen müssen.

Durchsetzungskraft

Der Therapeut bedankte sich für den erfreulichen Telefonanruf, ohne weiter darauf einzugehen. Er sagte: »Ich sehe Magersucht als Kampf um Selbstbehauptung, und dann wird man Sklave von dem, was einen schützen soll – so geht das im Leben: Die Magersucht führt Sie von altem Leiden zu neuem Leiden, nimmt das alte Leiden weg und schafft neues. Doch im Leiden steckt der Kern der Durchsetzungskraft, die sich im Festklammern manifestiert. Man darf den richtigen Moment zum Loslassen nicht verpassen, sonst geht vor lauter Verkrampfung gar nichts mehr. In der Verkrampfung verlieren Sie die Kontrolle über Ihre eigene Energie, und Ihre Hilflosigkeit lässt Sie auf einen guten Berater hoffen, denn in dieser Situation ist es leichter, auf andere Menschen zu hören als auf die eigene Stimme. Der gute Berater sagt dann genau das, was Sie in Ihrem Innern am liebsten möchten, aber nicht selbst verwirklichen können.

Nach der Krise hören Sie dann wieder besser auf sich selbst. Als jüngeres Mädchen lebten Sie sehr in Harmonie und angepasst. Jetzt bräuchten Sie die Kräfte, die im Schatten, im Animalischen versteckt sind. Das Leiden bringt Sie den eigenen Kräften wieder näher.
Sie leisten in Ihrer Lehre anstrengende Arbeit. Sie sind Teammensch und Einzelkämpfer zugleich, das braucht viel Energie.
Es wird wieder eine neue Liebe kommen, und dann erhalten Ihre Kräfte neuen Schub. Doch werden Sie das nächste Mal gescheiter handeln und auch ein bisschen mehr an sich denken, den animalischen Schatten und die Liebe nicht ganz an den Freund projizieren.«

Oft biete ich zu Beginn einer Therapiestunde mittels Schrotschussmethode verschiedene Themen an und warte, bis die Jugendliche ein Angebot herauspickt.

Bis dahin hörte Regula passiv und nur mit halbem Interesse zu. Dann sagte sie: »Ich gehe mit einem guten Freund aus. Er ist nur ein guter Kollege, aber unheimlich lieb; er lässt mich sein, so wie ich bin, wir waren früher zwei Jahre im selben Musikorchester. Er ist einfach ein genialer Typ und bringt mich viel zum Lachen.«
Das Gewicht war weiter auf 40,8 kg gesunken. Mehr Gewicht flößte ihr Abscheu ein: »Wenn ich zunähme, würde ich mich fett finden. Doch vertraue ich auf mein Superhirn. Damit kann ich die Abschlussprüfungen bestehen. Einzig vor der praktischen Prüfung fürchte ich mich. Die Experten sind so eklig. Ich bin zu langsam, und falls es mir nicht gefällt, was ich mache, blockiere ich mich vollständig.«
»Ein bisschen mehr Gewicht würde Ihnen auch für die theoretischen Prüfungen nicht schaden. Wenn es bei den praktischen Prüfungen nicht rund läuft: Einfach ruhig bleiben. Es sind nicht die Fehler, die uns zu Fall bringen können, sondern Fehlreaktionen auf geschehene Fehler.«
Der Therapeut erzählte seine Lieblingsepisode aus der neueren Geschichte, als ein US-Präsident aus dem Amt verjagt wurde, nicht weil drittklassige Helfer ins Büro der gegnerischen Partei eingebrochen waren, sondern weil Richard Nixon den Tatbestand ein halbes Jahr lang abstritt, nachdem er offiziell davon erfahren hatte.
»Sie fürchten sich vor der praktischen Prüfung. Angst entsteht, wenn zu viele unklare Informationen auf Sie einstürzen, die Sie

nicht einordnen oder verarbeiten können. Ich schlage vor, gegen die Angst Hypnose einzusetzen. In der Hypnose konzentriert man sich auf das Angenehme, das Wichtige und das Sichere. So erreichen einen irritierende Informationen gar nicht mehr.«

In Trance zu seinen Bedürfnissen gelangen

Regulas Gewicht stieg von 39,4 kg auf 40,2 kg. Am liebsten hätte sie geweint, so dick fühlte sie sich! Doppeltes Ungemach quälte sie: Erfolgserlebnisse bei Gewichtsabnahme blieben aus und zudem fühlte sie sich scheußlich dick! Obwohl sie keinen Hunger mehr spürte, wusste sie, auf was sie Lust hätte, mochte sich aber nicht dazu überwinden.

Der Therapeut erklärte unbeirrt, das Ziel bliebe: Sich wohl zu fühlen bei einem guten, gesunden Gewicht; sich auch wohl zu fühlen, wenn man gegessen hat.

Trotz des samstäglichen Telefonanrufes hatte sich Regulas Präsentation in den Therapiestunden kaum geändert, sie war freundlich, aber kaum mitteilsam oder engagiert. Der Therapeut hielt es für angemessen zu diesem Zeitpunkt, Hypnose einzusetzen; Hypnose als einen Zustand, in dem Regula auch mehr von sich selbst hergeben musste, denn Tranceverhalten bedingt immer auch Selbstoffenbarung, welche in Hypnose aber leichter fällt.

Da Regula das Lied »The storm is over« mochte, benutzte es der Therapeut als Tranceeinleitung: Sie konzentrierte sich auf das Lied, das durch ihren Kopf ging, und halluzinierte gleichzeitig einen wunderschönen Sonnenuntergang. Der Therapeut gab ihr folgende Aufgabe: Regula sollte in Hypnose zu einem Restaurant in den Bergen wandern, das sie aus früheren Zeiten gut kannte. Aber der Weg dorthin dauerte zwei anstrengende Stunden. Gegen Ende der Wanderung musste sie einen steilen, aber ungefährlichen Hang hinunterrutschen. Trotzdem sollte Regula die Landschaft und die bunten Blumen genießen. Der Therapeut erklärte: »Die große Freude an der Sucht nimmt einem das Interesse an den kleinen Freuden. Gewinnen Sie die kleinen Freuden des Alltags wieder zurück.

Eigentlich ist die Sucht ja nur von vorübergehendem Interesse, Ihr größeres Ziel könnte ja sein, dass Sie mit Ihrer Schönheit und Ausstrahlung andere Menschen glücklich machen.

Stellen Sie sich vor: Ein Kind kann zwischen einem großen und kleinen Bonbon wählen. Das kleine Bonbon bekäme es sofort, auf das große müsste es bis zum nächsten Tag warten. Ein großes Kind wählt natürlich das große Bonbon.
Das kleine Bonbon kann man mit der Magersucht vergleichen, das große mit dem Verschenken einer fröhlichen Ausstrahlung.«
Obwohl Regula die Trance gefallen hatte, gab sie sich danach ziemlich einsilbig. »Man muss die Menschen machen lassen, jeder Mensch ist ein Individuum«, dachte der Therapeut.

Unbewusste Kräfte

Die Prüfung nahte, Regula hatte alle Freude am Leben verloren: »Ich möchte nicht so egoistisch sein, nicht nur an mir und meinen Problemen hängen«, sagte sie, »aber ich bin zu dumm, um noch einen Ausweg aus meiner Misere zu finden.«
»Ich glaube nicht, dass Sie zu dumm sind. Ich glaube eher, Sie denken zu pessimistisch, weil die Härten des Lebens Sie wieder einmal so schmerzlich treffen. Sie befinden sich auf einer guten Durststrecke, auf der sich aufbauen lässt. Am besten akzeptieren Sie, dass es Ihnen vor den Abschlussprüfungen nicht gut geht. Und natürlich finden Sie keinen Trost mehr beim erfolgreichen Abnehmen.«
Der Therapeut schickte Regula in eine weitere Trance und suggerierte eine Entspannung so köstlich wie das Löschen des großen Dursts. Regula sollte sich vorstellen, dass sie während der praktischen Prüfung so unbeschwert sein konnte wie früher in der letzten Schulklasse, auch wenn sie im Moment keinen Sonnenuntergang, sondern eher die dicken Wolken davor sehen könne. Aus diesen Wolken habe sie das Flüstern der falschen Schlange gehört, die meinte, alles sei verloren. In der Trance würde Regula erkennen, dass dies nicht stimmte, sondern dass jede Krise auch ein Ende hat: »Aus dem Nichts hören Sie plötzlich Geräusche, Musik, und Sie spüren das Gefühl des wärmenden Tees.« Regula würde aus der Leere auftauchen und als Sternstunde oder Gedankenblitz innewerden, dass sie sich ein paar Tage lang wieder so unbeschwert wie in der letzten Schulklasse fühlte.
Hypnose eignet sich gut zur Prüfungsvorbereitung. In dieser Sitzung benutzte ich die Technik der sanften Wiederholungen, wie sie in

Kinderliedern vorkommen; mit der Zeit besiegt der immer gleiche Rhythmus das Elend des Kindes.

Robust werden

Regula ging tapfer zur Abschlussprüfung, und eine Lehrerin, die sie besonders mochte, versicherte ihr unmittelbar nach der Prüfung, dass sie bestanden habe. Regula wirkte erleichtert, wenn auch immer noch eingeschüchtert. Sie wollte wieder essen, obwohl sie mit sich und ihrem Körper unzufrieden war. Vor allem ihre angeblich zu breiten Hüften bereiteten ihr Kummer.
Der Therapeut sagte: »Abscheuliche Gefühle, die man aushalten muss, gehören manchmal zum Leben. Im Moment sind es vielleicht auch kleinere Ereignisse, die Sie deprimieren und aus der Bahn werfen und am Leben zweifeln lassen. Sie werden robuster werden, sobald Sie positiver über sich selbst denken. Dann werfen Kleinigkeiten Sie nicht mehr aus der Bahn.«
Weil der Therapeut sie danach gefragt hatte, äußerte Regula ihre Kritik an den Pflanzen in seiner neuen Praxis. Ihrer Meinung nach passten sie besser in einen Büroraum, und sie schlug vor, mehr sukkulente Pflanzen zu nehmen, mit einer Schatzkiste, Sand, Steine und Ketten drum herum, sodass sie zur rötlichen Wasserwand passten.

Gesunder Menschenverstand

»Warum nicht als normalgewichtiges Model jobben? Es gibt zwar magersüchtige Models, und Sie sehen mit Ihrem jetzigen Untergewicht ganz hübsch aus, aber dieses Gewicht ist nicht gesund. Und Sie haben keine Vorteile davon. Eine Spitzensportlerin rackert sich im Training ab, und das macht dann Sinn, wenn sie Erfolg und gutes Einkommen erzielt. Spricht ein Grund dagegen, sich mit einem gesunden Gewicht glücklich zu fühlen?«
»Mich müssen die Menschen gerne haben, so wie ich bin. Ich mag mich nicht verstellen wegen den andern.« Sie träumte von einer guten Zukunft mit einer eigenen Wohnung, befriedigender Arbeit und mit einer Familie ohne Scheidung.
Realistischerweise hat im erwachsenen Leben alles seinen Preis:

Nachdem Jugendliche dies erkannt haben, verbessert sich ihre Selbstregulation enorm.

Rückfallprophylaxe

Falls es in ihrem abweisenden Benehmen noch eine Steigerungsmöglichkeit gab, Regula schöpfte sie nach den Sommerferien voll aus. Sie wollte leben, und wenn überhaupt noch verzichten, dann am ehesten auf die Therapie. Sie fühlte sich gesund und wünschte die Hürden des Lebens alleine zu nehmen. Der Therapeut bot seine Hilfe an: »Jetzt sind Sie also gesund. Natürlich sollten Sie auch wissen, was wichtig ist, dass Sie in Zukunft wohlauf bleiben. Sie erinnern mich an Greta Garbo, eine bekannte Schauspielerin. Sie lernte Erich Maria Remarque kennen, doch ihre Freundschaft benötigte Distanz, und so lebte er in New York und sie in Europa. Vermutlich bemühte sich Remarque mehr um die Garbo als umgekehrt. Trotzdem war die Beziehung auch für die Garbo bedeutungsvoll. Ich denke für Sie, Regula, bleiben die Ziele dieselben: Sich schön finden, sich akzeptieren bei einem gesunden Gewicht.«
Weil Regula therapeutische Spannkraft vermissen ließ, mussten Beziehungsarbeit und Rückfallprophylaxe der Therapie neuen Schwung verleihen. Unerwünscht sind in diesen Magersuchtsgeschichten Passivität und Pseudoharmonie, in der Lebendigkeit und Auseinandersetzung fehlen.

Das Gute in Besitz nehmen

Das Gewicht stieg, und der Therapeut stimulierte mit weiteren Trancesequenzen ihre Ressourcen.
In Trance erinnerte sich Regula an das gute Gefühl, als sie in einem Sprudelbad saß. Andere schöne Kindheitserinnerungen erfrischten sie zusätzlich. Der Therapeut sagte: »Ihr Entgegenkommen, auf meinen Wunsch hin eine gute Trance zu erleben, vermindert auch Ihre Befürchtung, eingebildet oder egoistisch zu handeln. Wenn man den Leuten auf passende Art entgegenkommt, kann es ja unmöglich nur egoistisch bedacht sein.«
In der Sommerhitze schlief Regula für ein paar Momente regelrecht ein und fühlte sich nach dem Erwachen aus der Trance gut.

Sich angemessen durchsetzen

Der Therapeut brütete über einer möglichen Gleichung in Regulas Leben. Auf der einen Seite die Angst vor der eigenen Überheblichkeit; auf der andern Seite die negativen Gedanken, mit denen sie sich manchmal selbst zur Schnecke machte: Vielleicht sollten die negativen Gedanken ihre Überheblichkeit in Schach halten. Mit dieser Gleichung im Hinterkopf plante er eine Abfolge von Geschichten frei nach Erickson, die er Regula in der nächsten Trance erzählen wollte. In der ersten Geschichte hatte Erickson den Künstler Amil beschrieben: Nach einer Zeit des Zauderns, in der er sich mit einer mühsamen Scheidung herumschlug, malte Amil ein hervorragendes Zirkus-Bild. Das Bild symbolisierte seine Ehesituation, und während des Malens lernte er unbewusst, sich aggressiver und selbstbewusster zu behaupten. *(11)*
Die zweite Geschichte bezog sich auf starke Gefühle, die man empfindet, wenn es um bedeutungsvolle Dinge geht. Die dritte Geschichte spielte auf Regulas Überforderungshaltung an, mit der sie zu viel von sich verlangte. Vielleicht ginge es ihrem Vater ja ähnlich und er würde deswegen seine Erholung vernachlässigen: Von der großen Last erschöpft, sei er schweigsam und unentschlossen geworden.
Alle drei Geschichten suggerierten, dass negative Gefühle und Überheblichkeit überflüssig werden, sobald man wieder in sein Leben eintaucht. Oft versteckt sich Hochmut hinter großen Forderungen.

Balance

Regula erklärte, alle ihre Ziele erreicht zu haben: ihr Leben, auch das Essen, habe sie im Griff, und sich selbst möge sie auch, bei einem Gewicht von 52 kg. Der Therapeut zeigte sich erfreut und erwähnte ein gutes Lebensmotto, demzufolge sensibles Reagieren von energischem Handeln ausbalanciert wird.
Nach einer Erickson'schen Induktion sagte der Therapeut, in der Trance sei man ganz bei sich selbst, vor allem wenn man seine Wünsche und deren Umsetzung erkunde. »Dabei erübrigt sich negatives Denken, da Ihnen Ihre unbewussten Ressourcen zur Verfügung stehen.«

Er wollte, dass ihr Unbewusstes die neue Durchsetzungskraft demonstrierte, und sie betrachtete fasziniert das hypnotische Phänomen einer Handlevitation, bei dem ihre Hand unwillkürlich und ruckartig nach oben schwebte.
Es war ein seltener, flüchtiger Moment des Austauschs in der Therapie, ein interessiertes Geben und Nehmen.

Abschluss

Zum letzten Termin, ein Jahr nach Therapiebeginn, kamen Regula und ihre Mutter gemeinsam. In einem halben Monat würde Regula ihre neue Arbeitsstelle in einer anderen Stadt antreten und sich eine eigene Wohnung nehmen. Sie besuchte den Modelkurs, und er gefiel ihr.
Die Mutter begann: »Ich habe die Fehler herausgefunden, die ich gemacht habe. Unsere Ablösung verlief schwierig, nach all den schönen früheren Jahren, wo wir uns gegenseitig so sehr vertraut hatten. Als Regula zur Therapie kam und wieder anfing zu reden, habe ich sie zurückgewiesen, und es ging ihr schlechter. Das war mein Fehler.
Ich selbst habe mich nicht von meiner Mutter gelöst, und so wollte ich nicht, dass es Regula ebenso ergeht.«
Regula fuhr fort: »Als ich mit Micha zusammen war, haben meine Mutter und ich nichts mehr gemeinsam unternommen. Plötzlich fehlte das automatische, gegenseitige Verständnis. Wegen meiner Mutter quälte mich oft ein schlechtes Gewissen, weil es ihr wegen mir nicht gut ging. Es ist nicht so, dass sie mich weggestoßen hat.
Beim Lösen der Probleme wäre mein Vater keine Hilfe gewesen, ich habe kein gutes Bild von ihm. Er vertritt keine eigene Meinung, er plappert in persönlichen Angelegenheiten nur andere Meinungen nach.«
»Wenn meinem Mann etwas nicht passt, dann reagiert er knallhart: er spricht einfach kein Wort mehr«, sagte die Mutter.
Auch am Ende der Behandlung verstand ich die Botschaften der Mutter nicht in vollem Umfang ... Heute, beim Schreiben dieses Buches, erinnere ich mich an den Anfang des Films »Das Dschungelbuch«. Dort heißt es: »Viele geheimnisvolle Geschichten werden über das Leben im indischen Dschungel erzählt.«

Manchmal finden sich Hinweise in den Märchen. Wie die Zwerge handelt der Therapeut aktiv und schonungsvoll; gelegentlich gibt er einen wirksameren Stups, wenn er wie die Diener des Königs den gläsernen Sarg fallen lässt, damit der vergiftete Apfel aus dem Hals springt ... Auch blüht eine wunderschöne Blume, selbst wenn der Gärtner nicht alle ihre Bedürfnisse kennt.
Ein paar Tage später schrieb Regulas Mutter einen Brief: »Selbstverständlich bin ich mir bewusst, dass Sie sehr viel für Regula getan haben. Leider will und kann sie Ihre Hilfe einfach nicht annehmen ... Sicher werde ich weiterkämpfen und sie so gut als möglich unterstützen, sei es beruflich oder privat. Es wäre einiges falsch gegangen ohne Sie, aber vielleicht mache ich mir doch zu viele Gedanken und sehe Probleme, wo es keine gibt. So, das musste ich noch loswerden, damit ich meine innere Ruhe wiederfinde.«
Was meinte die Mutter mit ihren Worten? Beschrieb sie sensibel die Ablösung von ihrer Tochter? Oder den Prozess der Ich-Werdung, wenn sich nicht mehr die Mutter um das Leben der Tochter sorgt, sondern die Tochter mit ihrem kämpferischen Einsatz es selbst meistert?
Die Eltern müssen Fehler machen, damit die Kinder sie verbessern können. Rechthaberische Eltern machen ihren Kindern das Leben schwer. Frank Farrelly rät der Mutter: »Hissen Sie schon zu Beginn einer Auseinandersetzung die weiße Fahne.« Milton Erickson trainierte einmal eine Schützenmannschaft, indem er zu Beginn sagte: »Ich verstehe nichts vom Schießen.« Erickson wollte vor allem motivieren, und er schätzte es, wenn nur das Unbewusste seine Hilfe registrierte.
Ein halbes Jahr später lebte Regula zufrieden und ohne Anzeichen einer Essstörung an ihrem neuen Wohn- und Arbeitsort. Zwei Jahre später begann sie eine zweite Ausbildung, ihr Gewicht bewegte sich im Normbereich.

Dieses Kapitel handelte von drei jungen Frauen, die Hilfe nur beschränkt und aus der Distanz annehmen konnten; Nähe und damit ein intensiveres Einmischen meinerseits hätten ihren Selbstwert zu sehr bedroht. Hypnose besitzt jedoch genügend Mittel, um mit Distanz umzugehen. Distanz findet ihre Wurzeln ja auch in dissoziativen, d. h. trennenden Fähigkeiten. Bildlich gesprochen schwimmt die Hypnotherapie mit dem Fluss der Distanzierung und lenkt ihn dann ab – so gut es geht – in Richtung emotionale Beteiligung. Ich glaube aber, man kann nicht alle Klientinnen auf das Prokustes-Bett des idealen Therapieverlaufs zwingen. Wenn sie lernen, mit ihrem Bedürfnis nach Distanzierung angemessener umzugehen, ist ihnen am meisten gedient.

Kapitel V

Ehrgeizige Mädchen

Falls Ehrgeiz den wichtigsten Fokus der jugendlichen Klientin darstellt, biete ich einfach ein therapeutisches Bündnis an, das den Zugang zu lockereren Schulerfolgen verspricht, und die Mädchen sind mit Eifer bei der Sache. Von ihrer Natur her eignet sich Hypnotherapie gut zur Behandlung von Schulversagen. Sie hilft dem Unbewussten, Übererregung mit einer großen Palette an Beruhigungstechniken zu mildern. Auf dem Weg zu mehr Erfolg unterstütze ich auch den Aufbau einer gesünderen Persönlichkeit – parallel und für die Jugendlichen oft unbemerkt.

1. Laura

Kontaktaufnahme

Lustig und unbeschwert tänzelte Laura in die Praxis zu einer aufgeräumten Begrüßung. Auch die Eltern gaben sich locker. Bald einmal beklagte sich die 14-jährige Laura, es gäbe für ihre Figur keine passenden Markenjeans. Sie war 152 cm groß und wog 38,5 kg. Ihr klein gewachsener, ebenfalls jovialer Vater schämte sich seiner Leibesfülle nicht, die Mutter würde hingegen lieber abnehmen, obwohl sie durch ihr Aussehen nicht sonderlich auffiel. Tochter und Eltern entfalteten schnell eine oberflächliche, ungezwungene Diskussion über dieses und jenes, zwar nicht fokussiert und auch nicht organisiert, aber durchaus lebendig.
Der Therapeut holte das Gespräch wieder zurück zum eigentlichen Grund der Sitzung. Der zuweisende Kinderarzt hatte in seinem Brief von einer erheblichen Gewichtsabnahme geschrieben, nachdem Laura zuvor übergewichtig gewesen war. Jetzt hatten Kinderarzt und Familie über eine Klinikeinweisung diskutiert, da Lauras

Gewicht in den letzten Wochen deutlich unter 40 kg gesunken war. Die involvierte Diätberaterin wollte mit einem Krankenhauseintritt lieber noch zuwarten. Laura selbst hatte den Kinderarzt gebeten, eine psychologische Beratung für sie zu suchen. Lauras ältere Schwester war als Kind wegen Konzentrationsschwächen regelmäßig zur Therapie gegangen. Durch diese Gespräche sei sie selbstbewusster geworden.

Der kontinuierlichen Gewichtsabnahme vorhergegangen waren mehrere Situationen, in denen sie sich im Schwimmbad ihrer Figur geschämt hatte. Beim anschließenden Fasten musste sie sich zuerst sehr zusammenreißen, bis es, wie sie sagte, »in ihrem Kopf ›Klick‹ machte« und sie ohne Anstrengung auf das Essen verzichten konnte. Natürlich entstanden dadurch Konflikte, vor allem zwischen Mutter und Tochter. Ein einziges falsches Wort der Mutter weckte Lauras beleidigte Empörung.

Was auch immer die Mutter für Laura tat, es war das Falsche: Das falsche Brötchen gekauft oder beim falschen Friseur angemeldet. Das verunsicherte die Mutter erheblich; sie würde lieber – wie früher gewohnt – aufmerksam und mit Überblick für die Familie sorgen. Obwohl die Mutter widersprüchlich und verwirrend kommunizierte, erhielt sie vom Therapeut freundliche Unterstützung.

Im Alltag wechselten häufige Wortgeplänkel zwischen Tochter und Vater. Beide interessierten sich für Eishockey, und sie konnten endlos miteinander streiten, um am Schluss gleicher Meinung zu sein, weil sie es eigentlich schon immer waren und nur um Details verhandelten.

Laura bezeichnete sich als Perfektionistin, wünschte sich mehr Selbstvertrauen und wollte in Schule und Beruf erfolgreich sein. Der Therapeut sagte ihr, sie habe viele gute Fähigkeiten, die ihr zum Erfolg verhelfen könnten, und er versprach mit vorsichtigem Optimismus, er werde sie in ihren Zielen unterstützen.

Als Grenze für eine mögliche Klinikeinweisung schlug der Therapeut 38 kg vor, falls der Kinderarzt damit einverstanden wäre.

Schwieriges Jugendalter

»Ich achte zu stark auf anderer Menschen Meinungen«, sagte Laura. Ohne eigenen Maßstab klassifizierte sie sich durch den Blickwinkel fremder Augen, als Zeichen fehlenden Selbstvertrauens. Laura sehnte sich nach Stärke, wusste aber nicht, was Stärke genau bedeutete und wo sie zu suchen war: eigentlich ein normaler Vorgang der Jugendzeit. Im Ergebnis war sie mit sich unzufrieden. Zu Hause habe Laura sowieso am meisten zu sagen, befanden ihre Schwester und die Eltern. Laura selbst zweifelte an ihren Einflussmöglichkeiten. In die Therapierunde blickte sie wechselweise verunsichert oder amüsiert, aber so klar formulierte sie ihre Befindlichkeit nicht, wie es in diesen Zeilen zusammengefasst steht.

Der Therapeut rief den Kinderarzt an. Dieser wollte mit einer Hospitalisation noch zuwarten.

Piccards 10% Einflussmöglichkeit

Laura kam alleine zur Sitzung. Der Therapeut erzählte vom Ballonfahrer Bertrand Piccard, einem Berufskollegen, der ebenfalls mit Hypnose arbeitet. Piccard hat von seiner erfolgreichen Ballonfahrt eine Lebensphilosophie abgeleitet: Die Freiheit entdeckte er nicht in seiner Jugend, als er mit dem Deltasegler gegen den Wind kämpfte; er fand seine Freiheit, als er sich später im Ballon dem Wind auslieferte, trotz der anfänglich riesigen Angst. Im Ballon blieben ihm nur etwa 10% Einflussmöglichkeiten, um seine Route zu finden. 10% Einflussmöglichkeit, die es konsequent zu nutzen gilt, ohne sich über die fehlenden 90% zu grämen. Auf der Suche nach günstigen Winden beschränkte sich sein Einfluss auf die Flughöhe des Ballons.

Laura hätte lieber 100% Einflussmöglichkeit, sich selbst gegenüber und auch bei ihrer Schwester, wenn diese mit der Fernbedienung den Fernsehkanal bestimmte.

Jeder Erfolg, den sie sich in den Kopf gesetzt hatte, war ihr wichtig. So geduldig sie mit andern Menschen war, von sich selbst verlangte sie unerbittlichen Perfektionismus, neben dem es keinen Platz für Mitleid und Jammern gab. »Was in meinem Kopf ist, muss ich stur durchsetzen«, meinte sie, »ich will etwas Besonderes sein. Mit der neuen Zahnspange zum Beispiel fühlte ich mich stolz und glücklich. Aber wenn ich nicht das richtige Essen bekomme, rege ich mich fürchterlich auf«, fügte sie nachdenklich hinzu. Laura wollte bereits am Ziel sein, bevor sie wusste, wo es sich befand.

Es war ein Versuch, ihren Perfektionismus auf eine höhere Ebene zu bringen, als der Therapeut sagte: »Krisen gehören zu den Jugendjahren. Man erkennt plötzlich so viele Ungerechtigkeiten. Dabei fällt es Frauen leichter, Unfairness einzustecken, ohne sich von ihren Zielen abbringen zu lassen.«
Der Therapeut zeichnete ein Bild von ihren frustrierenden Problemen mit dem Essen: »Das Baby in deinem Innern kräht nach Nahrung, und äußerlich streiten zwei Mütter um den richtigen Menüplan, nämlich deine tatsächliche Mutter und dein eigener Selbstbestimmungswille. Natürlich geraten in solchen Situationen die Gedanken durcheinander: Beide Streithähne können Vorteile geltend machen. Die Mutter besitzt mehr Erfahrung, du selbst spürst deine Geschmacksknospen unmittelbarer.«
Laura hatte die Kontrolle über ihr Essen verloren und versuchte zuerst mit untauglichen Mitteln, die Kontrolle zurückzugewinnen. Ihre Hilflosigkeit trieb sie in eine grauenvolle Zerreißprobe. In einer ähnlichen Situation blieb Piccard bei seiner Ballonfahrt gar nichts anderes übrig, als auszuharren. Er entdeckte, dass er trotz der Ängste sein Ziel erreichen konnte.

Anforderungen bewältigen

Lauras Eltern versuchten abzunehmen, und Laura machte sich einen Spaß daraus, sie mit selbst gebackenen Kuchen zu mästen. Da wussten die Eltern manchmal nicht, wie sie auf diese Angebote reagieren sollten.
Sich selbst überforderte Laura ebenfalls. Zwar sah sie sich gerne im Spiegel an, doch auf den meisten Fotos mochte sie sich nicht ausstehen. Die Wahrnehmung ihrer eigenen Widersprüchlichkeit machte Laura unzufrieden, das wiederum regte die Mutter auf, weil ihr an einer gut funktionierenden Familie viel gelegen war. Der Therapeut witzelte, sie solle sich endlich einen Starfotografen besorgen oder gar Selbstporträts anfertigen.
Der Vater nahm es gelassen, trug weiterhin lautstark, aber in aller Ruhe die kleinen Meinungsverschiedenheiten mit seiner Tochter aus. Bei der Mutter reifte der Entschluss, die Beziehung zu Laura energischer in die Hand zu nehmen. Davon sagte sie dem Therapeuten vorerst nichts.

Laura wusste nicht, wo sie die Silvesternacht verbringen sollte. Sie durfte wegen ihrer 14 Jahre nicht alleine auf die Party, zu der ihre Schwester ging. Doch kein Erwachsener wollte sie begleiten, und Laura getraute sich nicht, ihre Patentante zu fragen. Schließlich feierte sie das neue Jahr zu Hause mit ihren Eltern bei einem Glas Mineralwasser.

Fehler gehören zu einem erfolgreichen Leben

Manchmal berührte es sogar den Vater peinlich, wenn sich seine beiden Töchter lauthals zankten. Später in der Sitzung machte die Mutter eine Bemerkung, die Laura mitten ins Herz traf: »Beim Nörgeln bist du allerdings noch besser als deine Schwester.« Daraufhin wurde Laura von einem Weinkrampf geschüttelt, aufgelöst stammelte sie: »Ich bin halt nicht so ein Schleimer wie meine Schwester.«
Der Therapeut tröstete Laura so gut es ging: »Du und deine Schwester, ihr beide seid auch nur Menschen, beide dürfen Fehler machen. Die eigenen Fehler helfen, die Fehler der Schwester zu verstehen. Und dann fügen auch Eltern und Kinder sich gegenseitig Unrecht zu, und später verzeiht man sich wieder.«
Damals ging ich alarmiert nach Hause, ich konnte Lauras Zerrissenheit nicht genau einordnen. Ich wusste nicht, dass diese Episode Lauras emotionalen Tiefpunkt markierte. Jedenfalls erholte sich Laura und sie schien diese Erfahrung konstruktiv zu nutzen. Ich nahm mir vor, mittels Hypnose Lauras Kampfesmut zu stärken, als Gegengewicht zu passiven Neigungen.

Durchsetzungskraft

Unbestimmtheit und Flucht in Gemeinplätze schienen fast Lauras Markenzeichen zu sein. So dauerte es jeweils lange, bis ich mich mit Laura auf einen Fokus für die therapeutische Arbeit geeinigt hatte. Erst nach einer halben Stunde nannte sie ihre Verunsicherung bei den Mahlzeiten als mögliches Problem.
Die Ernährungsberaterin hatte sich geweigert, Laura einen verbindlichen Ernährungsplan aufzuschreiben. Auch die Mutter ließ ihr beim Essen mehr Freiheit, als ihr lieb war. Denn Angst, Un-

sicherheit und schlechtes Gewissen machten ihre Nahrungsaufnahme oft zu einer mühsamen Angelegenheit: »Ich weiß gar nicht, auf was ich Lust verspüre, und dann verunsichern mich die aufgedruckten Kalorienangaben zusätzlich.«
Der Therapeut ließ Laura ihre Mutter halluzinieren und ihre Hand mit einem leichten Gefühl durch die Luft schweben. So gelangte Laura schnell in eine Trance, und er schlug vor, dass sie sich an verschiedene Mahlzeiten erinnerte, sowohl an deren Schwierigkeiten wie auch an die guten Sequenzen. Sie sollte so in Trance das lockere Essen trainieren.
Ihr Vater war gelernter Koch, und Laura überlegte sich ernsthaft, ebenfalls diesen Beruf zu ergreifen. Jedenfalls kochte sie liebend gerne für ihre Familie, fühlte sich dabei frei, ohne Spannung und Last. Diese guten Momente ging sie in Trance ebenfalls durch.
Als zusätzliche Erholung ließ der Therapeut Laura erleben, wie sie mit ihrem Vater auf spaßige Art diskutierte. Von diesem lockeren Gefühl gestärkt, näherten sich Therapeut und Laura einem heiklen Thema. Da sich Laura eine schöne Figur wünschte, sollte sie sich in Trance selbst anschauen, mit gut passenden Kleidern, die sie mochte. In dieser auf die Zukunft gerichteten Vorstellung war Laura vier oder fünf Kilo schwerer. Weil Laura noch zweifelte, ob sie dieses Ziel im tatsächlichen Leben schaffen würde, schlug der Therapeut vor, dass sie sich in Trance nochmals ihr Essen schmecken ließ.
»Ich will nicht magersüchtig sein«, sagte Laura.
»Du darfst es von mir aus sein.«
»Ich mag diesen Namen nicht, ich will nicht so genannt werden.«
»Du wirst es schaffen, wenn du es wirklich willst und dafür geduldig kämpfst. Niemand ist perfekt, und darum braucht es etwas Zeit.«
Nach Beendigung der Trance sagte Laura: »Ich weiß, wie ich meine Schwester treffen kann, ohne dass sie es mir heimzahlen kann. Gegen meine Schwester kann ich mich durchsetzen.«
In Hypnose wünscht man sich nicht auf depressive Art die Vergangenheit zurück, sondern man beschafft sich aus früheren Erlebnissen die Ressourcen für künftige Aufgaben. Sogar wenn sie ganz nah beieinander liegen, widersprechen sich Ideale und Fehler in der Trance nicht.

Positive Wertschätzung

Lauras Vater strahlte vor Zufriedenheit, während er sich mit seiner lautstarken Tochter unterhielt. Auch stimmte er seiner Frau zu, die sich für ihre Tochter mehr Selbstvertrauen wünschte. Damit konnte sie sich besser akzeptieren. Der Therapeut gab Laura den Rat, sie solle stolz sein auf ihre Eltern, die ihre Tochter Laura, so unmöglich wie sie sich manchmal benahm, geduldig ertragen würden.

Lockerheit

Beim Essen würde sich Laura so durchsetzen wie gegen ihre Schwester, und kein schlechtes Gewissen hielte sie zurück, und ihre Angst könnte sie überwinden, sie würde diesen Pausenstengel essen, es wäre ihr egal, was auch immer ihr Kopf anderes denken würde. Ihre kataleptisch schwebende Hand entführte Laura in eine Trance und weiter in die Ferien nach Südfrankreich. Dort hielt sie die negativen Gedanken so gut in Schach, dass sie nur dann hervorkamen, wenn sie nicht störten oder Laura nicht belasteten. Sie versetzte sich in ihr zukünftiges Traumgewicht, das sie konstant hielt, weil sie sich gegen störende äußere Einflüsse so gut wehrte wie gegen ihre Schwester, und dazu machte es einfach »Klick« in ihrem Innern so wie damals, als es »Klick« machte zum Abnehmen und das Abnehmen ganz mühelos ging, aber das Abnehmen war jetzt weit weg. Ihre Hand schwebte bewegungslos durch die Luft, und sie konnte von nun an mit genauso bewegungslosen Händen vor dem Fernseher sitzen, und die Katalepsie verunmöglichte jede ungesunde Nahrungsaufnahme.
Der Therapeut erzählte zwei Geschichten. Ericksons Tochter kam nach Hause und bemerkte, dass in der Schule Nägelbeißen Mode war und dass sie sich dieser Mode anschließen würde. Erickson meinte, sie sei ja hoffnungslos im Rückstand und deshalb müsste sie sich dieser Mode fleißig widmen, mindestens eine Viertel Stunde pro Tag. Zur Pflicht gemacht, war es der Tochter nach einer Woche verleidet, und deshalb verkündete sie, sie würde eine neue Mode ins Leben rufen, nämlich Nicht-Nägelbeißen.
Die zweite Geschichte handelte von einem Anwalt, der bei Erickson Hilfe durch Hypnose suchte, weil er wiederholt durch die An-

waltsprüfung für die Zulassung in Arizona gefallen war. Erickson wies ihn an, am Morgen auf dem Weg zum Lokal gar nicht an die Prüfung zu denken, sondern einfach die Freude an der schönen Landschaft auf sich wirken lassen. Bewusst sollte er während der Prüfung nichts überlegen, nur sein Wissen geordnet und unbewusst vom Federhalter auf das Blatt fließen lassen.

Nach der Trance realisierte Laura, dass die negativen, störenden und quälenden Gedanken in Trance verschwunden waren, und ihr Zutrauen wuchs, dass sie sich bei andern Menschen durchsetzen und trotzdem beliebt sein werde.

Ihre ganze Familie glaubte an sie und sagte: »Du schaffst es«, Laura sah es selber auch so und freute sich auf Markenjeans, die auch wirklich passten. Und auch nach einer alltäglichen Verletzung würde sie sich schnell erholen. Die Regeneration in Trance erschien ihr wie kreatives Gestalten, es gefiel ihr, und sie wusste in Trance ganz genau, was für sie das Richtige war.

Sich trotz Schwierigkeiten über Wasser halten

Trotz oder vielleicht gerade wegen ihrer schlechten Laune bewies Laura ihren Eltern, dass sie mit dem Essen jetzt wieder besser zurechtkam, und einmal aß sie ein großes Stück Kuchen, obwohl die Eltern es ihr nicht zugetraut hätten. Doch die schlechten Launen waren häufiger, und Laura kontrollierte sie nicht so gut, wie sie es sich gewünscht hätte. Die Mutter nahm es »cool«, und sie ließ Laura ihre Angelegenheiten selber erledigen. Trotz ihres Wunsches nach beinah perfektem Familienleben traten kleinere Unstimmigkeiten bei der Menüplanung auf. Z. B. hatte es die Mutter einmal versäumt, im Coop Balistoriegel zu kaufen, und kurz vor Ladenschluss konnte sie nur noch eine andere Sorte bekommen, die Laura selbstverständlich nicht passte und sie unglücklich machte. Der Therapeut hatte Mitleid mit der Familie, die so vieles ertragen musste. Darauf sagte die Mutter, es sei vieles besser geworden, doch einige Dinge müssen sich immer noch nach Lauras Kopf richten, so durfte z. B. keine Zimmertür während der Mahlzeiten offen bleiben.

Trotz schlechten Gewissens hatte Laura mehr gegessen und auch 200 Gramm zugenommen. Sie nahm sich viel Zeit für Zusatzgetränke, sodass sie manchmal abends erst spät ins Bett kam. Die

Alternative zur Gewichtszunahme wäre ja die Hospitalisation in Bern gewesen, was für Laura bedeutete, ohne Familie und Freundinnen zu sein und nur gelegentlich Besuche zu bekommen, die zudem viel Aufwand erforderten.
Die ältere Schwester wurde von Laura wieder verstärkt attackiert, in Tat und Wahrheit war es in der Vergangenheit eher Laura gewesen, welche die Schwester dominiert hatte, und nicht umgekehrt, auch wenn Laura diesen Sachverhalt zwischenzeitlich vergessen hatte.
Die Eltern wünschten sich für Laura regelmäßige Einzelsitzungen, sie würde davon sehr profitieren. Laura berichtete, dass sie sich bei ihrer letzten Prüfung an die Geschichte vom Anwalt in Arizona erinnert hatte und so ganz entspannt eine gute Arbeit geschrieben habe. Der Therapeut war überrascht, dass Laura diese Geschichte herausgepickt und so leicht umgesetzt hatte.

Schuldgefühle

Laura kam gut gelaunt und pflichtbewusst zur Therapie. Eigentlich war ihr Leben in Ordnung, in der Schule lief es bedeutend besser, ihre Sehnsüchte nach Erfolg, auch in Form guter Noten, wurden gestillt. Der Therapeut hatte sich vorgenommen, am Thema »gesunder Erfolg« zu arbeiten, doch Laura schien schon einen Schritt weiter zu sein, und es war dem Therapeuten nicht klar, welcher Fokus Material für therapeutische Arbeit ergäbe. Er sagte, Spitzensportler würden den Erfolg im Kopf vorbereiten und danach falle es ihnen leichter, sich im richtigen Moment durchzusetzen.
Später berichtete Laura, dass sie im Nachhinein immer noch an schlechtem Gewissen leide, wenn sie vermeintlich zu viel gegessen hätte. Sie fühlte sich dann, wie wenn sie schwach geworden wäre und gesündigt hätte, einfach komisch.
Vor der Trance fragte der Therapeut nach Tätigkeiten, die sie angenehm und stressfrei erlebte. Es waren dies: Tisch decken, schreiben, lesen, laufen, Fahrrad fahren.
Solange man an kindlichen Sicherheiten und Idealen hängt, betrachtet man Ungewissheit als unerträgliches eigenes Versagen. Flexibles Lernen hingegen würde selbstständige Nahrungsaufnahme erleichtern.

Die schwebende Hand und ihre Mutter als Vorstellung im Stuhl brachten Laura in Trance. Das miese Schuldgefühl stellte sie sich als eine ungenügende Note vor, aber auch als Stück Käse, das ihr so gut schmeckte. Das waren für Laura große Fehler, die in ihr das Gefühl weckten, im Unrecht und ein Versager zu sein.
Der Therapeut betonte den Unterschied zwischen Fehler *machen* und unzureichend *sein*. Aus Fehlern lernt man, auch wenn sie einem zwischendurch ein mieses Gefühl bescheren.
Nach der Trance berichtete Laura, sie habe sich bei der Induktion nicht die Mutter vorgestellt, es wäre für sie einfacher, sich auf einen wirklichen Strich des Stuhles zu konzentrieren. Sie lachten gemeinsam über diesen »Fehler« – es wäre wirklich schade, wenn das Untergewicht ihr den Humor gestohlen hätte.
Eigenständigkeit entsteht nicht aus Verwöhnung, sondern stammt von bewältigter Herausforderung, wie sie auch jedes Hypnose-Abenteuer immer wieder darstellt.

Gesunde Auseinandersetzung

Laura kam jetzt nur noch 14-täglich, weil sie auch ohne Therapie ein überfrachtetes Programm hatte mit außerschulischen Aktivitäten wie Sport und Tanzen, das in der Stadt Thun zum traditionsreichen Mitmachen beim Kadettencorps gehört. Die Mutter achtete darauf, dass sich Laura nicht überforderte. Lauras Gewicht lag 2 kg höher als zu Beginn der Therapie. Sie genoss ihr Essen dreifach, indem sie langsamer aß und an die Menschen dachte, die nur zwei Mal am Tag eine Mahlzeit bekamen. Auch half ihr die Erfahrung der kataleptischen Hand in Trance: »Wenn ich vor dem Fernseher mit den Cornflakes aufhören will, dann mach ich wie in Trance meine Hand unbeweglich, und so kann ich gar nicht mehr weiteressen.«
Laura entdeckte, dass sie das Essen zu sehr liebte, um darauf zu verzichten. Es habe bei ihr »Klick« gemacht, auch weil die Magersucht sie lehrte, Nein zu sagen, bevor es ihr zu viel war. Laura sagte, der Aufschwung kam wegen des Essens, das sie wieder genießen wollte; ihre Mutter war anderer Meinung, sie dachte, Lauras Wunsch nach einer guten Figur und nach schönen Sommerkleidern seien ihr zu wichtig geworden. Mutter und Tochter waren sich da in der Therapiesitzung nicht einig, und ihre Auseinandersetzung verlief vor-

sichtig und zögerlich, da sie im Alltag nicht gewohnt waren, ihre Auseinandersetzungen auszutragen. Im Alltag war entweder alles in Ordnung, oder sie waren richtig »sauer« aufeinander. Der Therapeut sagte: »Zum Glück liefert das Essen immer wieder Grund zu Meinungsverschiedenheiten; da kann man üben, einen gesunden Streit auszutragen. Auseinandersetzungen sind ein Teil erfolgreichen Lebens.«

»Laura ist vor allem nach einem anstrengenden Schultag eingeschnappt«, meinte die Mutter.

»Stimmt nicht«, entgegnete Laura, »vor allem miese Stimmung und Knatsch mit meinen Freundinnen machen mir zu schaffen.«

Zwischendurch bediente sich Laura schlecht gelaunt eines frechen Tons oder vergriff sich in der Wortwahl, und das duldete die Mutter überhaupt nicht. Mitfühlsam unterstützte der Therapeut die Mutter, und Laura reagierte so vernünftig darauf, dass der Therapeut sie lobte und meinte, er selbst wäre in ihrer Situation vermutlich überhaupt nicht so vernünftig gewesen.

In Lauras Therapie musste ich keine offensichtliche Fehler machen, deshalb erzählte ich davon.

Unbewusste Arbeit

Das Wissen um die Kalorienzahl störte Laura beim Genuss eines schmackhaften Joghurts, vor allem wenn sie die Kalorienangaben direkt vor Augen hatte. In Trance hingegen genoss sie die alltäglichen Freuden des Essens, ihre neuen schicken Kleider, Erlebnisse mit Freundinnen, ihre gemeinsamen Vorlieben und kleinen Peinlichkeiten, über die man so wunderbar kichern konnte; nach der Hypnose sagte sie, die Trance behage ihr und sie nehme immer etwas mit aus der Therapie.

Tapfere Eltern

Ihre beiden Töchter stritten wieder munter miteinander, und es war nicht einfach für die Mutter, es auszuhalten, wenn sich ihre beiden Töchter gegenseitig mit Worten fertig machten.

Positive Orientierung

Es ging ihr gut. Laura fühlte sich erfolgreich, geduldig, selbstbewusst und zog die Möglichkeit in Betracht, später einmal Juristin zu werden. Ihre Einstellung bewegte sich von Selbstkritik weg hin zu mehr Selbstbewusstsein; abwertende Kommentare überhörte sie einfach.
Das Kadetten-Sportlager während der Frühlingsferien bescherte ihr enorm gute Erfahrungen. Beim Essen wurden einfach Portionen auf den Teller geschöpft, und Laura aß ihre Portion, weil die andern Mädchen es ebenso machten. Und sie genoss die Eiskreme wie alle anderen Mädchen auch. Vor allem ein großes schlankes Mädchen, das nicht auf den Mund gefallen war, beeindruckte Laura. Was die essen kann, darf ich mir auch erlauben, sagte sich Laura. Zudem macht anstrengender Sport eine gute, gesunde Ernährung notwendig. Wenn sie müsste, könnte sie verzichten, aber im Lager war dies nicht notwendig. Sie offenbarte ihre Freuden und Leiden, wie auch die andern Mädchen viel von sich preisgaben. In dieser Gruppe fühlte sie sich wirklich aufgehoben. Die Kunst des Essens vereinfachte sich, nach wenigen Bissen war zwar der Hunger gestillt, aber sie aß bei Tisch die gleichen Portionen wie die andern Mädchen. Der Therapeut war angenehm überrascht, dass sie den Vergleich mit den Freundinnen so positiv nutzen konnte. Laura erklärt die Veränderung so, dass man anfängt, positiv zu denken, wenn man wirklich realisiert hat, wie schlimm die Verweigerung des Essens damals gewesen war. So wurde Verharmlosung plötzlich überflüssig. Als Rat an gleichaltrige Magersüchtige würde sie die Mädchen ermuntern, ärztliche Hilfe tatsächlich anzunehmen, weil man es alleine nicht schaffen würde. Wenn man zunimmt, solle man sich freuen, wenn man abnimmt, braucht es die Unterstützung der Familie und des Arztes, die sagen: »Du wirst es schaffen.«
Intuitiv hat Laura Ericksons Utilisationsprinzip angewandt: Der Vergleich mit anderen Mädchen muss nicht hinunterziehen, er kann aufbauen.
Ein halbes Jahr lang führte Laura die Therapie im lockeren Abstand fort. Das Gewicht nahm leicht zu, ihre Menstruation setzte wieder ein.

2. Susanne: Schnelle Fortschritte

Wenn man annimmt, dass negative Überraschungen einen entscheidenden Beitrag zur Entstehung der Magersucht beitragen – es müssen nicht immer große Ereignisse sein, es kann sich auch um Mikrotraumen handeln, wie Peseschkian (12) sie nennt –, dann fragt man sich, wie man das Unerwartete in die Therapie einführen soll, ohne dass es sich wie im Alltag traumatisierend auswirkt.
Wichtige Bestandteile der Hypnose sind loslassen, hinhören und kreativ reagieren. Da Susanne diese Fähigkeiten ausreichend besaß, sah sie in den Herausforderungen nicht Hürden, sondern nutzte diese als Hilfe zum Erfolg. So stimmten die Voraussetzungen, und ich ließ hypnotische Techniken wie Herausforderung, Aufwecken, Anstoßen und Loslassen nebenbei in die Familientherapie einfließen.
Trotz der Sorge um Susannes Zustand scherzten die fünf Familienmitglieder miteinander, als sie sich zum ersten Mal einfanden, und der Therapeut betrachtete die lockere Stimmung als gutes Zeichen. Jedenfalls beteiligten sich alle Familienmitglieder an der Suche nach möglichen Vorteilen der Magersucht: Keine Pickel mehr, man redet häufiger miteinander, Susanne braucht keine neuen Kleider, die älteste Schwester kann sich gut auf ihren Beruf als Ernährungsberaterin vorbereiten. Sie entdeckten auch Nachteile: Gedanken übers Essen kreisen ständig im Kopf, die Leistungsfähigkeit sinkt, es besteht die Gefahr, dass Susanne sterben könnte.
Mit 13 1/2 Jahren war Susanne 163 cm groß, wog knapp 40 kg, und die Menstruation hatte ausgesetzt. Susanne war schon immer vernünftig, erfolgreich und beliebt gewesen. Den Eltern hatte es schon immer Mühe bereitet, sich gegen Susanne durchzusetzen. Die Mutter, selbst ein ältestes Kind, nahm eher Susannes ältere Schwester in Schutz. Ohne dass die Eltern es merkten, fühlte sich Susanne von ihrer älteren Schwester wie mit Füßen getreten. Susanne kam sich auch von Vater und Mutter missverstanden vor.
In der Rivalität mit ihrer Schwester bedeutete Verstanden-Werden gleich Zuwendung gleich Erfolg. Susanne wollte da nicht gerne verlieren.
Der Therapeut sagte: »Das ist ein großes Problem. Denkst du, dass du ohne das Verständnis der Eltern überhaupt glücklich sein kannst?«

»Natürlich kann ich das«, erklärte Susanne. Sie hatte die Herausforderung angenommen.
In ihrem bisherigen Leben war ihr der Erfolg nur so entgegengeflogen. Als Jüngste wurde sie zudem nachsichtiger behandelt. Trotzdem nahm sich Susanne ihre Mutter zum Vorbild und wollte wie sie bei der Verwirklichung der Lebensprojekte auf der Ideallinie bleiben.
Der Therapeut sagte zu Mutter und Susanne: »Sie beide können miteinander wetteifern, wer die Ideallinie besser einhalten kann. Ich würde auf Susanne setzen. Sie ist erfolgsverwöhnt und beliebt bei Freunden.« Susanne stand gerne im Mittelpunkt. Sie hatte begonnen abzunehmen, nachdem einige Freundinnen sie sehr enttäuscht hatten, durch Unehrlichkeit und Gerede hinter ihrem Rücken.
Die Eltern waren sich nicht einig: Sollten sie mit mehr Liebe und Verständnis oder mit mehr Strenge auf Susannes Schwierigkeiten antworten?
Die Familiengespräche bewirkten, dass der Vater verständnisvoller reagierte und die Mutter Gefühle der Enttäuschung besser zuließ. Zudem kam es ein paar Mal vor, dass Mutter und Susanne den Tag beendeten, ohne einander »Gute Nacht« zu sagen! Das hatte es vorher noch nie in Susannes Leben gegeben.
Susannes Kompetenz und Sonnenseiten ließen ihr die Herzen zufliegen, aber erschwerten ihr in der Pubertät die Behauptung eines eigenen, gegensätzlichen Standpunkts. Erst die Magersucht sorgte für genügend Reibungsflächen und Gegensätzlichkeit. Weil die Mutter während der Therapie eigenständiger und der Vater verständnisvoller wurde, konnte sich Susanne besser mit der Mutter identifizieren.
Von ihrem Naturell her war Susanne auch musikalisch, sportlich, überhaupt sehr kreativ. Der Therapeut forderte sie mit seinem humorvollen, saloppen Umgangston heraus. Zuerst war sie erstaunt, ließ sich aber nicht einschüchtern. Sie lernte schnell, humorvolle Angriffe ebenso zu kontern und Enttäuschungen und leichtere Verletzungen wegzustecken.
Ihr Erfolgswillen verhinderte früher oft das Eingeständnis von Niederlagen. Der Therapeut stachelte sie an, Schwäche auszuhalten und dies als Zeichen der Stärke zu sehen. So erzählte Susanne von depressiven Momenten, in denen sie weinte, und von ihrer großen

Wut, als sie kürzlich den Zug knapp verpasst und eine wichtige Verabredung versäumt hatte.
Bald erreichte Susanne ihr Therapieziel, das sie sich zu Beginn selbst gesteckt hatte: »48 kg Gewicht und damit zufrieden sein.«
Zwei Jahre später ging es Susanne ohne weitere Therapien ausgezeichnet.
In Susannes Familie gab es wenig Platz für Gefühle von Beleidigt-Sein, deshalb wurden die Schwierigkeiten in kurzer Zeit gelöst.

3. Delia: Lust zu essen

Der Therapeut kannte Delia seit längerem. Während der Schulzeit passte sie selbst auf sich auf, weil ihre Mutter dazu nicht in der Lage war; der Vater starb, als Delia 4 Jahre alt war. Im Gegensatz zu andern Verläufen bewirkte diese Vernachlässigung bei Delia keine Verwahrlosung, sondern überdurchschnittliche Vernunft und Organisationsfähigkeit. Doch in jener Augustwoche fühlte sie sich zu einem Häufchen Elend reduziert. Delia verkroch sich in ihrem Zimmer, und es wurde ihr immer elender zumute. Unabhängigkeit und Vernunft waren bedroht. Sie getraute sich nicht an die frische Luft. Dabei hatten ihr früher Luftveränderung bei Freund oder Freundin so gut getan. In jener Augustwoche fühlte sie sich dafür zu schwach. Sie kam mit dem Taxi zur Therapie. Sie hatte 5 kg Gewicht verloren und mochte nichts mehr essen, fürchtete sich panisch vor dem Erbrechen und, was am schlimmsten war, sie konnte ihre Berufslehre nicht antreten ... Sie hatte dem Therapeuten bereits im Mai und im Juni berichtet, wie das drohende Schulende ein Gefühl der Heimatlosigkeit in ihr weckte. Angst steigerte sich zu Panik, dass das Leben fortan nur noch aus Arbeit bestehe: »Jeden Tag in den Betrieb gehen, soll das der ganze Sinn des Lebens sein?« Im August saß sie also in ihrem ganzen Elend beim Therapeuten und jammerte in einem fort: »Wann geht es vorbei? Wann geht es vorbei?«
Der Therapeut antwortete: »Ich weiß, dass jede Krise von selbst vorbeigeht, ihren Endpunkt kenne aber auch ich nicht. Ich bin

genauso hilflos wie du. Meine Hoffnungen beruhen auf der Kraft deines Unbewussten.«

Wie üblich gelangte Delia gut in Hypnose. Der Therapeut las ihr eine Geschichte vor, die von der Heilung einer Brechphobie handelt. *(13)* Um positive Kräfte zu wecken, erzählte Erickson darin von wunderbaren Vorkommnissen in der Tierwelt: »Die Tiere leben angepasst in ihre Umwelt. Der Haifisch lässt Wasser durch sein Maul fließen und frisst das Plankton. Die Vogelkinder ernähren sich von halb verdauten und hervorgewürgten Schädlingen des Waldes. Nur der Mensch ist flexibler und kann überall leben. Deshalb können wir uns auf die Weisheit unseres Magens verlassen.«

Der Therapeut wies nochmals auf die Weisheit des menschlichen Körpers und die Flexibilität des Geistes hin, dann fuhr er fort: »Du weißt, du bist oft sehr hart gegen dich selbst. Nimm eine kleine Änderung vor. Deine Verachtung soll fortan nicht mehr dir und deinem Magen, sondern dem Erbrechen gelten. Du kannst das Essen mit Todesverachtung hinunterwürgen und, falls du doch erbrechen musst, das Erbrechen mit Todesverachtung ertragen.«

Am nächsten Tag ging es Delia kaum besser. Der Therapeut appellierte nicht an ihre Selbstliebe, sondern an ihre Ideale. Ihre Ideale suggerierten nicht, lieb und verständnisvoll zu sein. Delia hatte in ihrer Kindheit wenig elterlichen Schutz erhalten und hatte sich selbst durchs Leben gebracht. Er sagte ihr in Trance: »Schon als 7-Jährige hast du kompromisslos gehandelt, was gut für dich war. Du hast dir keine Schwächen erlaubt.«

Delia blieb geraume Zeit in Trance und erklärte danach, sie sei durch eine schöne Landschaft spaziert und sie fühle sich jetzt besser. Schon als Kind war Delia gerne mit ihrem Hund ins Freie gegangen.

Vier Tage später, am Dienstag, kam Delia wieder zur Therapie. Am Freitag hatte sie noch erbrochen. Am Samstag ging es ihr besser und sie besuchte ihren Freund. Von einem Krüppel und Schwerkranken – das waren ihre eigenen Worte – verwandelte sie sich am Wochenende in einen gesunden Menschen. Ihre Kräfte kehrten zurück, und sie begann zu essen. Montags fing sie, mit einer Woche Verspätung, ihre Berufslehre an. Delia sagte: »Es war ein Wunder. Mein Unbewusstes hat mir geholfen.«

Delia litt an vorübergehendem Appetitmangel. Dieser Ausschnitt aus ihrer Geschichte beleuchtet den Einsatz einiger Hypnose-Techniken und zeigt, wie Rückbesinnung auf frühere Selbstbehauptung als Ressource dienen kann.

4. Nadja: Unschuldiger Ehrgeiz

Die 18-jährige Nadja kam auf Empfehlung einer Klientin zu mir. Sie erschien ohne ihre Eltern. Nadja war zwei Monate in der Klinik gewesen, nach ihrer Entlassung nahm ihr Gewicht wieder leicht ab. Nadja besuchte das Gymnasium, holte die Lektionen nach, die sie wegen des Spitalaufenthalts verpasst hatte, und bereitete sich auf das Abitur vor. Sie war also vor allem mit Schule und Lernen beschäftigt. Vom Therapeuten erhoffte sie sich Unterstützung, um wieder Sinn und Freude im Leben zu finden. Nadja bedankte sich für jegliche Zuwendung; sie könnte vermutlich keiner Fliege ein Haar krümmen.
Von Nadja erzähle ich nicht die ganze Fallgeschichte, sondern lediglich zwei Sitzungen, die wichtige Aspekte der Therapie gut hervorheben.
Nachdem Nadja den Therapeuten kennen gelernt hatte, nahm sie schnell an Gewicht zu. Dies ängstigte sie ziemlich: »Wenn ich zu viel esse und zunehme, kreisen meine Gedanken nur noch ums Essen.
Dann kann ich nicht gut lernen und fühle mich von der ganzen Welt verlassen.« Ihr Körper widerte sie an; auf die Gewichtszunahme reagierte sie nicht aggressiv oder hyperaktiv, sondern niedergeschlagen und wie gelähmt.
In dieser Situation schlug der Therapeut vor: »Machen wir eine Hypnose. In Trance gebe ich Ihrem Unbewussten Hinweise, wie Sie übermäßiges Essen stoppen und, eine kurze Weile nur, mit dosiertem Untergewicht leben. Das Ziel bleibt gesundes Gewicht und Essverhalten. Dazu muss man auch wissen, wann und wie man mit dem Essen aufhört.«
Nadja war einverstanden. Mittels der frühen Lernhaltung, einer Erickson'schen Tranceeinleitung, gelangte sie schnell in eine tiefe Hypnose.

Im Wesentlichen vermittelte der Therapeut folgende Suggestionen:
1. Damit Nadja sich besser durchsetzen kann, sollte sie sich an frühere Ereignisse erinnern, bei denen sie sich gut durchgesetzt hatte, und dieses Gefühl auf das jetzige Problem übertragen.
2. In Hypnose lernt man leichter, irritierende Störreize, die von den Familienmitgliedern stammen, auszublenden.
3. Eifersucht gegenüber ihrer jüngeren Schwester ist ein heftiges Gefühl, das Nadja die nötige Energie liefert für ein »Nein« zu weiterer Nahrungszufuhr.
4. Das leichte Untergewicht stärkt Nadjas Zugehörigkeitsgefühl, welches von einem früheren Übergangsobjekt unterstützt wird. (Der Therapeut erklärte, was ein Übergangsobjekt ist.)
5. In Hypnose geübte Armlevitation und -katalepsie werden als Anleitung genommen für hilfreiche Armlähmung im Alltag, die eine weitere Nahrungszufuhr verunmöglicht, sobald Nadja genug gegessen hat.
6. Ess-Phantasien können sofort gestoppt werden, bevor sie richtig angefangen haben.

Der Therapeut sagte: »Lassen Sie Ihren Körper in Trance, aber Ihr Kopf wird wach, und dann schauen Sie mich an und Sie können mit mir diskutieren.« Als Übergangsobjekt wählte Nadja ein hellblaues Tüchlein aus früher Kindheit, die Erinnerung ihrer Durchsetzungskraft handelte von einem Gedicht, das sie einst mit viel Freude gelernt hatte.

Vor Trance-Ende erklärte der Therapeut: »Ihr Unbewusstes führt die Vorsätze am besten dann aus, wenn es vom Bewusstsein nicht gestört wird. Im Alltag können Sie Ihre Trance vergessen. Sofern es zu Ihrem Wohlbefinden beiträgt, erinnern Sie sich an einige Gedanken auch bewusst. Nachts sollen Sie gut schlafen und sich tagsüber mittels Trance entspannen, was Sie ja gut können, und das Essen dient vor allem der Nahrungszufuhr. Später werden Sie Menschen begegnen, die Ihnen viel bedeuten und Sie so vom Essen ablenken.« Als Folge dieser Trance aß Nadja weniger, stellte sich nicht mehr auf die Waage, und das Essen wurde ihr ziemlich gleichgültig. Der Therapeut beobachtete während mehrerer Monate, dass sie ganz langsam an Gewicht zunahm und schließlich ein Körpergewicht im Normbereich erreichte.

Aus verschiedenen Gründen sah der Therapeut Nadja nur unregel-

mäßig. Große Probleme von Sinn- und Wertlosigkeit plagten Nadja, doch lernte sie fleißig für die Schule.
Vier Monate später spielte sich die folgende Therapiesitzung ab. Nadja erklärte zu Beginn: »Heute bin ich in einer jammrigen Laune. Ich war beim Zahnarzt, er hat zwar nicht bohren müssen, doch bin ich gar nicht gerne hingegangen.« Nadja hatte schulfrei zur Prüfungsvorbereitung.
Weiter erfuhr der Therapeut, dass Eltern und Schwester vor lauter Angst schon gar nicht zum Zahnarzt gingen. Nadja selbst erlebte mit 12 Jahren einen schrecklichen und schmerzhaften Zahnarztbesuch, als ein Zahn, der quer im Kiefer lag, entfernt werden musste, ohne Anästhesie, weil er hinter einer Zyste lag. Anfänglich wollte sie danach nicht mehr zum Zahnarzt gehen, überwand sich aber, weil sie dachte, wenigstens für die Zähne, dem einzig Schönen an ihr, wolle sie Sorge tragen. Fortan ging sie lockerer zum Zahnarzt und lenkte sich während der Behandlung mit irgendwelchen Gedanken ab.
Neben der natürlichen Trancebegabung war dem Therapeuten bereits früher aufgefallen, dass Nadja über ein großes Allgemeinwissen verfügte und Zusammenhänge schnell erfasste. Doch Nadja schätzte ihre natürlichen Talente gering, realisierte die eigene Abwertung und war zusätzlich unglücklich, dass sie trotz ihres Könnens nie zufrieden war. »Am Morgen wache ich auf und denke mir, ich bin die Allerletzte. Früher gab ich mir wenigstens noch Mühe, voller Zuversicht in den Tag zu starten.«
Der Therapeut beschuldigte sie wegen ihrer Unersättlichkeit, die einen ziemlich überheblichen Eindruck mache. Weil sie so viel verlange, könne sie ihre Individualität gar nicht schätzen. Der Therapeut erzählte ihr das Märchen »Vom Fischer und seiner Frau«: Die beiden wurden wegen der Unersättlichkeit der Frau und der Dummheit des Mannes ins Elend zurückgestoßen.
Nadja fürchtete sich vor Selbstverliebtheit, darum freute sie sich beinah wegen der Schelte.
»Keine Angst, es gibt sie, Ihre guten Eigenschaften, aber Sie haben auch die schlechten, diese dämpfen Selbstverliebtheit.«
»Andere Menschen beschäftigen sich nicht mit solchen Problemen.«
»Sie wurden vom Schicksal früher getroffen. Sie können ja bei Gott reklamieren, warum er Sie so früh damit belästigt.«

»Und vermutlich werde ich noch 70 Jahre warten müssen, wie bei allem, bis ich eine Antwort bekomme.«
»Auf solche Antworten warten wir immer lange. Womit würzen Sie Ihre Tiefgründigkeit?«
»Mit Spontaneität oder Experimentierfreude.«
»Was den Körper angeht, besitzen Sie ja genug Experimentierfreude.«
Nadja musste dem Therapeuten zustimmen. »Wenn Experimentierfreude und Schüchternheit in der Jugend zusammenkommen, ist das Ergebnis manchmal Magersucht. In der Jugend darf ja mal etwas schief gehen. Doch sind Sie das bravste und das am meisten gesittete Wesen auf der Welt, das ich kenne.« Nadja hatte dem Therapeuten gebeichtet, dass sie eine Großmutter innig liebte und die andere, obwohl sie nebenan wohnte, nicht beachtete. Der Therapeut meinte ironisch, das sei wirklich ein großes Verbrechen. Doch Nadja beharrte darauf, dass sie unanständige Dinge tat, dass es nicht das Werk des Therapeuten bedurfte, um aus ihr ein unanständiges Wesen zu machen.«

Fast berührten sich in dieser Sitzung Versagens- und Überheblichkeitsgefühle, so nahe lagen sie beieinander. Der lockere Gesprächston schaffte die Grundlage, dass wir darüber reden konnten, als Anfang einer therapeutischen Bearbeitung.

KAPITEL VI

Nähe zulassen

Die vier jungen Frauen in diesem Kapitel setzen sich für befriedigende Beziehungen ein, trotz des hohen Preises, den sie für ihre Hingabe zahlen. Blockaden, Schuld- und Schamgefühle sind nur einige der Qualen, welche ja auch Frauen, die zu sehr lieben, unfreiwillig auf sich nehmen.
In der therapeutischen Beziehung treten wenig Komplikationen auf, und auf den ersten Blick machen die Klientinnen auch nichts falsch. Jedoch stellen sich ihnen unter einer Perspektive des Nehmens, Gebens und Teilens zwei wichtige Entwicklungsaufgaben: erstens mehr Lockerheit beim Teilen und zweitens die schönen Dinge im Leben für sich in Anspruch nehmen, auch wenn sie nicht erarbeitet, sondern »nur« als Geschenk, oder als Gnade, daherkommen. Ein schlechtes Selbstwertgefühl verbietet ihnen die Annahme der Geschenke, deshalb müssen sie aktiv nach der Lust greifen, mit Hilfe ihrer Sucht.

1. Anna: Lockerheit

Oft kritisieren Magersüchtige die Lebensführung der Eltern und suchen mittels ihres Leidens nach besseren Bedingungen. In dieser Fallgeschichte ging es für Anna um das Thema »Lockerheit«, und sie konnte eine ihr gemäße Form in ihren Alltag integrieren.
Die Kinderklinik diagnostizierte bei Anna Magersucht. Familie Julen suchte einen Therapeuten in ihrer Nähe, weil der Vater unregelmäßig arbeitete und weil sich so der weite Weg ins Kinderspital nicht organisieren ließ. Die Kinderklinik bot jedoch an, Anna stationär aufzunehmen, falls die Familie es wünschte. Die 15-Jährige hatte innerhalb 6 Monaten 15 kg abgenommen. Anna aß sehr wenig. Die Julens waren freundliche Leute, wenn möglich gingen sie Streitigkeiten aus dem Weg. Der Vater schätzte Ruhe und Frieden über

alles. Jetzt allerdings war für Aufregung gesorgt, wenn Anna zu den Essenszeiten nicht am Familientisch erschien. Vor allem der Vater reagierte ungehalten. Die Mutter fühlte sich unwohl, wenn Anna – statt zuzugreifen – im Essen herumstocherte. Die Mutter kochte die Mahlzeiten mit viel Liebe. Auch Annas jüngerer Bruder sorgte für »unnötige« Aufregung. Mit seinem negativen Verhalten setzte er sich in den Mittelpunkt, sodass Anna ihn zurechtweisen »musste«.
Vom ersten Moment an mochte Anna den Therapeuten gut leiden, sie kam offenherzig, unternehmungslustig und vernünftig zur Tür herein. Ihre Verzweiflung konnte sie gut verstecken.
Die Eltern machten einen gefassten, aber ratlosen Eindruck. Eigentlich gab es ja keinen Grund, warum Anna nicht essen sollte. Die stets hilfsbereite und bescheidene Mutter litt an einer harmlosen, aber lästigen und chronischen Krankheit. Der eher passive Vater verstand nicht, was in Annas Innern um Himmels willen vor sich ging; die Welt der Gefühle und zwischenmenschlichen Verstrickungen machte ihn schnell konfus. Sonntags ging der Vater am liebsten wandern. Sein Sohn kam mit, während Anna ihn seit über fünf Jahren nur noch selten begleitete.
Gelegentlich unternahmen die Eltern einen zaghaften, erfolglosen Versuch, Anna zum Essen zu überreden. Ihre Friedfertigkeit half den Eltern, die Spannung zwischen Hilflosigkeit und Verantwortung für ihre Tochter einigermaßen geduldig zu ertragen.
Der Therapeut erklärte Anna und ihrer Familie: »Anna, ich glaube, deine Magersucht ist wie eine Krücke. Du brauchst diese Krücke, weil du im Leben nicht mehr zurechtkommst. Du hast entdeckt, wie falsch die Menschen sein können. Mit Hilfe deiner Krücke spürst du Schmerz, Verzweiflung und Empörung weniger stark. Solange du die Krücke brauchst, behalte sie lieber.
Ich möchte mit dir jetzt abmachen, dass ich von dir die Erlaubnis bekomme, dich ins Spital einzuweisen, sollte dein Gewicht unter 38 kg fallen. Ich möchte von dir jetzt diese Entscheidungsbefugnis bekommen. Damit darf ich dich bei diesem Gewicht einweisen, aber ich muss nicht, solange es unter einem medizinischen Blickwinkel nicht nötig wird.
Es gibt Menschen, die sterben an Magersucht. Wenn du überlebst, bleibt kaum ein Schaden zurück. Allerdings sind deine Zähne gefährdet. Du musst deine Zähne mit fluorhaltiger Zahnpasta rei-

nigen und nachher mit Lebertran spülen. Der Lebertran ist gut für das Zahnfleisch. Du darfst aber nichts davon schlucken. Du musst mir versprechen, jeden Tag mit Lebertran zu spülen.
Dir ist nicht immer klar, ob du willst, dass deine Eltern dich zum Essen ermuntern. Mach mit ihnen folgende Abmachung: Wenn du die goldfarbene Gabel auf den Tisch legst, dann möchtest du keine Unterstützung. Die silberne Gabel bedeutet, dass du Unterstützung erwartest. Dann sollen die Eltern dich zum Essen ermuntern.« Anna und ihre Eltern waren mit diesen Abmachungen einverstanden. Anna besaß eine silberne und eine goldene Gabel.
»Bald fand Anna ihr Lachen wieder«, berichtete die Mutter. »Was jedoch ihr Essen anbelangt, sehe ich keine Fortschritte«, fügte die Mutter zerknirscht hinzu. Ich fragte sie, ob sie trotzdem mit Vergnügen kochen würde. Die Mutter wusste keine Antwort. Anna nahm brav die scheußliche Mundspülung in Kauf. Sie beklagte sich nicht. Manchmal legte sie die silberne Gabel, manchmal die goldene auf den Tisch. Ob die Eltern Anna zum Essen ermunterten oder nicht, veränderte in den Augen der Eltern Annas Nahrungsmenge nicht.
Obwohl sie keine Wunder bewirkte, war die Aufgabe mit der Gabel aus drei Gründen wichtig: 1. An Hand eines einfachen Vorgangs konnte Anna ihre Selbstbehauptung üben. 2. Die Eltern mussten sich ihre Rolle bei der Beeinflussung von Anna neu überlegen und dabei alte Automatismen, die eher zu kleineren Kindern passten, verändern. 3. Sie machte deutlich, dass die Familie in einer Falle steckte, in der positive Konsequenzen kaum mehr existierten.
Auf der Suche nach einem passenden Märchen einigten sich Anna und der Therapeut auf Dornröschen. Die Dornenhecke entsprach Annas Weigerung zu essen. Der Therapeut fragte Anna, ob es einen Ersatz für Dornröschens Dornenhecke gäbe, eine andere Möglichkeit, wie sie sich vor Zugriff schützen könnte.
Anna erklärte halb verzweifelt, halb trotzig: »Ich kann einfach nicht essen. Ich möchte, aber ich kann nicht. Ich weiß einfach nicht, was mich daran hindert.«
Der Therapeut vermutete: »Es könnte ein böser Bube oder ein böser Geliebter sein, der sich in deinem Innern versteckt und dich vom Essen abhält. Er übt viel Macht über dich aus, und du bist im Vergleich zu ihm ziemlich schwach. Suchen wir doch einen Namen für

diesen bösen Kerl in dir.« Mit viel Unterstützung konnte sie sich schließlich für den Namen Fabian entscheiden. In Fabian hatte der Therapeut einen Verhandlungspartner gefunden, der die Gespräche belebte.

Bei Anna gelang es ziemlich schnell, die passive Dornenhecke in einen aktiv handelnden Bösewicht zu verwandeln. Was noch zu tun blieb, war seine Verwandlung in einen besser integrierbaren Schatten. – Das Realisieren des Schattens half Anna, die Last der Verantwortung teilweise dem Schatten zuzuschreiben, getreu der alten Strategie: Teile und herrsche.

Nach knapp vier Monaten, sechs Familiensitzungen später, plante Annas Schulklasse eine Bergtour. Anna wollte unbedingt mitgehen, vielleicht weil sie auf ihr Recht pochte, neue Wanderschuhe zu bekommen. Der Vater dachte an die unnötigen Ausgaben und zuckte bei der Diskussion merklich zusammen. Er glaubte nicht daran, dass Anna die weite Strecke schaffen würde. Schließlich verschmähte sie ja auch seine Wanderungen. Doch er riskierte keinen Krach. Ruhe und Frieden in der Familie hatten eben ihren Preis. Die Eltern hegten Bedenken, Anna auf die Klassenfahrt gehen zu lassen. Anna wollte aber mit und setzte sich durch. Sie schrieb dem Therapeuten eine stimmungsvolle Ansichtskarte mit herrlichen Schneebergen und grünen Bergföhren.

Trotz der neuen Schuhe hatte Anna keine Blasen bekommen.

Sie nahm allmählich an Gewicht zu und mauserte sich zu einer gelegentlichen Rotznase. Der Therapeut äußerte den Eltern gegenüber sein Bedauern, erklärte aber, bekanntlich gäbe es Schlimmeres als ungezogene Worte.

Annas offenherzige Lernbereitschaft überdauerte auch ihre Gewichtszunahme. Als sie zum ersten Mal alleine zum Therapeuten kam, berichtete sie, ihre Mutter verhalte sich während der Mahlzeiten besonders ekelhaft. »Ich kann der Mutter beim Essen nichts recht machen. Ich habe Schuldgefühle der Mutter und dem Bruder gegenüber. Es geht mir erst wieder gut, wenn die Mutter nicht mehr böse ist. Einmal lief Mutter von zu Hause weg, nachdem ich sie böse gemacht hatte. Ich habe Angst, dass sie wieder davonläuft.« Der Therapeut erzählte eine lange Geschichte. Die Geschichte handelte vom Kampf zwischen einer magersüchtigen, ehemaligen Klientin und ihrer Mutter.

Trotz ihrer Ängste überredete der Therapeut Anna, absichtlich drei oder vier harmlose Fehler zu machen. »Achte gespannt auf Mutters Reaktion«, sagte er. Mit großer Anstrengung gelangen ihr die Fehler. Mutter lief nicht davon.
Anna sollte ihre Gefühle besser kennen lernen, die angenehmen und die unangenehmen. »Streiten macht mich innerlich ganz schwach und kaputt«, erklärte sie, »streiten bedroht mich, weil ich denke, ich sei schuld. Die Schuldgefühle machen, dass sich mein Bauch zusammenzieht. Dann könnte ich davonlaufen oder etwas kaputtmachen. Mein Bauch wird komisch, es kribbelt und der Hunger verschwindet. Ohne Streit fühle ich mich viel besser.«
Der Therapeut ließ Anna das Unwohlsein zeichnen: ein Gekribbel, ein Männchen mit erhobenem Zeigefinger in dunklen Farben. Sie gab der Zeichnung den Namen »Sturmangst«. Daneben setzte sie die friedliche Stimmung in helleren Farben.
Er wollte, dass sich Anna in Trance an ihre Kindergartenzeit erinnerte, damit sie in schönen, vergangenen Zeiten Trost zum Auftanken findet.
Er fragte: »Was spielst du dort am liebsten?«
Sie sagte: »Mit der Puppe.«
»Schau sie dir an, du kannst sie dir holen und dich mit viel Vergnügen im Kindergarten wiederfinden.« Der Therapeut wollte, dass sie eine Weile im Kindergarten blieb.
Dann fragte er: »Und was ist dort schwierig für dich, was regt dich auf, was macht dir Sorgen?«
Sie sagte: »Alle wollen mit der gleichen Puppe spielen. Wenn mir ein anderes Kind die Puppe wegnimmt, dann werde ich böse.«
Voller Selbstmitleid, Wut und Traurigkeit sagte Anna: »Das Leben macht keinen Sinn mehr.« Als 6-Jährige hatte sie sich eine Puppe mit dem Namen Anita gewünscht, mit blonden Locken. Sie hatte die heiß ersehnte Puppe nie bekommen.
Zwei Wochen später meinte Anna: »Ich kann besser essen, wenn ich alleine bin. Ich habe das Gefühl, die andern kontrollieren mich.«
Noch ließ sich Anna leicht von fremden Meinungen beeinflussen, und doch wollte sie so selbstständig werden. Für kleine Fehler schämte sie sich furchtbar. Sie bildete sich dann ein, Ekel und Abscheu in den Gesichtern der andern zu sehen. Sie dachte, alle Leute merkten ihr an, wie peinlich die Fehler sie berührten. Im Innern

sagte dann eine Stimme: »Scheiße«, und das Herz zog sich zusammen. Sie zeichnete die Leute auf der Straße. Sie zeichnete auch viele Löcher in der Straße, in die sie am liebsten versinken wollte.
»Das Gegenteil der Peinlichkeit«, sagte Anna, »ist das Gefühl der Freiheit, wenn ich keine Fehler mache. Ich stelle mir vor, wie jeder Mensch zu jedem geht und die Menschen reden frei miteinander.« Die Angst vor peinlichen Fehlern spürte Anna in ihren Wangen. Der Therapeut schlug vor: »Mach es dir bequem. Tu so, als ob deine Muskeln schlafen. Lass dich in eine tiefe, entspannende Trance schweben ... Gut so. Ich sehe dir an, dass du ruhig und entspannt bist. Nichts kann dich beunruhigen. Du bist jetzt in Sicherheit. Beobachte ein paar unbekannte, sympathische Menschen, wie ihnen peinliche Fehler passieren. Was siehst du?«
Sie sah ein sympathisches Mädchen umfallen, ein Glas kaputtmachen und den Mantel zerreißen. Der Therapeut ließ sie auch ein paar Szenen aus dem Film von Laurel und Hardy, den Komikern, anschauen. Dann schlug er vor, dass sie ihre eigene Identität vergessen sollte. Sie wählte Bianca als Trancenamen. Bianca war mutig und stark. Bianca machte tolle Sachen und auch viel Blödsinn. Bianca setzte sich mitten auf die Straße, um dort Picknick zu machen. Bianca war es völlig gleichgültig, was die andern Leute dabei dachten. Der Therapeut erklärte ihr: »Dir ist es völlig egal, was die Leute denken. Peinlichkeit gleicht einem Schmerz. Der Schmerz, den dir dein Bruder zugefügt hat, kann furchtbar brennen. Ein gleich starker Schmerz, den du dir aus Versehen selber zufügst, kann dir völlig schnuppe sein. Die peinlichen Gefühle fügst du dir selber zu. Das kannst du ändern. Wenn du einen spannenden Film anschaust, vergisst du die Schmerzen. Manchmal gibt es etwas Wichtigeres als die Hand, die du dir angeschlagen hast.
Wenn andere Menschen dich kritisieren, schmerzt es dich. Denk danach an etwas, das dir wichtiger ist. Denk an etwas Vergnügliches. Mach das, was dir Spaß macht. Dann spürst du den Schmerz nicht mehr, dann kann kein böser Gedanke eines andern Menschen dich verletzen. Du hilfst sogar mit, dass die andern Menschen auch ihren Spaß haben.«
»Ich kann nicht gut einschlafen«, klagte Anna zwei Wochen später. Der Therapeut wollte die heutige Sitzung auf Video aufnehmen. Anna wusste nicht, ob sie den Film später ansehen würde.

»Ich würde mich genieren, wenn ich mich selbst hören und sehen könnte«, sagte sie.
Der Therapeut fragte: »Wie verwandelst du ›peinlich‹ in ›ungewohnt‹ und dann ›ungewohnt‹ in ›aufregend‹?« Anna wusste es nicht.
Später, nach einigem Überlegen, sagte sie: »Ich müsste mich selber akzeptieren, so wie ich bin.« Er fügte hinzu: »Vielleicht hilft es, wenn du während der Videoaufnahme abschaltest ... Wie entspannst du dich zu Hause?«
Anna sagte: »Ich habe noch nicht oft probiert, in eine Trance zu gehen, wenn ich alleine bin. Am ehesten gelingt es mir am Abend beim Einschlafen. Manchmal denke ich, wegen der Entspannung würde ich zu viel Schlaf verlieren.
Meine Freundin hat mir erzählt, sie drückt sich an einer Stelle am Kopf und dann schaltet sie ab. Ich habe es auch probiert, bei mir hat es nicht funktioniert.«
Er sagte herausfordernd: »Dann denkst du, hoffentlich klappt es diesmal.«
Anna überlegte ein Weilchen und sagte: »Wenn ich das denke, habe ich ja nicht abgeschaltet.«
Er sagte: »Einmal erzählte mir ein Freund: Am Morgen bin ich aufgewacht und habe gemerkt, dass der letzte Gedanke vor dem Einschlafen war: Diese Entspannungstechnik hat schon wieder nicht geholfen zum Einschlafen.« Sie lachte.
Er fragte: »Überlegst du dir während der Schule, was andere von dir denken?«
Sie sagte: »Da habe ich wichtigere Dinge zu tun. Aber es nervt mich, wenn ich am Morgen müde bin, weil ich nicht einschlafen konnte. Mit Angst vor morgendlicher Müdigkeit wälze ich mich am Abend im Bett.«
Er sagte: »In zwei Dingen bist du eine halbe Weltmeisterin: Du kannst dich in der Schule bestens konzentrieren. Zweitens hast du eine gute Technik fürs ›Nicht-Einschlafen‹. Wie machst du das eigentlich, dass du konsequent nicht einschläfst?« Anna verstand zuerst nicht, was der Therapeut meinte.
Als sie dem Sinn seiner Frage auf die Spur gekommen war, sagte sie: »Ich schaue auf die Uhr, ich rechne mir aus, wie viel Zeit noch bleibt bis zum Morgen. Ich mache mir Sorgen, wälze Probleme.«

»Wie könntest du noch wirksamer verhindern, dass du einschläfst?«
»Aufs WC gehen oder lesen.«
»Beides kann sehr entspannend sein. Ich glaube, noch wirksamer verhinderst du das Einschlafen, wenn du dich irgendwie nervös machst.«
»Ich könnte mich über Vorfälle ärgern, die am Tag passiert sind.«
»Früher, als du noch Dornröschen warst, schliefst du fortwährend. Da musstest du nicht einschlafen. Jetzt bist du etwas aus der Übung gekommen. Doch kannst du es wieder lernen. Niemand weiß, wie man einschläft. Das Unbewusste erledigt es für dich und mich und alle Menschen. Du kannst dich wieder daran gewöhnen. Das Unbewusste ist in deinem Hinterkopf. Mit dem Vorderkopf denkst du und planst du dein alltägliches Leben. Mit dem Hinterkopf träumst du in der Nacht und bewegst dich im Schlaf ohne es zu merken.

Eine junge Mutter lässt sich vom größten Krach nicht vom Schlafen abhalten, aber wenn ihr Baby nur leise stöhnt, dann wacht sie auf und schaut, ob alles in Ordnung ist. Beim Einschlafen lässt du dich fallen, wie wenn du vom 3-Meter-Brett ins Wasser springst. Es ist ein ähnliches Gefühl, wie wenn die Schaukel am Höhepunkt die Richtung wechselt.

In deiner Familie gilt Ruhe und Ordnung. Früher, als Dornröschen, gab es keinen Unterschied zwischen Tag und Nacht, es war immer ruhig. Jetzt solltest du dir Ruhe für die Nacht reservieren, du solltest den Frieden der Nacht genießen. Du kannst dich an schönen Gedanken festhalten beim Einschlafen, so wie die Seile die Schaukel für das kleine Kind halten. Als kleines Kind hattest du Freude am Schaukeln und du konntest gut einschlafen ...

Also fühle dich wohl und entspann dich. Schau, was für schöne Gedanken vom Hinterkopf kommen. Sie helfen dir beim Entspannen, weil du dich da festhalten kannst. Beim Einschlafen vergisst du alles, auch deinen Namen. Wenn du dich jetzt entspannst, kannst du Bianca sein. In deiner inneren Welt, im Land der Träume und Gedanken, kannst du Bianca heißen. Im Traum kann man alles machen, sogar fliegen. Du befindest dich jetzt auf einem Baum, wie ein Panther, der sich im Schlaf ganz automatisch am Ast festhält. Du kannst dich an die Angst erinnern, es nicht zu schaffen. Vielleicht ist auch die Verzweiflung da, die beim Einschlafen manchmal

über dich kommt. Und dann hast du weiterhin Angst, es ist aber die Angst, zu schnell den Boden unter den Füßen zu verlieren, und in Gedanken davonzuschweben. Du hast dann Angst, dass du einschläfst, bevor du die schönen Gedanken ausgekostet hast.
Du kannst auch verzweifelt sein, dass du beim Einschlafen nicht mehr klar denken kannst. Danach schläfst du ein und du schaust in Gedanken aufs friedliche Meer hinaus. Es ist schön, das Meer zu sehen, sogar wenn man sich gegen das Einschlafen nicht wehren kann ...
Woran willst du dich festhalten?«
Anna überlegte lange: »Am Sand, wenn ich am Meer liege.«
Das überraschte den Therapeuten. Sie verfügte schon über viel Sicherheit, wenn sie sich spielerisch am Sand festhielt. Er sagte: »Mach es dir am Tag ab und zu bequem. Wenn man am Tag ab und zu verlangsamt und eine Pause einlegt, kann man auch am Abend besser abschalten ...
Genieß es, so lange zu kannst ...
Dann komm mit den Gedanken zurück in dieses Zimmer. Manchmal hast du an das Video gedacht, oft hast du es vergessen. Du kannst andere Dinge genauso gut vergessen. Konzentriere dich ganz auf deine Lockerheit, der Rest ist bedeutungslos.«
»Vieles ist mir nicht mehr so peinlich wie früher«, erzählte Anna in der nächsten Stunde. »Wenn es eng wird, kommen mir die lustigen Szenen von Laurel und Hardy in den Sinn und ich lache. Ich muss auch an Sie denken. Aber einschlafen kann ich nicht besser. Und am Morgen bin ich so müde, ich fühle mich einfach nicht ausgeschlafen. Ich spüre dann das Blei in meinem Kopf und das Leben ist so eine Last.«
Anna sprach auch von den schönen Dingen im Leben: Abenteuer in der Disco; Freundinnen und Freunde kennen lernen.
Später unterhielten sie sich wieder über die schwierigen Dinge. *Man redet leichter über die schwierigen Dinge, wenn man die schönen Erinnerungen nicht vergessen hat.*
Der Therapeut wollte wissen: »Das Leben kommt dir wie ein Gefängnis vor, wenn du Blei im Kopf hast?«
»Nicht wie ein richtiges Gefängnis. Man kommt hinein, man geht aber auch wieder hinaus. Am Morgen verlässt mich der Mut. Ich mag mich nicht, ich mag auch meine Frisur nicht. Wenn ich mor-

gens früh auf die Uhr schaue, kommt mir in den Sinn, was ich alles erledigen muss, Prüfungen zum Beispiel. Für die Prüfungen lerne ich erst im allerletzten Moment, mit viel Druck.«
Er sagte: »Mach in den nächsten zwei Ferienwochen folgende Aufgabe: Leg dich jeden Tag 3/4 Stunden aufs Bett und fühle dich wie am Abend, wenn du nicht einschlafen kannst. Du darfst nichts anderes tun als dir Sorgen machen und häufig auf die Uhr schauen.«
Ähnlich wie einzelne Suggestionen eine Magersucht nicht heilen, zeitigte das gute Zureden in Trance wenig Wirkung aufs Einschlafen. Anna steckte noch zu fest im Irrgarten: Die Last der Verantwortung für den nächsten Tag drückte schwer, und mit jeder Minute wuchs der Misserfolg des Nicht-einschlafen-Könnens und machte die Last noch beklemmender.
Wenn sie hingegen das »Nicht-einschlafen-Können« am Tag übte, war es kein Misserfolg, sondern ein entspannender Witz. Das »Nicht-einschlafen-Können« wurde nicht mehr als Gegensatz bekämpft und konnte besser integriert werden. Mit sich im Reinen sinkt man schneller in den Schlaf.
Anna tat wie vorgeschlagen, trotz anfänglichem Widerwillen. Danach schlief sie am Abend besser ein.
Sie erzählte: »Ich habe den Respekt vor meinem Vater verloren. Er regt mich auf. Er kann nur drohen, sonst nichts. Er kann keine Fehler zugeben. Früher hat er uns auch geschlagen. Für meine Mutter ist es unangenehm, wenn Vater seine Nerven verliert.«
Er antwortete: »Erwachsen werden bringt viel Enttäuschung mit sich. Plötzlich durchschaut man die Menschen. Aus einer guten Distanz zu deinem Vater musst du dich über seine Fehler vielleicht nicht mehr so ärgern.«
Annas Therapie dauerte etwas über ein Jahr. Ihr sanfter Charakter erleichterte die Therapie und erschwerte das eigene Leben. Anna brauchte jemanden zum Reden. Zum Glück musste sie nicht gegen mich rebellieren, um ein Stück ihrer Identität zu finden. Es reichte, wenn sie neue Dinge ausprobierte. Mit anderen Worten: Anna war die ideale Klientin.
Eigentlich ruft Magersucht Widerspruch und damit einen eigenen Standpunkt ins Leben. Doch dann wird man die Geister, die man rief, nicht mehr los, und ein neuer gemeinsamer Nenner kann nicht erarbeitet werden.

Der böse Fabian symbolisiert das »Verbotene«. Statt ihn abzulehnen, was ihn verstärkt hätte, integrierte ich ihn. In meinem geschützten Rahmen fand Anna schnell Vertrauen und konnte sowohl Vertrauen wie auch Umgang mit dem Schatten in ihren Alltag übertragen, sodass sie die harten Realitäten lockerer anpackte. Als ich sie drei Jahre später anrief, gab es keine Anzeichen von Magersucht mehr.

2. Lucy: Liebeskummer

Wie kann ein intelligentes 15-jähriges Mädchen von sich denken, sie sei doof? Vielleicht weil ihre Augen nicht tiefblau, sondern blaugrau leuchteten? Vermutlich kannte ich den blauäugigen Engel nur von ihrer liebenswürdigen Seite. Doch wie auch immer ihre Probleme, ihre Launen, ihr ätzendes Verhalten sein mochten, verloren all diese Probleme nicht den ärgsten Stachel, wenn sie von Lucys Liebenswürdigkeit verzaubert wurden? Anfänglich hatte auch sie den tröstlichen Schimmer über ihren Problemen nicht gesehen. Wie andere Magersüchtige wollte Lucy schlagfertiger werden, in der Gesprächstechnik des Therapeuten fand sie das gewünschte Übungsfeld, blieb dabei aber immer respektvoll. War es ein Nachteil, dass sie ihre Rebellion nicht mit mir ausfocht? War es ein Vorteil, bei mir ein Stück heile Insel zu finden? Ich glaube, es war wie so oft im Leben: man erkauft sich Vor- und Nachteile meist gleichzeitig; nur, man merkt es nicht sofort.

Depressiv in einer heillosen Welt

Lucy kam zusammen mit ihrer Mutter ins Sprechzimmer. Der Therapeut war von einem befreundeten Kollegen empfohlen worden, bei dem die Mutter eine Psychotherapie machte. Allerdings handelte es sich hier um ein Missverständnis: Erst bei Abschluss der Therapie erfuhr der Therapeut, dass nicht die Mutter, sondern der Vater in Behandlung war. Der Vater litt an einer chronischen Krankheit, welche die Eltern lange Zeit vor Lucy geheimgehalten hatten.

Am Telefon nannte die Mutter keinen klaren Grund für die Anmeldung. Jetzt sagte sie: »Mein Mann ist sehr bestimmend, sein Tonfall ist härter, als er eigentlich beabsichtigt. Während meine Tochter und ich uns gut verstehen, gibt es Konflikte, sobald Lucys Vater auftaucht. Ohne elterliche Unterstützung hat er sich im Beruf emporgearbeitet, weil er sehr tüchtig ist.
Vielleicht bin ich meiner Tochter gegenüber zu nachsichtig. Sie will so viel und treibt sich mit älteren Buben herum. Einige Wochen lang wusste sie überhaupt nicht mehr, wie sie essen soll. Sie hat mehrere Kilo abgenommen, jetzt geht es mit dem Essen ein bisschen besser.«
Als die Mutter gegangen war, erzählte Lucy: »Ich komme nach der Schule heim, bin traurig, möchte in meiner aggressiven Stimmung am liebsten alles zusammenschlagen, höre Musik und verkrieche mich ins Schneckenhaus. Dann sitze ich auf dem Balkon und rauche einen Joint. Ich suchte mir absichtlich ältere Freunde aus, damit diese mich besser verstehen, doch niemand interessiert sich für mich. In der Freundesgruppe bin ich die Jüngste, ich bin dabei, aber niemand hört mir wirklich zu. Wenn wir zusammen Haschisch rauchen, fühle ich mich wie in einer Kugel. Danach regt mich nichts und niemand mehr auf. Allerdings drängt dann etwas aus meinem Innern hervor, das mein Leben wegwerfen will.
In seiner Jugend hat mein Vater intensiv Fußball gespielt, aber nie spielten in seinem Leben Gesprächspartner eine Rolle. Er ist fleißig und hat in seinem Leben viel erreicht. Jetzt verliert er schnell die Nerven und brüllt herum. Ich habe Angst, dass ich ihm immer ähnlicher werde. Ich kann so stur und laut werden wie er. Doch habe ich auch Mutters Seite in mir. Sie überlegt gut und ist eine sehr sanfte Person.
In der Schule läuft es schlecht. Der Lehrer schimpft, und dann zittere ich. Ich weiß nicht mehr, wie ich Hausaufgaben machen soll. Meine Mutter macht mir ein schlechtes Gewissen, mein Vater ist so überlegen. Ich denke die ganze Zeit an Marihuana. Ich möchte nicht süchtig sein, ich will damit auch nicht aufhören, aber ich möchte reduzieren, und das schaffe ich einfach nicht. Früher habe ich mich mit Zeichnen und Spielen abgelenkt und erholt.«
Ich unterstützte Lucy in ihren Überlegungen und vermied kritische Bemerkungen. Wir fanden schnell einen guten Draht zueinander. Lucy sehnte sich nach tiefgründigen Gesprächen, und ich schuf dafür

ein geeignetes Umfeld. Auch wenn sie sich selbst als unausstehlich empfand, bei mir führte ihr Selbsthass nicht zu einer Kontaktsperre. So umging Lucy in meinem Therapieraum den ersten Irrgarten; trotzdem bemühte ich mich aktiv um ein interessantes, angenehmes Therapieklima.

Lucy erzählte: »Als kleines Kind wünschte ich mir sehnlichst ein Schwesterchen. Als ich fünf Jahre alt war, kam Anne zur Welt. Von Beginn an, schon im Krankenhaus, habe ich bei ihrer Pflege mitgeholfen. Mit sieben Monaten ist Anne am plötzlichen Kindstod gestorben. Ich konnte das damals nicht begreifen. Man durfte nicht mehr lachen in der Familie, und niemand hat mit mir darüber gesprochen. Ich glaube, meine Eltern wollten mich in meiner Kindheit von allem Bösen abschirmen. Ich habe auch nie mitbekommen, dass es in ihrer Ehe Spannungen geben könnte.

Ein Jahr später ist Krishna, meine Lieblingskatze, gestorben. Ihm habe ich alle meine Sorgen und Geschichten erzählt. Ich habe von ihm Abschied genommen, bevor er eingeschläfert wurde. Damals sah ich meinen Vater zum ersten Mal weinen.

Oft denke ich: Für was lebt man? Ich möchte mich wieder einmal so richtig verlieben können. Mein letzter Freund Albert will nichts mehr von mir wissen. Er ist 18 Jahre alt, macht eine Berufslehre, er stößt mich zurück. Ich bin immer noch in ihn verliebt. Aber seine Kumpels sind ihm wichtiger.

Was kann ich noch über mich erzählen? Zu Hause habe ich einen Boxsack. Aber das Boxen erleichtert mich kaum. Der Dorfpolizist hat uns beim Marihuana-Rauchen erwischt. Ich hasse ihn, er hat alles meinem Vater erzählt.«

Neben der Gewichtsabnahme fand Lucy eine zweite Entlastung beim Marihuana; ihr Körpergewicht rutschte nicht lebensbedrohlich ab und gedanklich war sie mehr mit Marihuana als mit Essen beschäftigt. Außer ihrem deutlichen Untergewicht passten weitere Eigenschaften zur Magersucht: die Sehnsucht nach dem Guten, intellektueller Ehrgeiz und übermäßige Selbstzweifel, Gefühl der Handlungsunfähigkeit im Alltag, das Empfinden, nicht der gültigen Norm zu entsprechen. Sie stocherte eigentlich in allen Irrgärten außer dem ersten ...

Wertlos

Als Person mutete Lucy kompetent und filigran an, sensibel und doch zäh. Ihr mittellanges, dünnes Haar verlieh ihr etwas Zerbrechliches. Im Gespräch wirkte sie sympathisch und natürlich, ein achtsames, begabtes Kind: »Vermutlich erwarte ich zu viel von mir, aber ich bin so faul und stur. Ich verhalte mich absichtlich wie ein Dummkopf, damit ich wie ein Dummkopf wirke. Ich bin nicht ich selbst, und ich bin ganz alleine schuld. Ich habe das Gefühl, ich kann mir nie dauerhafte Befriedigung verschaffen. Ich erlebe mich passiv oder hilflos-wütend. Ich schimpfe viel mit mir selbst. Und danach leide ich an Bauchweh, mir wird übel und ich erbreche.«

Der Therapeut sagte: »Wo Licht ist, ist auch Schatten. Du bist ein sehr liebenswürdiger Mensch, aber auch du hast deine Schattenseiten, diese dunklen Gefühle, die dich quälen wie ein böses Biest. Doch unter der Selbstabwertung schlummert der Keim deiner Selbstbehauptung. Du verstehst vielleicht noch nicht genau, was ich damit meine, aber du wirst es entdecken, sobald du den Schatten als deinen Partner kennen lernst.

Die Welt hat dich tief verletzt. Tod und verlorene Liebe sind die scheußlichsten Dinge der Welt. Jetzt machst du dich selbst für das Elend der Welt verantwortlich, gibst dir selbst die Schuld, schimpfst mit dir, weil du nicht mehr denken kannst, deine Welt sei in Ordnung. Als Kind könntest du dir weiterhin das Bild einer heilen Welt vormachen, als Erwachsene brauchst du ein Mittel zur Versöhnung. Sonst verpasst du auch das ›Gute‹ der Welt, das es trotz allem gibt. Du musst lernen, das ›Gute‹ zu erobern und in Besitz zu nehmen.«

Meine Allgemeinplätze spannten ein Gerüst auf, in dem sich Lucys Gedanken entfalten konnten, ohne dass man sie sofort diskutieren musste.

Damals war Lucy, wie sie mir erzählte, auch deshalb so streng zu sich selbst, damit sie nicht arrogant, hart oder überheblich wirkte. Obwohl sie nicht so werden wollte wie ihr Vater, befürchtete sie es immer wieder.

Der Therapeut begann, mit Lucy hypnotherapeutisch zu arbeiten. Anfänglich handelte es sich um leichte Entspannung oder Ausflüge in die Fantasiewelt. Der Therapeut erklärte: »Du kannst dich wie zu Hause in deinem Zimmer fühlen, dann fließt in deinem Körper das

Angenehme ganz von selbst, ohne Anstrengung.« Obwohl Lucy in Trance intelligent antwortete, fühlte sie sich unsicher und befürchtete, sie mache es falsch. Der Therapeut beruhigte sie: »Es ist völlig in Ordnung, wie du in Trance reagierst, natürlich und klug. Du bist eine sehr angenehme Gesprächspartnerin.« Lucy erwiderte: »Ich meine oft, dass ich mich mit meinem Geschwätz blamiert habe.« Der Therapeut sagte: »Ich schätze deine gesunde Kritikfähigkeit, aber du solltest dir nicht übertrieben strenge Maßstäbe setzen.« Weiteres Trancelernen bestand aus unwillkürlichem Augenschluss, Körperkatalepsie, Dissoziation, sich selbst als körperlose Idee empfinden und sich selbst von oben zuschauen. Vorsichtige Altersregression kam dazu, kurze Besuche bei Anne und Krishna. Der Schmerz im Bauch konnte in die kleinen Zehen verschoben oder auf den Mond geschickt werden. Mittels Zeichnen in Trance drückte Lucy ihre Gefühle aus. Einmal gelangte sie an ihr Lieblingsplätzchen, wo sie im Wald als Kind so gerne gespielt hatte, war aber beim Verlassen der Trance enttäuscht, dass sich das Verliebtheitsgefühl nicht einstellte – der Gefühlssprudel, wie sie ihn nannte. Der Therapeut pflichtete ihr bei, dass wir in einer schlimmen Welt leben, in der nicht alle Wünsche in Erfüllung gehen. »Du machst dir ausgezeichnete Überlegungen«, sagte er, »in einer schwierigen Welt kann man Intelligenz gut gebrauchen.«

Um in eine nächste Trance zu gelangen, zählte Lucy wie gewohnt von 1 bis 20. Der Therapeut erklärte: »In Trance kannst du deine Alltags-Identität verlassen und dir einen neuen Namen geben, dich z. B. Lena nennen, und dich wie ein neu geborener Mensch von wunderbaren Erfahrungen überraschen lassen. Lena kann mit Albert zusammentreffen, ihren Schmerz der enttäuschten Liebe spüren und hinter dem Schmerz die verschüttete Liebe wieder finden.«

Lucy kam überglücklich aus der Trance zurück, seit langem hatte sie wieder einmal den Gefühlsstrudel gespürt. Ganz selbstverständlich erwartete Lucy, jede Trance führe sie von nun an zu diesem Empfinden zurück. Der Therapeut musste mehrmals und intensiv erklären und trösten, dass sich solche Glückszustände nicht erzwingen lassen, sondern nur als seltenes Geschenk auftauchen.

In Lucys Alltag hatte sich zu diesem Zeitpunkt nicht viel verändert, das Pech verfolgte Lucy. Um ihr einen schnellen kleinen Erfolg zu

verschaffen, erklärte der Therapeut zuerst, was ein Symbol ist, und schlug dann vor: »Such dir einen bestimmten Stein, den du leicht mit dir herumtragen kannst, vielleicht in einer Tasche oder Hosentasche. Wenn du dich vom Pech verfolgt fühlst, spiele mit dem Stein, der verkörpert dann all dein Pech, und damit bekommst du deine Pleiten besser in Griff.« Lucy setzte den Plan erfolgreich in die Tat um, und sie malte sich aus, wie der Stein die Misserfolge absorbierte; im vollgesogenen Zustand versagte er gelegentlich seinen Dienst.
In einer nächsten Trance befasste sich Lucy mit ihrer Wut und verglich sie mit einem wilden Ross, das sie zu zähmen versuchte. Im Umgang mit dem Marihuana-Konsum machte der Therapeut den Vorschlag: »Finde heraus, wie dir diese Substanz zu Lust verhilft; finde heraus, wie du dieselbe Wirkung aus eigener Kraft erzielst; erinnere dich intensiv an diese Erfahrung und entspanne dich dabei, aber in Trance fehlen Nebenwirkung und Abhängigkeit von der THC-Substanz.«

Hilflos, liebeskrank und selber schuld

Um die Spannung der negativen Gefühle auszuhalten, erniedrigte sich Lucy absichtlich. Sie wiederholte: »Ich gebärde mich vorsätzlich wie ein Dummkopf, um auf andere Menschen wie ein Dummkopf zu wirken. Ich bin nicht mehr ich selbst, dafür trage ich ganz alleine die Schuld. Wenn mir jemand sagt, ich sei hübsch, kann ich es ihm nicht glauben.«
»Nach dem Tod deiner heiß geliebten Anne und nach der unglücklichen Liebe zu Albert kannst du nicht mehr denken, die Welt sei in Ordnung. Um dich nicht als Spielball eines grausamen Schicksals zu fühlen, denkst du lieber, es sei deine Schuld. Du lebst getreu der Opfermentalität, welche dich selbst für das Unglück verantwortlich macht, auch wenn du es nicht verschuldet hast. Man denkt, die eigene Schlechtigkeit habe die zugefügte Pein verursacht. Dies ist leichter zu ertragen, als wenn man herausfindet, dass man das zufällige Opfer eines unsinnigen Schicksals ist. So hat man wenigstens die Illusion der Kontrolle.«
Im Stillen dachte der Therapeut: »Lucy ist an einem Scheideweg: Sie kann ihren Verlust realisieren – oder der harten Wirklichkeit weiterhin ausweichen, indem sie sich selbst entwertet.«

Immer noch entschuldigte sich Lucy am Schluss der Sitzungen, sie könne sich nicht so gut ausdrücken, und der Therapeut entgegnete jeweils, Lucy sei eine sehr angenehme und interessante Gesprächspartnerin.
»Es ist sinnlos, Albert verbietet mir, mit ihm Kontakt aufzunehmen, deswegen komme ich mir so hilflos vor, das ist doch fies und gemein.«
»Woran misst du deine Wertlosigkeit?«
»Ich kann mich in niemand anderen verlieben.«
»Deine Liebeskrankheit hindert dich daran, die Liebe ernst zu nehmen. Erwachsene Liebe ist vor allem auch eine Kunst, die man lernen kann.«
»Ich finde ihn hohl, er findet mich hohl. Ich strenge mich an, es den anderen recht zu machen, schaffe es aber nicht.«
»Zweifel sind auch ein Schutz vor Überforderung. Geh in eine Trance. In Trance fühlst du dich zu Hause, und deine Bedürfnisse gehen in Erfüllung. Verwandle dich in Lena, in deine Trancepersönlichkeit, die auf geheimnisvolle Art immer mit dir verbunden bleibt. Dann stößt du die negativen Gefühle weg, die du gar nicht willst; du lässt sie auf der Seite, und so helfen dir diese Gefühle beim Loslassen. In Trance findest du mehr Abstand von den Enttäuschungen, und dann können sie dich nicht mehr so leicht verletzen. Nimmt das in Besitz, was dir Spaß macht.«
Nach der Trance erwähnte Lucy, dass Anne immer bei ihr sei. »Als dein Schutzengel?«, fragte der Therapeut.
»Andere Menschen, die mir nahe kommen, verunsichern mich, und dann werde ich aus Unsicherheit arrogant. Als mich in Trance eine Erinnerung sehr berührte, kamen mehr Tränen, als mir lieb war.«
»Liebe bereichert uns ungemein, aber in der Liebe ist der Erfolg nicht garantiert und wir werden auch verletzt.«
Mangels anderer Möglichkeiten ging Lucy momentan mit einem Freund, den sie gar nicht mochte. Aber sie getraute sich nicht, ihm Lebewohl zu sagen.
In der nächsten Trance schickte der Therapeut Lucy in die Zukunft, damit sie aus der zeitlichen Entfernung herausfindet, wie sie sich damals, was in Wirklichkeit die Gegenwart war, von ihrem Freund getrennt hatte. Sie fand heraus, dass sie kein schlechtes Gewissen bekam, weil sie ihm im richtigen Moment Lebewohl sagen konnte.

Lucy kehrte aus der Zukunft wieder in die Gegenwart zurück, und der Therapeut suggerierte ihr, immer noch in Trance, dass sie ihrem Freund im richtigen Moment den Laufpass geben werde. Und am nächsten Samstag sagte Lucy ihm am Telefon, dass sie sich von ihm trennen werde.
Lucy befolgte meine posthypnotischen Aufträge sehr genau. Wenn der Therapeut stellvertretend ihre Wünsche formulierte und sie zum Handeln aufforderte, konnte sie leichter ihre Energien mobilisieren, als wenn sie »nur« auf ihre eigene Stimme hörte.

Kiffen und negative Gefühle

Lucy befürchtete, ihr Leben würde sich immer mehr auf Rauschgiftkonsum beschränken. Der Therapeut zählte herausfordernd die Vorteile auf: »Das Kiffen erleichtert dir dein Leben, es dämpft deinen Ärger und tröstet dich über eigene Unfähigkeit hinweg.« Lucy sollte ihre Situation aus eigenem Antrieb verändern.
»Beim Kiffen bin ich glücklich mit den Menschen um mich herum, ansonsten schnellen die Gefühlen im Nu auf Hundert und ich werde unausstehlich und traurig. Mich verletzt alles, ich bin eine krankhafte Heulsuse, ich möchte nie mehr verletzt werden. Die Gefühle des Verliebtseins vermisse ich sehr. Wenn ich verliebt bin, dann spüre ich mich viel stärker.«
Der Therapeut dachte für sich: »Man stößt immer wieder auf das, was man zu vermeiden trachtet. Lucys persönliche Gleichung könnte lauten: ›Weggehen ist etwas Schreckliches und Zerstörerisches.‹ Damit niemand wegging, gab sie sich große Mühe und verschenkte viel von sich. Als dessen zweifache Folge war sie am Ende ausgepumpt und depressiv, und auch das Verlassen-Werden konnte sie nicht vermeiden. Der Schatten der Verzweiflung verdunkelte ihre liebevollen Bemühungen.«
Der Therapeut sagte: »In der Verzweiflung steckt eine große Kraft. Du wirst diese Kraft befreien und sie zu deiner Lebensenergie addieren.«
Lucy litt gerade an heftigem Asthma, das sie etwa zwei Mal pro Jahr heimsuchte. Sie meinte fast zu ersticken, doch ihre homöopathische Notfalltropfen brachten schnelle Linderung. Lucy berichtete, dass ihr Pechstein heiß wird, wenn er alles Pech aufgesaugt hat. Der

Pechstein verlieh Lucy neue Hoffnung, und sie fragte: »Wirkt er auch gegen häufiges Weinen? Ich möchte mich dagegen abhärten.« Als Lucy in Trance war, machte der Therapeut den Vorschlag, sie solle die gesunde Aggression ihrer verstorbenen Katze Krishna ausleihen, diese nicht gegen sich selbst richten, sondern sie zum Schutz vor Elend und Verletzung benutzen.
Lucy erschien mir lernfreudiger als andere Magersüchtige. Dazu gehörte, dass sie offen von den Kompetenzen sprach, die ihr noch fehlten. Wegen dieser Offenheit lernte ich viel von ihr.

Experimentieren

Oft interessierten sich die andern Menschen nicht für Lucys Probleme und dann fühlte sie sich einsam. Eine Freundin, die an Bulimie litt, gab sich immer oberflächlich lustig. Hatte sie sich einfach angewöhnt, die ganze Zeit Fröhlichkeit vorzuspielen? Lucy fand keinen Weg, wie sie ihrer Freundin beibringen konnte, dass sie dringend Hilfe benötigte.
»Bin ich in Toni verliebt?«, fragte sich Lucy ein ander Mal. Sie fürchtete sich vor der Einsamkeit, und ihr neuer Freund Toni war ein angenehmer Begleiter, obwohl sie nicht so gut mit ihm reden konnte und Toni auch nicht der schönste Junge in der Gegend war. Zu einer guten Beziehung gehörten auch gute Gespräche, darin war sich Lucy sicher.
Eine ihrer Freundinnen war außerordentlich hübsch, und zusammen mit ihr in der Disco stellte Lucy erschüttert fest, dass die am besten aussehenden Jungen sich ausnahmslos für ihre Freundin interessierten.

Frühere Verletzungen aufarbeiten

»Echte Liebe bedeutet natürlich etwas ganz Besonderes«, meinte der Therapeut, »man hat sich gerne trotz oder gerade wegen der Fehler.«
Er schickte Lucy in Trance und sagte: »Erinnere dich an die schönen Zeiten mit Anne und bewahre diese Erinnerung als kostbaren Schatz auf. Achte darauf, dass es dir mit dieser Erinnerung gut geht.« Lucy kam zufrieden aus der Trance zurück.

In einer anderen längeren Trance schlüpfte Lucy wieder in ihre Trancepersönlichkeit Lena, um das Mädchen Lucy aus Distanz zu beobachten: Das Mädchen Lucy toll finden, mit ihren Stärken und Schwächen ... Die Begrenzungen von Lucy sehen und sie trotzdem gerne haben ... Erkennen, dass Lucy nicht auf einer Südseeinsel wohnt mit immerwährendem Glück, sondern anerkennen, dass sie versucht, aus dem Alltag etwas Gutes herauszuholen ... Sie müsse Abstriche vom Ideal machen: weil sie nicht auf einer Südseeinsel lebt, sei Lucy deswegen noch lange kein schlechter Mensch ... Dass die Liebe verzaubert und den Menschen liebenswürdig und liebenswert macht, auch wenn man trotz der Liebe nicht konstant glücklich sein kann ... Unglück kann eine bittere Medizin sein, aber man schluckt eine bittere Medizin natürlich nur, solange man sie braucht ... Der Therapeut ist dabei überhaupt nicht wichtig, sondern die Trance gehört Lena ...

Sie blieb lange stumm. Am Schluss der Trance bat der Therapeut, sie solle sich überlegen, was sie in welcher Reihenfolge am meisten schmerzte: Annes Tod, die verlorene Liebe von Albert oder die harsche Zurückweisung durch ihren Vater.

Nach der Trance sagte Lucy: »Die verlorene Liebe von Albert ist am schlimmsten, dann folgt Annes Tod und am Schluss Vaters Zurückweisung.«

Während der nächsten Tage geisterte Albert häufig in Lucys Gedanken herum: eine andauernde Verletzung, die Lucy hart traf.

Der Therapeut sagte: »Oft heizen schreckliche, alte Verletzungen die Sehnsucht nach der großen neuen Liebe an. In ihrem Übermaß wirkt dann die Sehnsucht wie ein Fremdkörper, der die neuen Wünsche an ihrer Verwirklichung hindert. Zum Glück ist deine Verletzung im Stadium der Heilung, und du wirst in Zukunft den geliebten Menschen lockerer begegnen.«

Ich-Stärke

Lucy hatte zufällig Alberts Schwester getroffen und war schwach geworden, eine Gefühlsmischung aus Verliebtheit und Erniedrigung packte sie.

Der Therapeut sagte: »Das Leidenschaftsparadox hält dich gefangen. Es funktioniert so: Wenn eine Beziehung in Schieflage gerät, dann sammeln sich alle Gefühle beim einen Partner und alle Wünsche nach Selbstbestimmung beim andern. Der Gefühls-Partner schwebt abwechslungsweise im siebten Himmel der schönsten Gefühle und in abgrundtiefer Verzweiflung. Seine Gefühle halten ihn gefangen, rauben ihm seine Selbstbestimmung, und so sehnt er sich nach mehr Kontrolle. Der andere Partner fühlt sich abgeschnitten und alleine, er sehnt sich nach den verlorenen Gefühlen, es ist aber er, der aus seiner Distanz heraus die Beziehung bestimmt: Er diktiert, vielleicht ohne zu wollen, wann und ob man sich trifft. In ihrem Teufelskreis verstärken sich Gefühl und Distanz wechselweise: Je mehr Gefühl und Nähe der eine Partner empfindet, umso weiter geht der andere auf Distanz, was wiederum die Sehnsucht nach Gefühl und Nähe beim ersten verstärkt.

Um da herauszukommen, bedürfen beide Partner mehr Ich-Stärke, damit Gefühl und Kontrolle auf beide Partner verteilt wird. Dafür muss man aber auf die Hälfte der Gefühle und die Hälfte der Kontrolle verzichten. Schwache Menschen schenken dem Partner einfach ihren Schatten, also den Teil, mit dem sie weniger gut umgehen können. Es ist also wichtig, seinen eigenen Schatten bei sich zu behalten und ihn zu zähmen. Die Versuchung bleibt groß, in der Verliebtheit Nähe oder Distanz vollumfänglich beim Partner zu deponieren, der damit ja besser umgehen kann.«

Lucy beendete ihre Pflichtschulzeit und würde bald in die große, weite Welt aufbrechen, weg vom kleinen Dorf, vorerst zu einem Sprachaufenthalt nach London. In einer der letzten Sitzungen erzählte sie dem Therapeuten von einem Problem, das sie plagte, wenn sie nicht zu Hause war: »Alleine an einem fremden Ort sehe ich nachts grässliche Gestalten, die zum Fenster hineinschauen und mir einen Schrecken einjagen. Ich werde von ihnen nicht belästigt, bin aber in Panik, dies könnte passieren. Meine beste Freundin leidet unter ähnlichen Ängsten.« Lucy und der Therapeut kamen überein, dieses Problem in Trance anzugehen.

Wie gewohnt gelangte Lucy in Trance, indem sie bis zwanzig zählte. Der Therapeut suggerierte, mit guter Liebe zu sich selbst sei sie stärker als Wut und Angst.

Ihre Nachtangst verglich sie mit einem ekligen Vieh, das sich auf sie stürzen könnte. Lucy stieß auch auf ihre Waffen, um dem Biest entgegenzutreten: ihre Wut, vor allem gegen den Dorfpolizisten, und

ihr Ekel vor dem Erbrechen. Also würde sie Wut und Ekel dem Vieh entgegenschleudern und ein Kreuz machen, damit es verschwindet.
Nach der Trance fühlte sich Lucy stark und zufrieden und zuversichtlich, dass sie die Nachtangst in Griff bekäme.
Bei einem letzten Besuch vor der Abreise hielt die Zuversicht weiter an. Ihre erste große Liebe hatte sie überwunden, am jetzigen Freund zweifelte sie: »Er kann nicht diskutieren. Vielleicht habe ich kein gutes Schicksal verdient, ich bin laut und überheblich wie mein Vater. Auch leide ich unter dem Gefühl, bereits viel verpasst zu haben.«
In Trance ließ der Therapeut sie nochmals erleben, wie sie sich selbst blieb und sich hübsch fand. Dann sagte er: »Du wirst älter und vernünftiger werden und deine Wünsche und Sehnsüchte auf ein menschliches Maß bringen, das du gut im Griff hast und mit dem du gut leben kannst. Du wirst in der Fremde viele gute neue Erfahrungen machen.«
Ein halbes Jahr später besuchte Lucy den Therapeuten. Sie konnte auf gute Schulerfolge zurückblicken, mit denen sie nur noch ein bisschen unzufrieden war. Ihren Rauschgiftkonsum hatte sie auf ein erträgliches Maß reduziert. Vom Freund, der nicht gut diskutieren konnte, hatte sie sich erst vor kurzem getrennt. Mit ihrem Vater vertrug sie sich besser. Ihre Eltern würden sich vermutlich trennen. Das Essen machte keine Probleme mehr.
Obwohl Lucy so viel Schmerzliches erfahren hatte, obwohl sie ziemlich verwöhnt war, blieb sie auch in dunklen Zeiten liebenswürdig und einigermaßen handlungsfähig. Ihre im Vergleich zu anderen Mädchen robustere Selbstbehauptung ermöglichte es mir, sie mehr zu fordern und in direktere Auseinandersetzungen zu verwickeln. So erreichten die therapeutischen Botschaften Lucy schneller und einfacher.

3. Angela: Tiefe Trance

Nachdem sie vor einigen Wochen zur Mutter zurückgekehrt war, stritten sich Angela und ihre hörbehinderte Mutter fast ständig, nicht nur übers Essen. In ihrer Verzweiflung wandte sich die Mutter an den Kinderarzt, welchen sie seit vielen Jahren nicht mehr besucht hatte. Er empfahl eine Behandlung beim Therapeuten. Der Vater war vor fünf Jahren gestorben, Angelas drei ältere Geschwister lebten nicht mehr zu Hause.
Die 20-jährige Angela litt seit vier Jahren an Magersucht; sie hatte zwei stationäre Klinikaufenthalte abgebrochen und war von verschiedenen ambulanten Therapien enttäuscht, weil dort, ihrer Aussage nach, nur vom Essen gesprochen wurde. Ihren 20. Geburtstag gerade hinter sich gebracht und an ihrer Arbeitsstelle krankgeschrieben, wog Angela 45 kg, bei einer Körpergröße von 168 cm.

Kontaktaufnahme

Angelas Verunsicherung bemerkte der Therapeut vom ersten Moment an, als sie ins Therapiezimmer trat. Ihre liebenswürdigen Augen flehten um Kontakt und Verständnis und wandten sich gleichzeitig ab. Sie konnte sich sicher nicht auf eine Therapie einlassen, ihre zierlich-magere Gestalt war zu starr dafür und angespannt wie diejenige vieler Leidensgenossinnen. Angela und die Mutter kamen als Erste, und sie unterhielten sich mit dem Therapeuten über Belangloses. Sie warteten auf den Kinderarzt, denn Angela hatte den dringenden Wunsch, dass er beim ersten Gespräch teilnahm. Dann tauchte er auf, groß und wie fast immer gut gelaunt, und die Atmosphäre entspannte sich.
Der Therapeut wollte sie nicht ausfragen, und Angela erzählte lediglich: »Ich habe in der Magersucht die Kontrolle verloren, bin vorübergehend in eine Bulimie hineingerutscht, mag aber nicht darüber reden.« Nur allmählich dämmerte es dem Therapeuten, wie sehr sich Angela ihrer verschiedenen Unzulänglichkeiten schämte. Daneben konnte sich der Therapeut gut in ihre Wesensart einfühlen, und er wunderte sich, warum sie sich so oft unverstanden fühlte: man musste sie doch einfach gerne haben.

Er sagte: »Sie dürfen die Magersucht als Krücke für Ihr Leben behalten, solange Sie eine Krücke brauchen, Sie dürfen die Kontrolle über das Tempo in der Therapie behalten. Sie müssen bei Ihren Fortschritten ja auch Rücksicht auf Ihre Sucht nehmen, die gelegentlich noch stärker ist, als Sie es sind.«
»Aus meiner Erfahrung dient eine Sucht als Ersatz für Beziehungen«, erklärte der Kinderarzt.
»Da ist mir ein gute therapeutische Beziehung wichtig«, fügte der Therapeut an. »Wir sollten zusammenhalten, soweit ich das beurteilen kann, sind Sie ein interessanter Mensch.«
Die therapeutische Beziehung dient anfänglich als Brücke und befriedigt vorübergehend Beziehungsbedürfnisse. So entspannt sich die Patientin und sie muss nicht mehr mit ungünstigen Mitteln um Aufmerksamkeit werben – aus dem Rahmen fallende Szenen und zwanghaftes Abnehmen werden dann überflüssig.
Betreuung und Herausforderung versuche ich ins Gleichgewicht zu bringen. Beim Lernen von Selbstbehauptung hilft das richtige Maß an Forderung: in der Überforderung klinken sich die Jugendlichen aus, in der Unterforderung gehen sie den bequemen Weg und finden im Dornröschenschlaf nie zu sich selbst. Ein humorvoller Ton leistet wichtige Dienste: die Probleme erdrücken so nicht mehr jeden gesunden Selbstbezug.

Sanfte Konfrontation

Als Angela die zweite Sitzung wegen fehlender Transportmöglichkeiten absagte – sie wohnte weit entfernt auf dem Land mit wenig Busverbindungen –, befielen mich Zweifel am guten Gelingen der Therapie. Normalerweise betrachte ich die Ereignisse zwischen erster und zweiter Sitzung als wichtigen Hinweis für den weiteren Verlauf, aber es gibt auch Ausnahmen ...
»Was treibt einen in eine Sucht?«, begann der Therapeut die nächste Sitzung, bei der Mutter und Tochter anwesend waren. »Natürlich nagt der Alltagsstress, es kommen Enttäuschungen wegen der Freunde und Arbeitskollegen dazu, und man sehnt sich nach Zusammenhalt in der Familie. Jeder Mensch freut sich doch an der Aufmerksamkeit, die er bekommt. Warum also nicht mein Angebot annehmen und sich nochmals in eine Therapie einlassen?«

»Mir ist die Lust am Reden vergangen«, meinte Angela, in ganz liebenswürdiger und ehrlicher Weise.
»Sie sind sehr sozial, lieb und freundlich, sanft und offen. Sie eignen sich für gute Gespräche.«
»Ich kann auch ganz anders sein – vor allem meiner Mutter gegenüber!« Später witzelte der Therapeut über ihre schlimmen Seiten, die sich nur zu Hause zeigten.
Die Mutter beklagte sich, dass Angela nicht richtig aß. Ihr Hund hatte gerade Junge geworfen, und der Therapeut sympathisierte mit der Mutter, als er sagte, Angela könnte sich an den jungen Hündchen ein Vorbild nehmen.
Angela bedurfte in dieser Phase nur einer ganz sanften Konfrontation: In ihrem Herzen war sie ja so offen und liebevoll. Später, als Angela alleine wohnte und ihre Rechnungen nicht beglich, schimpfte der Therapeut ein zweites Mal in aller Liebe mit ihr, sie nahm es vernünftig und bereitwillig zur Kenntnis, überlegte es sich und besserte sich.

Drogen

Zur nächsten Sitzung nahm Angela ihre zweitälteste Schwester mit. Sie verstanden sich gut, die Schwester kümmerte sich liebevoll um Angela; ganz anders als von der ältesten Schwester fühlte sich Angela von ihr nicht schikaniert, auch wenn sie sich gelegentlich gute Ratschläge anhören musste aus biblischen Quellen.
Der Therapeut erfuhr von einem bisher verschwiegenen Laster, dessen sich Angela schämte; sie konsumierte die harte Droge »Speed«. Am Wochenende machte sie sich zusammen mit Freunden auf und davon, in eine fremde Stadt, wo sie den Stoff kauften und sich dann dem Rausch hingaben. Angela beschloss, mit den Drogen aufzuhören – sie versprach es hoch und heilig. Der Therapeut bot das Medikament Ritalin als Drogenersatz an. Ritalin habe eine ganz ähnliche Wirkung wie »Speed«. Angela kam dem Therapeuten ziemlich ausgepumpt vor, guten Willens, aber ungefestigt. Im Mentalen könnte sie Unterstützung dringend gebrauchen, und für den Moment schien ihm die Summe der Probleme das bewältigbare Maß zu überschreiten: Magersucht, Alkohol, Drogen, Arbeitsunfähigkeit, schwierige Familienkonstellation. Um das therapeutische

Bündnis aufzuwerten, schlug er trotz der riesigen Probleme einen lockeren Ton an und erzählte ein paar Witze, die seine Art der Therapie illustrierten.
Der Therapeut machte klar, dass er den Drogenkonsum nicht von einer moralischen Warte aus verurteilte. Er sprach von seinem Lieblingsthema: »Frühere Kinder- und Jugendfreundschaften verlieren sich, man sucht nach neuen Beziehungen, ohne sie sofort zu finden. Manchmal kommt einem die Welt so garstig und ungerecht vor, dass man sich selbst hasst und Drogen in sich hineinschüttet. Man liebt sich nicht mehr, die Welt liebt einen nicht mehr, und dann schenkt einzig die Sucht vorübergehende Wärme in einer kalten Welt, die einen im Herzen so verletzt hat, dass es sich dort nur noch weh und traurig anfühlt, und die Liebesgefühle liegen tief darunter verschüttet.« *Ich übertrieb absichtlich ein bisschen, damit Angela mir das Gegenteil beweisen könnte.*

Kleine Welt

»Sie befinden sich nach all den Enttäuschungen in einem Dornröschenschlaf, Sie haben sich von der Welt abgewandt. Sie verkriechen sich bei Ihrer Mutter, welche Ihnen Vorschriften macht, ihr streitet euch wegen des Essens. Sie leben in der ganz kleinen Welt zu Hause, wo Sie Schutz finden. Und da sind noch die Zweifel, welche Sie zwar vor der Welt schützen, die Sie aber auch zu Hause nicht in Ruhe lassen.«
»Meine natürlichen Empfindungen sind verschwunden, ich spüre meinen Bauch nicht mehr, spüre den Hunger und das Sättigungsgefühl nicht mehr. Ich möchte wieder ein normales Leben führen, die Kontrolle über mein Leben zurückgewinnen, normal essen können.«
Angela war bereit, vorübergehend Ritalin zu schlucken und auf »Speed« zu verzichten. Ihre Drogenfreunde wollte sie nicht mehr sehen. Vermutlich half ihr das schlechte Gewissen bei diesem Entschluss, doch Angela schämte sich zu sehr, um offen darüber zu sprechen.

Essen als Strafe

»Ich habe zugenommen, ich habe mehr gegessen als ich wollte, das stresst mich. Ich fühle mich ungeschützt, ich habe zu wenig Leistung erbracht, ich habe versagt. Andererseits sehne ich mich nach Anerkennung durch meine Familie.«
»Wenn Sie denken, Sie haben Fehler gemacht, ist Essen eine gute Gelegenheit, sich zu bestrafen, dann essen Sie einfach ein bisschen mehr. Mit der Zeit werden Sie erkennen, dass wir in einer furchtbaren Welt leben, die uns mit ihrem harten Schicksal immer wieder bestraft. Aber Sie müssen sich nicht die Schuld für die Fehler der Welt geben.«
»Ich merke nicht, wie schlimm die Welt ist, früher hat mein Bruder auf mich aufgepasst.«

Süchte

»Weihnachten verspricht viel Stress zu bringen. Ich muss meiner Mutter zeigen, dass ich mich von ihr nicht vollstopfen lasse.«
»Oft widersprechen sich verschiedene Bedürfnisse: Anerkennung stellt sich gegen Sicherheit und Nähe gegen Selbstbestimmung. Wie können Sie sich in dieser Zerrissenheit noch kontrollieren, wie können Sie verhindern, dass Sie nicht zu kurz kommen?«
»Ich fühle mich leer, ich möchte am liebsten aufhören mit all den Süchten. Wenn ich kiffe, bekomme ich noch mehr Hunger. Zuerst war die Magersucht, dann kam ›Speed‹ dazu, dann der Alkohol, und jetzt nützt alles nichts mehr gegen diese Leere, gegen diese unangenehmen Gefühle. Dann, alleine mit der Mutter, verliere ich endgültig die Kontrolle.«
»Welche Erwartungen haben Sie an sich selbst? Welchen unnötigen Stress können Sie ablegen? Wenn Sie schwanger würden, wie groß wäre dann der Stress? Wie können Sie sich beruhigen?«
»Am besten beruhige ich mich zu Hause, höre Musik im Zimmer und rauche.«
»Ich denke, es gibt Auswege. Irgend einmal verstehen Sie es urplötzlich, ein Geistesblitz, wie eine buddhistische Erleuchtung.«

Durchsetzungsfähigkeit

Nach Weihnachten erzählte Angela: »Auf einmal wurde mir klar, ich war wie vom Blitz getroffen: Ich wollte nicht mehr von den Drogen abhängig sein, ich wollte selbst die Kontrolle haben, mich nicht den Drogen ausliefern. Die Drogen haben mich plötzlich angeekelt, ich merkte, wohin das führt. Mit dem Essen geht es besser, ich habe mich zum Aerobic angemeldet. Das Ritalin gibt mir mehr Kraft, doch als ich einmal zu viel nahm, fühlte ich mich am nächsten Tag depressiv.«
Klientin und Therapeut wechselten zum »Du«, weil Angela nicht als »Sie« angesprochen werden wollte und dem Therapeuten Gleichberechtigung lieber war und das Du für beide gelten sollte.
Der Therapeut antwortete: »Dies ist eine schöne Geschichte, für die sich sicher eine reizvolle Fortsetzung findet. Ich habe dir schon von Trancen und Selbsthypnose erzählt. Ich möchte, dass du das probierst. Man kommt in eine Trance, wenn man sich zuerst konzentriert und dann loslässt und einfach wartet, was passiert. In Trance erholst du dich, und du kannst deine Probleme bearbeiten. Hast du schon Erfahrungen mit Trance oder Tagträumen gesammelt?«
»Als Kind war ich oft ein Träumerli. Später passierte es mir, dass ich nicht richtig ausgestiegen und im Bus an der Endstation gelandet bin. Ich kann stundenlang Plakate malen, und ich merke nichts mehr um mich herum, und wenn ich fertig bin, tut mir die Hand weh.«
Angela halluzinierte einen jungen Mann auf dem leeren Stuhl. Natürlich gefiel er ihr, und so gelangte sie schnell in eine vorzügliche Trance, in der sie sich in ihr Zimmer versetzte und sich auf dem Bett liegend entspannte, wie sie es früher während der Volksschulzeit wirklich getan hatte.
Nach der Trance erzählte sie: »Es hat mir geholfen, mich auf den Stuhl zu konzentrieren. Ich war nur leicht weg, ich hörte deine Stimme die ganze Zeit, könnte aber jetzt kein Wort von dir wiederholen. Es kamen mir viele Gedanken, das Reden in Trance fiel mir viel leichter, als ich vermutet habe, das verlieh mir Sicherheit. Früher wurde ich oft auf die Seite gestoßen, und ich habe mich auf die Seite der Schwachen geschlagen, um ihnen zu helfen. Jetzt weiß ich nicht mehr, für was ich mich einsetzen soll. Ich lasse mich von andern

leicht überzeugen, aber ich möchte besser zu meiner eigenen Meinung stehen können.«
Angela gehörte nicht zur Gruppe der dominanten, sondern der hochhypnotisierbaren Magersüchtigen.
»Du könntest dir sagen: die Angela ist auch noch da, und damit durchsetzungsfähiger werden.«

Trance

Angelas Magen konnte das reichliche Essen noch nicht so gut bewältigen: »Mein Bauch ist gebläht, er tut furchtbar weh, ich habe gleich anschließend bereits einen Termin beim Kinderarzt vereinbart.«
Auf einer Skala von eins bis zehn lag die Schmerzintensität nur bei eins, doch der Störungsgrad bei zehn, die Blähung belastete und beeinträchtigte.
Ohne formale Induktion versetzte der Therapeut Angela in eine naturalistische Trance, und dann sagte er ungefähr Folgendes: »Stell dir deinen Bauch im Spiegel vor, er ist aufgebläht, darin wütet ein Hexenkessel, der dich enorm irritiert. Vielleicht hast du reichlich gegessen und davon ein schlechtes Gewissen bekommen; dein Bewegungsdrang meldet sich, du wirst nervös, du spürst deine starken Bauchmuskeln. Im Bauch bewegt sich unerbittlich, schicksalshaft dein Feind, der dich bedroht. Du sagst, es fühlt sich an wie eine Schlange. Du brauchst dringend Ablenkung, aber anfänglich schaffst du es nicht, neuen Mut zu fassen. Du möchtest dich fallen lassen, nur, es funktioniert nicht, du musst aufstehen, weil die Schlange sich aufdrängt. Und auch den andern musst du dich beweisen.
Zu deiner Verblüffung entdeckst du plötzlich deine Katze, die sich an dich kuschelt. Sie legt sich auf deinen Schoß und schmiegt sich an deinen Bauch, sie schenkt dir Geborgenheit und Wärme, du magst deine Katze. Du hörst ihr gemütliches Schnurren. Die Schlange im Bauch ist immer noch scheußlich, aber irgendwie weiter weg, nicht mehr so wichtig, weil die Katze dir so nahe ist. Du hast Angst, jemand sagt, du hättest zugenommen, du hast mir erzählt, dass es dir wichtig ist, den andern etwas zu beweisen. Dann denkst du, ›ich habe versagt, niemand mag mich‹. Du bist alleine, vernichtet, trau-

rig, möchtest sterben. Sei jetzt traurig ... doch dann schmiegt sich deine Katze wieder an deinen Bauch. Das tröstet dich.«
Nach der Trance stellte Angela mit Erleichterung fest, dass der Bauch sie nur noch mit der Intensität vier beunruhigte.

Gut behütet

Stolz darauf, keinen Rückfall erlitten zu haben, kam Angela zur Sitzung. Der Therapeut hatte über Angela nachgedacht: »Du brauchst Nähe, ohne dass du verletzt wirst. Genügend Geborgenheit, das dein Schutzbedürfnis befriedigt. Du brauchst jemanden, der dich versteht, dir zuhört, Zeit hat und zu dir steht.« Vermutlich sagte der Therapeut in Angelas Ohren nichts Neues; sicher tat es gut, verstanden zu werden, ohne dass man sich zuerst erklären musste.
»Damit mir überhaupt jemand zuhörte, habe ich früher meine Geschichten schlimmer dargestellt, als sie wirklich waren. Vermutlich wollte ich auch mit der Magersucht Aufmerksamkeit erheischen.
Als Kind machte ich mich klein und gab mich gleichzeitig vorwitzig. Ich rannte davon und suchte Schutz hinter meiner Mutter, wenn meine Patentante zu Besuch kam.
Ich nahm das Leben wichtig und fiel schnell aus der Rolle. Jetzt bin ich krankgeschrieben; ich weiß nicht, ob ich an meine Arbeitsstelle zurückwill. Dort gibt es keine Aufstiegsmöglichkeiten.«
Ich vermied es, Angela zu überfordern. Sie brauchte einen freien Rücken, um den sozialen Aufstieg zu planen und durchzuführen: Magersucht als Schonraum und Mittel zur Überwindung der Beschränkungen durch die Mutter.
In Angelas Innern kämpfte der Sklaventreiber gegen ihre bequeme Seite; wegen dieses Streits konnte sie sich jeweils nicht schnell entscheiden, und nach dem Essen entstanden Stress und schlechtes Gewissen: Sie hielt sich bei weitem zu wenig schlank, damit ihr vermeintlicher Traummann auf sie aufmerksam werden könnte. Abnehmen versprach Erfolg und Sicherheit, doch in der Therapie wollte Angela darüber nicht diskutieren. Der Therapeut meinte nur: »Eine gute Beziehung schützt vor Zerrissenheit. In einer Beziehung soll man sich auch sicher fühlen. Mit welchem Symbol kannst du dich besser schützen: mit einem Schild oder einem Säbel?«
»Am liebsten wäre mir beides.«

»Gut behütet erträgt man die Nähe zu den Menschen besser.« *Die Jugendzeit drängt zur Suche nach Identität. Mit einer sicheren Identität kann man Nähe genießen und hält sie besser aus.*

Februarmann-Technik

»Du liegst in deinem Zimmer, fühlst dich geborgen und schaust einen Gegenstand an. Es ist dein Lieblingsbär, der dir hilft, im tiefen Trancezustand zu bleiben ... Frühere Erinnerungen steigen hoch ... du hörst meine Stimme ... du schläfst und schaust einen Film deiner Kindheit an. Dann fangen dich deine Erinnerungen ein, und du verwandelst dich in das Kind, das du einmal warst. Alle Erlebnisse sind wieder zurück, du bist ein Kind und redest mit mir. Ich komme dich besuchen, ich kenne deinen Vater, ich bin ein freundlicher Mann, mit dem du vertraut bist. Sag mir, wer ich sein soll.«
»Du bist Onkel Fred.«
»Wie alt bist du?«
»Sieben«
»Was machst du gerne?«
»Ich mag meinen Bruder. Er spielt Lego mit mir. Wir bauen zusammen ein Haus.«
»Gibt es etwas, das dir Sorgen macht?«
»Ich bin gerannt und hingefallen, Mutter tat rotes Merfen drauf, aber ich nahm es nicht ernst. Mutter hat mit mir geschimpft, ich habe auf dem Bett geweint ... Meine Schwester macht eine Lehre bei der Post. Ich möchte keine solche Lehre machen.«
»Ich werde dich in Zukunft oft besuchen kommen. Kinder sollten eine Vertrauensperson kennen, mit der sie reden können ... Magst du meine goldene Uhr sehen? Schau sie an. Nächstes Mal erzähl ich dir einen Witz.«
»Am Wochenende gehen alle weg. Mami macht mit mir Aufgaben, aber sonst hat sie keine Zeit für mich. Sie hört mir nicht zu, sie hat selbst so viel Sorgen. Papa geht es nicht gut.«
»Wir könnten hinausgehen. Bist du gerne draußen?«
»Ich mag die Blumen im Frühling ... Mutter erzählt mir ihre Sorgen ... Vater trinkt, ist viel betrunken, Mama kann nicht mit ihm reden. Sie redet mir die Ohren voll. Ich habe Mitleid mit ihr, sie fängt an zu heulen ... Wenn sie wegrennt, schicken meine älteren Ge-

schwister mich fort, um sie zu suchen. Bruder und Schwester haben Angst um Mutter. Ich bin es, die sie zurückbringen muss.«
»Es freut mich, dass du mir davon erzählst. Ich will dir helfen, du kannst mir vertrauen. Wir werden zusammen etwas finden, das dir Ruhe und Sicherheit gibt. Tschüss, ich komme immer wieder zurück. Schlaf jetzt gut, erhol dich ...
O. k., ich bin wieder zurück, wie alt bist du jetzt?«
»Sechs. Im Kindergarten haben wir Tiere gemalt. Zeichnen mag ich am liebsten. Im Kindergarten sind alle lieb. Vater ist gemein, er hilft zu Hause nicht, wenn er sollte. Mutter ist auch gemein, sie hat keine Zeit. Vater ist lieb, wenn er betrunken ist.«
»Wir haben noch ganz viel zusammen zu besprechen. Ich komme immer zurück, du kannst mir vertrauen. Nächstes Mal, wenn wir uns treffen, erzähl ich dir einen besseren Witz, der heutige hat dir nicht so gefallen. Tschüss, mach's gut.«

Um verpasste zwischenmenschliche Erfahrungen nachzuholen, wandte ich Ericksons Februarmann-Technik an (14). Diese Technik erweitert den Erfahrungshorizont und vollständig das Bild der sozialen Welt.
Angela schämte sich wegen Vaters Alkoholgeschichten so sehr, dass sie bis zu diesem Zeitpunkt noch nie jemandem davon erzählt hatte. Nach der Trance bestand eine fast vollständige Amnesie hinsichtlich unserer Gespräche. Aber sie vertraute mir.

Harter Alltag

»Die letzte Trance war sehr anstrengend«, erzählte Angela das nächste Mal, »ich konnte mich nicht an meine Erlebnisse erinnern. Ich lese gerade ein NLP-Buch über Selbstverwirklichung und die Kraft des Unbewussten.
Ich würde gerne Dekorateurin lernen. Die Arbeit am Schalter bedeutet viel Stress für mich. Die Kunden sind unfreundlich, und die Arbeitskollegen reden hinter meinem Rücken über mich, das trifft mich sehr. Ich will nicht zur Post zurück.«

Neue Pläne

Drei Wochen später: »Ich habe als Graphikerin geschnuppert, es hat mir nicht gefallen: die ganze Zeit am Computer, die Arbeiten sind ziemlich genau vorgegeben. Ich möchte Dekorateurin werden. Ich werde mich an der Kunstgewerbeschule anmelden und versuchen, dort die Aufnahmeprüfung zu bestehen. Außerdem mache ich den Führerschein.
Damals bei der Berufswahl habe ich mich für die Lehre bei der Post entschieden, nachdem ich nur einen einzigen Schnuppertag dort verbracht und es mir nicht gefallen hatte.«
»Was sind deine Träume? Wie stellst du dir später ein glückliches Leben vor?«
»Mir ist eine gute Beziehung wichtig, und genügend Geld zur Absicherung; Hobbys, Freunde und eine Familie.«

Sensibilität

»Hast du Lust auf eine Tranceparty ohne Drogen?«
Angela hatte nicht. Sie erzählte: »Im Migros-Restaurant gab es Streit wegen des Essens, zwischen mir, der Mutter und meiner Schwester. Ich wollte wieder abnehmen, ich hatte Sehnsucht nach der Sucht, in der man sich geborgen fühlen kann. Ich werde nicht mehr abnehmen, aber die Sehnsucht bleibt.
In meiner Familie kämpft jeder gegen jeden. Besonders die älteste Schwester benimmt sich eklig gegen mich. Kaum mach ich den Mund auf, erpresst sie mich.
Die frühere Beziehung mit meinem Freund war nicht das Richtige: Ich suchte nach Bestätigung, und dann habe ich ihm weh getan, als ich mit andern flirtete.«
»Wut kann ein Zeichen sein, dass man etwas ändern muss.«
Obwohl Angela schnell Zusammenhänge erfasste und die Dinge verstand, zerriss es sie innerlich, weil sie ihre Ideale nicht mit der Wirklichkeit versöhnen konnte. Und neben ihrer Intuition war da die hoch hypnotisierbare, künstlerisch veranlagte Persönlichkeit: manchmal entsteht ein Zuviel an Sensibilität.

Lohn des Kampfes

»Um Glück zu finden, soll man Sieg und Niederlage wichtig, aber nicht zu wichtig nehmen.«
»Ich weiß nicht, was ich will. Ich glaube, ich werde die Prüfungen nicht bestehen. Früher habe ich viel gekämpft: für Liebe, für gute Prüfungen, für Kollegen: es hat sich alles nicht gelohnt.« Sie sagte es mit verletzter Enttäuschung. »Seit einem Jahr wage ich mich nicht mehr in eine Beziehung einzulassen, wenn ich verliebt bin.
Bei meinem früheren Freund habe ich gegen eine Mauer geredet, er gab nur blöde Antworten. Jetzt habe ich Angst, einem lieben Kumpel falsche Hoffnungen zu machen, ich möchte ihn als Kumpel behalten, mehr nicht. Ich will keine depressiven Spiele mehr spielen, ich will lernen, weniger impulsiv zu handeln. Zum Glück bin ich ein Stehaufmännchen.«
Angela sprach über Beziehungen, sprach über sich: sie fand Zugang zur persönlichen Sprache, das betrachtete ich als gutes Zeichen für die Therapie.
Sich selbst behandelte Angela schlecht, zu andern war sie meist lieb. Ihr Lieb-Sein besaß aber auch eine Schattenseite: Das verruchte wilde Ross, das manchmal fremdging; deswegen war sie von ihrem Freund verlassen worden.

Zu viel riskiert

»Beim Inline-Skaten habe ich den linken Arm gebrochen, ich habe zu viel riskiert«, sagte Angela. Die Anfertigung der Zeichnungen vereinfachte sich dadurch nicht. Sie musste demnächst ihre Mappe mit den Zeichnungen abgeben zur Qualifikation für die Prüfung, die den Weg an die Kunstgewerbeschule öffnete.
»Essen wird zum Problem, weil ich mich nach den Mahlzeiten bewegen muss, und das geht mit gebrochenem Arm nur schlecht. Wenn ich mich nicht bewege, leide ich an Versagensgefühlen. Auch kann ich dann nachts nicht einschlafen.«
»Du sollst nicht den ganzen Tag arbeiten, zwischendurch tun Pausen gut, dann schläft man nachts auch besser. Behandle dich nicht wie eine Sklavin.«
»Früher, in der Oberstufe, habe ich mich nach der Schule ohne

schlechtes Gewissen auf mein Bett gelegt und Pause gemacht. Ich schaute die Sterne an der Decke an.
»Bedeutet Essen, dass du von der Welt abgelehnt wirst?«
»Hintergangen werden, angelogen werden, nicht anerkannt werden.«
»Wie fühlt es sich an unter dem Gips?«
»Im Gips ist der Schmerz auf Stufe zwei, und es stört mich Stufe sechs.«
»Der Schmerz hat das Recht, sich zu melden, er sagt, dass da drin Leben ist, dass der Knochen zusammenwächst. Wenn alles in Ordnung ist, wenn keine Druckstellen entstehen, dann kann man den Schmerz wie einen Wecker wieder abstellen.«
»Wenn ich mich auf die Finger konzentriere, geht der Schmerz wieder weg.«
»Schenk dem Arm unter dem Gips Wohlbefinden: damit trägst du etwas zur Heilung bei.«

Scham und Humor

»Ich bin für die Prüfung zugelassen, die eingereichten Zeichnungen wurden angenommen. Mit dem Essen läuft es nicht gut: Meine Mutter setzt mich unter Druck, und dann mache ich mir selbst Vorwürfe.«
»Zur Zeit bist du ein Opfer deiner Essprobleme oder du fühlst dich als Opfer deiner verständnislosen Mutter. Weil du schwiegrige Zeiten durchmachst, deswegen musst du dich nicht als schlechten Menschen verurteilen. Doch deine Opfermentalität macht dich erst Recht zum Opfer: d. h., um dich nicht von einem unbarmherzigen Schicksal gequält zu fühlen, denkst du lieber, du selbst seist bös und an deinem Schicksal selber schuld.«
Angela gelangte schnell in eine tiefe Trance, in der sie sich als 14-Jährige wiederfand, die sich zu Hause wegen ihrer Familie schämt, wenn ihre Freundin Monika zu Besuch kommt. Monika könnte mitbekommen, dass ihr Familie Fehler hat und laut streitet, und deshalb lädt Angela ihre Freundin nur selten ein. Die 14-jährige Angela weiß nicht, wie sie Wut und Scham ausdrücken soll, außer dass sie herummotzt, was aber kaum auf Gegenliebe stößt: »Ich laufe davon, weil sie mich nicht ernst nehmen, sie sollten mich zurückholen, aber

sie merken nicht, dass ich mich davongemacht habe. Sie sollten sich um mich wenigstens Sorgen machen, wenn sie sonst keine Zeit für mich haben.«
Der Therapeut in der Rolle von Onkel Fred erzählte Angela ein paar Witze, die sie dieses Mal lustig fand, und erklärte ihr, wie man mit Humor und Liebe über vernichtende Scham hinwegkommt.

Depressiv

Angela kam zurück aus den Ferien, wohin ihre älteste Schwester sie eingeladen hatte. Eigentlich lehnte Angela ihre älteste Schwester ab, aber diese wollte nicht alleine in die Ferien fahren und deshalb zahlte sie Angela den ganzen Aufenthalt. Angela war immer noch krankgeschrieben, und der Therapeut machte sich aus arbeitsrechtlichen Gründen Sorgen wegen dieses Ausfluges, aber auch, weil er eine ungünstige Familienverstrickung befürchtete.
»Außer in den Ferien fühle ich mich schlecht und depressiv, verstecke mich unter der Bettdecke, fühle mich dick, will das Haus nicht verlassen, möchte weinen, schaffe es aber nicht. Der Gedanke an und die Notwendigkeit des Essens frustrieren mich. So bedaure ich, dass ich nicht abnehme. Danach macht mir die Mutter Vorwürfe und ein schlechtes Gewissen. Auch sagt sie, mein Vater sei schwermütig gewesen, und ich bekomme Angst, ich sei genau wie er.«
»Ich verstehe deinen Schmerz. Er treibt dich dazu, dich selbst zu kritisieren und zu bestrafen, um die Illusion der Handlungsfähigkeit zurückzugewinnen.« Der Therapeut versuchte, ihre Perfektionsansprüche zu mildern und ihr das Gefühl zu geben, so wie sie im Moment tapfer durchs Leben ging, sei es perfekt in Ordnung. Manchmal langweilte sich Angela, verlor dabei das Gefühl für sich und ihren Körper, fühlte sich von sich selbst entfremdet. Das Essen war so wichtig, als Ursache für Frustration und als Zeichen des Erfolgs.

Gute Erinnerung

»Ich glaube, wenn du mit den richtigen Leuten zusammen bist, fühlst du dich gut.«
»In den Fahrstunden lerne ich viel. In der Familie geht es drunter

und drüber wegen Mutter. Als Kind war sie das Aschenbrödel, und sie fühlt sich immer noch so. Sie schimpft die ganze Zeit, oft weint sie. Sie redet mit mir über meine Schwestern, wenn diese nicht dabei sind, und ich stehe irgendwie dazwischen. Dann möchte ich das Familienleben in die Hand nehmen, weiß aber, dass das nichts nutzt und ich es nicht schaffe, die gewünschte Harmonie herbeizuzaubern.«

Der Therapeut schickte Angela in eine Trance: »Lass die Streitereien, lass die Sorgen um deine Familie, die dir am Herzen liegt, auf der Seite und flieg in die unbewusste Welt. Dort ist die Zeit dehnbar. Du fliegst zurück in der Zeit und fühlst dich als junges Mädchen.«

Angela versetzte sich in jenes Jahr, als sie 16 Jahre alt war: »So viele schwarze Wolken wegen meiner Familie bedrücken mich. Vater ist gestorben, ich hatte ihn trotzdem noch gerne, ich war froh, dass er nicht mehr unter den Schmerzen leiden musste. Aber ich mache ihm auch Vorwürfe, dass er sich nicht besser um uns gekümmert hatte. Ich war gemein zu ihm, ich habe zurückgemault, am nächsten Tag passierte der Unfall. Er lag im Koma, er ist nicht mehr zurückgekommen. Ich ging ihn oft besuchen, ich hab mit ihm geredet, ihm verziehen, aber er konnte nicht mehr reden. Ich weiß nicht, ob er mich geliebt hat, ob er mir auch verziehen hat.«

»Früher hat dir dein Vater bestimmt gezeigt, dass er dich mag.«

»Ich habe kein Bild davon, ich müsste mich erinnern, wenn es so was gegeben hätte.«

»Erinnerungen sind das Beste, das wir haben, die kann uns niemand nehmen. Es gibt immer Missverständnisse und Fehler, weil auch unsere Eltern menschlich sind. Aus Fehlern lernt man, aber gute Erinnerungen sind wichtiger. Damit halten wir unsere Eltern in Ehren. Ein einziges positives Andenken ist wichtiger als 1000 negative.«

»Ich kann mich an nichts Positives erinnern.«

»Gut, geh mal in einer Trance danach suchen. Entspann dich, mach die Augen zu und fang an, von guten Erinnerungen zu träumen. Dann taucht ein Ereignis auf: Dein Vater versteht dich, beachtet dich und hat dich gerne.«

Nach einer Pause sagte Angela: »Als ich einmal traurig von der Schule heimkam, hat er mich getröstet, indem er sehr witzig, sehr lustig zu mir sprach beim Mittagessen. Ich fühlte mich außerordent-

lich geliebt.« Nachdenklich fügte Angela hinzu: »Trotzdem, Mutter war sensibler. Ich bin ihr näher gestanden.«
»Schwierige Zeiten bereichern uns, sie sind nicht dazu da, damit wir uns hassen. Behalte diesen wertvollen Traum im Herzen, dort ist er am besten aufbewahrt und beeinflusst auch deinen Alltag positiv. Ich verabschiede mich jetzt als guter Onkel Fred. Ich bin ja gar nicht wichtig für dein zukünftiges Leben. Aber gute Bekannte aus der Vergangenheit trifft man immer wieder gerne, weil man ihnen vertrauen kann.«

Ich glaube, die Hypnose hat Angela viel geholfen, sie befand sich jeweils in einer unglaublich tiefen Trance und kommunizierte trotzdem ausgezeichnet mit mir. Dies ermöglichte einen sorgfältigen Aufbau der Hypnose.

Wie es weiterging

Die Therapie dauerte noch ein weiteres Jahr, danach sah ich Angela in größeren Abständen, weil sie weg von zu Hause in eine andere Stadt zog. Sie schaffte die Führerscheinprüfung, bestand aber die Aufnahme in die Kunstgewerbeschule nicht. Sie hätte nach einem bestimmten Modetrend malen müssen, doch blieb sie lieber ihrem Stil treu. Sie kehrte an ihre alte Arbeitsstelle zurück, bekam eine Aufgabe, bei der sie nicht am Schalter stehen musste, sondern sie durfte kreativere Arbeiten erledigen. Sie zog mit ihrem neuen Freund zusammen, wurde nicht mehr magersüchtig, kämpfte mit dem Alkoholproblem, bekam es aber in Griff. Sowohl die Drogen als auch das Ritalin wurden entbehrlich für sie.

Kapitel VII

Claudia

1. Erster Teil: Stürmischer Beginn

Diese Fallgeschichte schildert einen sehr offenen und daher einzigartig anschaulichen Dialog zwischen Claudia und mir.
Claudia lässt sich nicht so gut einer bestimmten Gruppe zuordnen. Zwar beteiligte sie sich mit viel Engagement am therapeutischen Prozess und kämpfte mit den gleichen Problemen wie die Klientinnen, die Nähe zulassen: Schwierigkeiten wie emotionale Überwältigung oder fehlende Durchsetzungskraft. Doch spürten wir beide in unseren Begegnungen auch immer wieder die vielen Vorbehalte ihrerseits.
Interessanterweise fanden wir in Claudias Anamnese, im Unterschied zu den andern Fallgeschichten, keine fassbaren Gründe für den Ausbruch der Krankheit.
Claudia strahlte ein hohes Maß an Anmut und Liebenswürdigkeit aus, wenn auch oft von ihren Sorgen überschattet. Ausserdem zeichnete sie sich aus durch guten Willen, Ehrlichkeit, Intelligenz, gute Beobachtungsfähigkeit und Fleiß. So war es wirklich schwierig zu begreifen, warum Claudia in eine Magersucht hineingerutscht war. Claudias große Fähigkeiten kamen einfach nicht zum Tragen, und in ihrer Ehrlichkeit empfand Claudia dieses Manko subjektiv auch sehr stimmig – umso mehr schmerzte sie ihr eigenes Versagen. Vielleicht kann man als Forschungsreisender in Sachen Jugend anhand des folgenden Dialogs ziemlich exakt nachvollziehen, wie das delikate Zusammenspiel von Geben, Nehmen und Teilen bei einem talentierten Menschen durcheinander geraten kann.
Als Hypnotherapeut musste ich so vorgehen, dass meine Einmischung schnell, aber auch genügend sanft und sensibel wirkte; Claudia sollte meine Hilfe nicht zurückweisen können – in der Verweigerung wäre sie noch mehr zu kurz gekommen.

Abtasten

Ein befreundeter Psychiater, in dessen Gruppenpraxis Mutter und Tochter betreut wurden, überwies Claudias Familie. Vor zwei Monaten war die 16-jährige Claudia bei einem Gewicht von 44 kg aus der Kinderklinik entlassen worden mit der Abmachung, sie wieder zu hospitalisieren, sobald ihr Gewicht unter 40 kg fiel. Nachdem Claudias Magersucht definitiv einen negativen Verlauf nahm, wünschte die Familie, vor allem die Mutter, bislang übersehene Probleme in einer zusätzlichen Familientherapie anzugehen.
Zur ersten Familiensitzung erschienen die Mutter, der Vater und Claudias älterer Bruder Sven. Claudia weilte gerade bei einer befreundeten Familie, damit sie dort gesund würde. Zur Zeit wog sie 37,5 kg und war 171 cm groß. Eine psychosomatische Klinik erklärte sich schon gar nicht mehr bereit, Claudia bei diesem niedrigen Gewicht aufzunehmen.
Die gebildeten Eltern lebten seit einigen Jahren getrennt, ihre Kinder hielten sich abwechslungsweise bei beiden Elternteilen auf. Sven stand vor dem Ende der Berufslehre und experimentierte mit ersten Ablösungsversuchen. Er sagte: »Eigentlich gehen mich Claudias Essprobleme gar nichts an, obwohl sie damit ab und zu ziemlich nervt.«
Die Mutter berichtete: »Ich habe Angst, wir verpassen etwas. Wenn es nicht sofort aufwärts geht, muss Claudia in die Klinik. Ich rege mich auf und möchte mich von Claudia distanzieren, werde aber von meinem schlechten Gewissen eingeholt. Die Magersucht ist für mich eine riesige Bedrohung; auch erreiche ich meine Tochter emotional nicht mehr.«
Wegen der Magersucht hatte Claudia vor vier Monaten die erste Gymnasiumsklasse abgebrochen. Nach dem Krankenhausaufenthalt wohnte sie zuerst einige Wochen auf einem biologischen Bauernhof, bis sie so viel Gewicht verlor, dass die körperliche Arbeit sie überforderte. Auch andere Hoffnungsschimmer leuchteten kurz auf, bevor sie wieder schnell verglommen: Bewegungsgruppe für Essgestörte, Diätberatung, Aufenthalt bei befreundeten Familien. Die Mutter, selber im pädagogischen Bereich tätig, interessierte sich auch persönlich für die vielfältigen Therapieangebote.

Der Vater sagte: »In mir dominiert ein Grundvertrauen, dass es mit Claudia gut gehen wird. Aber im Moment weiß ich nicht weiter. Auch ich erreiche Claudia nicht.«
Der Therapeut fordert den Vater heraus: »Vielleicht wäre es gut, wenn Sie sich ihre Hilflosigkeit wirklich eingestehen und sie aushalten.« Der Vater blickte den Therapeuten überrascht an.
Dann legte der Therapeut seine Ansichten über die Therapie der Magersucht dar, dass es sich um eine jugendliche Entwicklungskrise auf dem Weg zur erwachsenen Selbstständigkeit handelt, dass es darum geht, diese Krise gut durchzustehen und daraus etwas zu lernen. Die Mutter hätte gerne gewusst, wie viel Druck sie auf Claudia ausüben solle. Der Therapeut antwortete: »Ich unterscheide zwischen gesundem und ungesundem Druck. Und dann muss man sich der sozialen Gesetze im Umgang der Menschen untereinander bewusst sein. Es gilt die Regel: Je mehr man will, um so kürzer ist der Hebel, an dem man sitzt. Also: Wenn man bei Jugendlichen unüberlegt Druck ausübt, dann wird man schnell an den kürzeren Hebel katapultiert.«
Nachdem wir uns so beschnuppert hatten, verabschiedete sich die Familie, und anscheinend fühlte sie sich genügend gut verstanden, weil sie sich bereits nach fünf Tagen wieder bei mir einfand, dieses Mal mit Claudia.

Sich kennen lernen und einen Rahmen schaffen

Sie kam gleich hinter ihrer Mutter zur Tür herein, begrüßte den Therapeuten locker, und in ihren Augen leuchtete ein lebendiger, neugieriger Schimmer, sodass vom ersten Moment an zuversichtliche Gefühle beim Therapeuten aufkamen. Als Claudia mehrmals im Laufe des Gesprächs das Anliegen ihrer Mutter unterstrich, nämlich dass sie intensivere Therapie benötigte, wollte sich der Therapeut ein solch ungewöhnliches Angebot nicht entgehen lassen. Wie immer bei schwerwiegenden Problemen fragte der Therapeut die Patientin, was ihrer Meinung nach helfen würde. So nahm der Therapeut auch Claudias Verlangen nach strukturierten Menüplänen ernst und forderte von Vater und Mutter gleichermaßen, für Claudia einen strikten Essensplan aufzustellen.

Die große Verzweiflung der Familie kam jetzt deutlich zum Vorschein. Seit zwei Monaten, nach der Krankenhausentlassung, ging es zuerst rapide bergab, mit Gewicht und Nerven gleichermaßen, und dann durchlief die Gewichtskurve eine rasante Berg- und Talfahrt. Nach den Weihnachtsferien vereinbarte der Vater mit Claudia, dass sie jede Woche ein halbes Kilo zunehmen sollte, und diese Abmachung veränderte den Gewichtsverlauf überhaupt nicht positiv, sondern fügte einzig der Hoffnungslosigkeit ein weiteres Stückchen hinzu, da nun erneut ein Projekt zur Genesung gescheitert war.
An Einsicht fehlte es Claudia nicht: »Ich sollte mit meinen Spielchen aufhören; ich will nicht krank sein; ich sollte meine Situation und Nahrungsaufnahme nicht immer mit derjenigen anderer Menschen vergleichen; manchmal geht es gut, aber während der häufigen Abstürze verzweifle ich und benehme mich dann sehr hässlich.«
Die Hilflosigkeit siegte über ihre Vernunft, und in dieser Situation wollte Claudia vom Therapeuten wissen, wie er die Situation einschätzte. Dass Claudia von negativen Äußerungen über den unglücklichen Verlauf der Magersucht ziemlich alarmiert war, realisierte der Therapeut zu diesem Zeitpunkt noch nicht. Er antwortete: »Manchmal muss man zuerst genau schauen, was möglich ist. Sofern man etwas wirklich will, schafft man es meistens auch. Es gibt ein wunderschönes Lied von Jimmy Cliff: »You can get it if you really want.«
Vater, Mutter und Sven wussten nicht mehr, wie miteinander umgehen: Wann soll man nachgeben und wann auf seiner Meinung beharren? Der Therapeut vertraute auf die Fähigkeiten der Familie, dass sie neue Formen der gesunden Auseinandersetzung finden könnte. Seine Zuversicht, dass ein vernünftiger Umgang mit der Magersucht möglich ist, sollte diesen Lernprozess unterstützen. Deutlich unterschied der Therapeut zwischen »eine Magersucht haben dürfen, was in gewissen Situationen durchaus Sinn macht« und »fahrlässig und lebensbedrohlich seine Gesundheit aufs Spiel setzen«. Diese Grenze könnte man bei 40 kg ansetzen, schlug er vor. Ein erstes Ziel bestand darin, dieses Gewicht in nützlicher Frist zu erreichen, damit sich Claudia wieder in ihr Umfeld zu Hause integrieren könnte. Der Therapeut schilderte, wie Bertrand Piccard auf seiner Erdumrundung im Ballon schwierige Situationen gemeistert hatte, und er attackierte Claudias Vater, indem er die Ge-

schichte eines befreundeten Arztes erzählte, der wegen der Magersucht seiner Tochter eine Familientherapie besuchte, wo er aufgefordert wurde, präziser und öfter eigene Stellung zu beziehen, eben weil er, und das gab der Freund freimütig zu, früher um des Friedens willen lieber geschwiegen hatte.
Am Schluss fasste der Therapeut seine ersten Rezepte zusammen: »Langsame aber stetige Entfernung aus dem lebensbedrohlichen Gewichtsbereich – die Eltern stellen ein verbindliches Essprogramm für Claudia zusammen – bezüglich Essplan könne man Claudia pro Woche eine Stunde ›meckern‹ oder diskutieren erlauben, danach solle sie ihre Kommentare einschränken: Diese Bestimmung dient vor allem der Schonung von Mutters Nerven.«

Es ging alles ganz schnell damals, mir kam es vor wie ein Tanz auf brechenden Wellen. Verstand die Familie, was ich sagte, wie ich es sagte? Zu meiner Orientierung blieb keine Zeit, Befragungen hatte die Familie schon genug erlebt, bei einem Klärungsversuch hätte ich mich in ihrer Geschichte verloren, auch ohne Erforschung der Vergangenheit reichte die vorgesehene Zeit für Familiensitzungen nie ganz aus. Als einzige Möglichkeit setzte ich blind einige Markierungspunkte, dabei hoffend, sie ergäben ein bisschen Sinn für die Familie. Und ich vertraute auf mein Therapiesetting: Durchhaltevermögen angesichts von Schwierigkeiten; Stütze für die Mutter, indem ich den Vater attackierte – der Vater als toleranter Mensch verzieh mir schnell. Das lockere Operieren im Dunkeln hat, wie im zweiten Kapitel erwähnt, durchaus Platz in einem hypnotherapeutischen Konzept, aber auch Frank Farrellys provokative Therapie ermöglicht solche Manöver, wie das Kapitel VIII zeigen wird.

Dann ging alles noch schneller: Claudia beendete von sich aus die Therapie am alten Ort und kam anfänglich zwei bis drei Mal pro Woche zu mir in die Praxis; alle zwei bis drei Wochen kam sie zusätzlich mit der ganzen Familie. Ich nahm mir die Extrazeit für Claudia, weil ich dachte, der Einsatz lohne sich für sie und Claudia braucht sie dringend. Gesundheitlich habe ich selbst einige Zeit darunter gelitten, ich war arbeitsmäßig ohnehin überlastet. Und die Verantwortung drückte schwer: Ich war, wenn auch unabsichtlich, »mitschuldig« am Therapieabbruch bei der früheren Therapeutin; zudem schien, nach so viel Therapieversuchen, Claudias Situation ziemlich verfahren, wenn nicht gar hoffnungslos.

Im Niemandsland

Neugierig kam Claudia am nächsten Tag alleine in meine Praxis. Ihre brave, einsichtsvolle Art kontrastierte scharf mit der ausgezehrten Gestalt, welche die Abgründe eigener Unfähigkeit verkörperte. Drei Dinge quälten Claudia am härtesten: Zu zwei guten Freundinnen hatte sie vor einem dreiviertel Jahr den Kontakt verloren. An Weihnachten schrieb Claudia einen Brief, den Michaela nicht beantwortet hatte; nur als sie sich zufällig in der Stadt über den Weg liefen, quittierte ihn Michaela nebenbei mit einem Dankeschön: »Den Brief habe ich ja auch noch erhalten.« Dabei hatte Claudia ihr Herz weit geöffnet und ihre innersten Gefühle geschildert! Das flüchtige Dankeschön wirkte wie ein Kübel Wasser: Claudia fühlte sich »verarscht« und erniedrigt.

Das zweite Problem war, dass Claudia – als beinah hellsichtige Beobachterin sozialer Beziehungen – mit besonderer Intensität das Dilemma zwischen Sich-selbst-Sein und schauspielerischer »Coolness« innerhalb einer Gruppe Gleichaltriger wahrnahm. Der Therapeut sagte: »In deinem Alter büßt man die familiäre Geborgenheit ein, das Eingebettet-Sein in einer Gruppe könnte die Einsamkeit verdrängen. Doch sollst du deine Isolation nicht als dein persönliches Versagen betrachten und dich nicht übermäßig kritisieren. Einsamkeit gehört manchmal zur Jugend. In der gestrigen Familiensitzung hat deine Mutter klargemacht, dass sie deine Suche und Sehnsucht nach Geborgenheit nicht vollständig befriedigen kann und will. Die Mutter hofft auf mehr Selbstständigkeit, gerade weil sie deine Sehnsucht und deine Sucht als große Last empfindet.« In vernünftigen Momenten sah Claudia ziemlich klar. Doch in schwierigen Momenten ändert sich alles.

Ihre Vernunft half auch nicht beim dritten Problem: Claudia erkannte haargenau, dass sie bald wieder schwach würde. Süchtiges Verzichten aufs Essen, Vergleichen der Nahrungsmenge, hyperaktives Abtrainieren des Gewichts, alles würde dann unweigerlich wieder die Oberhand gewinnen. Vielleicht kamen diese Einbrüche gerade deshalb, weil Claudia mit all ihrer Intelligenz und Vernunft wusste, dass sie bevorstünden. »Ich brauche ein drohendes Messer am Hals, damit ich von der Gewichtsreduktion ablassen kann«, sagte sie.

Der Therapeut gab ihr Recht, fügte aber hinzu: »Dies ist nur die halbe Wahrheit. Die positive Nachricht lautet, dass an der Wurzel aller drei Probleme derselbe Wunsch nach mehr Zuneigung liegt; ein Wunsch, der dich wieder stärker ins Leben hineinziehen wird.« Der Therapeut schenkte Claudia möglichst viel Zuneigung und Bestätigung, und er betonte, dass man sich im Leben nur einen Teil der gewünschten Zuneigung erkämpfen kann; den andern Teil bekommt man geschenkt oder eben auch nicht:
»Natürlich gehören Enttäuschungen zum Leben, und wenn du während eines Schwächeanfalls nicht konstruktiv kämpfen magst, dann sag dir einfach: »O. k., ich bin überfordert, ich ruhe mich aus und fange später nochmal von vorne an.« Wichtig ist, den Schwächeanfall zu überstehen – überstehen tut man ihn eigentlich immer – und während dieser Zeit keine Dummheiten zu machen.«
Im Moment konnte dieses Programm nicht klappen, dazu war die Frustrationstoleranz zu gering. Aber es war ein Anfang und Ausblick zugleich, ein Ziel, das später einmal möglich sein könnte.
Obwohl sich im Moment Claudias Leben nicht veränderte, nahm sie erstaunlich viele Ideen auf, wie ich erst viel später erfuhr. Auch im Alltag entstanden immer wieder Missverständnisse, da sie sich nicht anmerken ließ, ob sie verstanden hatte.
Nach einer ersten Diskussion der sozialen Situation kam auch ihre persönliche Befindlichkeit zur Sprache. Weil Claudia im Schwächeanfall schummelte und überhaupt nicht gesund werden wollte, lebte sie in fortwährender Angst und Panik, nie mehr von ihrer Sucht loszukommen.
Noch stärker wurde sie von Frustrationen erschreckt, übellaunig fing sie dann zu jammern an, was wiederum die Mutter auf die Palme brachte. Die Mutter befand sich sowieso am Rand ihrer Kräfte und Nerven, hatte immer weniger Lust, auf die starren Vorstellungen ihrer Tochter einzugehen, und die kleinste Abweichung ihres Programmes brachte Claudia ihrerseits wieder in Panik.
Claudias Überforderung, Suchtmechanismen und Passivität gingen Hand in Hand und gewannen den Kampf gegen ihre Vernunft auf leichte Art. In dieser Sitzung hörte ich mir die Schwierigkeiten ruhig an und vermittelte, dass später wieder andere Zeiten kommen werden – so legte ich das Fundament, dass man nicht nur aufgeregt gegen, sondern auch ruhig mit seinen Schwierigkeiten kämpfen kann.

Instabilitäten und Schattenseiten

Wir befanden uns bereits in mehreren Irrgärten gleichzeitig, die ineinander verwoben besonders gefährlich werden.
Gegenseitige Sympathie und die Suche nach einem vernünftigen Weg kämpften in der Therapie gegen Lähmung und Unsicherheit. Das kalte Februarwetter kroch ins Behandlungszimmer wie der schwarze Mantel, der die dünne, lange Gestalt einhüllte, und danach lag der Mantel fein säuberlich auf dem Sessel nebenan, wie zum Schutz, damit der Therapeut ihr nicht zu nahe käme. Claudia brauchte ein Messer am Hals, wie sie sagte, um sich der Vernunft zu beugen. Sie zweifelte an sich und an ihrer Motivation: vielleicht war der Wechsel der Therapie nur aus der leeren, vergeblichen Hoffnung entstanden, dass etwas Neues an sich schon eine Verbesserung bewirkt.
Die positive Seite der Symptome hilft, deren Existenz zu akzeptieren. So kann man in der Auseinandersetzung mit den Schwierigkeiten persönlich reifen. Der Reifungsprozess funktioniert nämlich nicht, wenn die Symptome getrennt vom eigenen Empfinden dahinwuchern.
Der Therapeut sagte: »Die Sucht schenkt dir viel Angenehmes auf die schnelle Art, das kann man ja immerhin bewundern. Der Nachteil liegt darin, dass du die Lust mit wenig Kontrolle und Befriedigung erlebst. Das Angenehme dauert nur kurz, weil es nicht dir, sondern der Sucht gehört. Irgendwann in der Zukunft schenken dir die normalen Annehmlichkeiten des Alltags wieder mehr Befriedigung. In der Sucht steckt auch die Sehnsucht nach Zuneigung. Ich habe dir schon früher erklärt: Wo Licht ist, ist auch Schatten. Auf der Schattenseite deines Lebens wetzt das Messer an deinem Hals, und da gibt es in deinem Innern auch die kriegerische Seite. Mir kommt es vor, als wäre es gar nicht dein eigener Schatten, sondern der Schatten deines Vaters. Dein Vater hat seinen Schatten vernachlässigt und du versuchst ihn stellvertretend für ihn zu verdauen. Kein Wunder, dass dir dabei schlecht geworden ist!«
Claudia beklagte sich: »Ich weiß bei meinem Vater oft nicht, woran ich bin.«
»Der kriegerische Schatten würde deinen Vater fassbarer machen; in dir treibt er den sanften Selbstmord voran.«

Claudia mochte es überhaupt nicht, dass der Therapeut ihr Idealbild des Vaters zerstörte. Misstrauisch versuchte sie, die Strategien des Therapeuten zu durchschauen und ihnen zuvorzukommen. Deshalb erklärte der Therapeut seine Techniken und Absichten bis ins Detail, was Claudia erstaunte. Damit untergrub er ihr Misstrauen, man wolle sie (in ihrem Selbstbestimmungsrecht) manipulieren; er wollte ihr beweisen, dass Offenheit sie weiterbringt; nicht dass es um ernsthaftes Interesse und Ringen um Verständnis geht.
So nahm Claudia die Erklärungen amüsiert zur Kenntnis. Und trotzdem tauchte am Schluss der Sitzung ihre klagende Seite wieder auf: ein komisches Gefühl und die Idee, dass nichts hilft und sie ein armes Geschöpf sei. Der Therapeut sagte: »Vielleicht zeigt dir dein Jammern den Weg zu dem, was dir fehlt und was du dir wünschst.«
In ihrem Idealismus sah sich Claudia dem Schatten wehrlos ausgeliefert: Schlechte Motive fraßen die guten auf, unangenehme Gefühle die angenehmen, Misstrauen die Offenheit, Jammern die Hoffnung, und ihr »Ich« fühlte sich dazwischen hin- und hergerissen. Ich meinerseits legte meine Absichten gerne offen: Richtig formuliert, wirken Erklärungen wie zusätzliche Suggestionen zur Beruhigung.

Erste Hypnose

Am nächsten Tag bedankte sich der Therapeut für die Offenheit, mit der sie ihm ihre schattenhafte Jammerseite offenbart hatte. Er bezeichnete es als Beweis ihres Vertrauens. Eigentlich hatte der Therapeut ganz am Anfang gedacht, Claudia sei – wie andere Magersüchtige – in der Schule sehr ehrgeizig, und erst später fand er heraus, dass dies nicht zutraf. Jetzt erschien sie ihm als zerbrechliche Künstlerin, und mit dieser Charakterisierung konnte sich Claudia eher anfreunden. Auch vermutete er richtig, dass Claudia zu heftigen Eifersuchtsreaktionen neigte.
Schmerzhafte Niederlagen spielen bei der Auslösung der Magersucht eine wichtige Rolle, und Niederlagen schmerzen auch ohne übertriebenen Ehrgeiz.
Die eigenen Gedanken, das ewige Vergleichen, Wägen, Zählen und das Gewicht in Grammen gerechnet machten Claudia Höllenangst, sodass der Therapeut ihr eine Hypnosesitzung vorschlug: »In einer

hypnotischen Trance gewinnst du deine Lockerheit zurück; in Trance bleiben die negativen Gedanken im Hinterkopf. Sie sind beruhigend weit entfernt, weil in Hypnose das Unbewusste wichtig wird.«

Claudia besaß noch keine Erfahrung in Entspannung oder Meditation, mit Feldenkrais war sie ein bisschen in Berührung gekommen. *Bei der Einführung hypnotischer Sequenzen fühle ich mich auf einer delikaten Gratwanderung. Zu vielen magersüchtigen Jugendlichen passt die hypnotische Art des Erlebens ziemlich gut, aber es ist schwierig für sie, Stellung zu beziehen, ob sie die Hypnose wünschen oder nicht. Die Hypnose verlangt nach einem eigenen Standpunkt, bevor man in Trance loslassen kann. Oft erlebe ich bei Magersüchtigen nach der Hypnose eine vorübergehende Verschlechterung ihrer Befindlichkeit, weil in Hypnose der letzte Rest an falscher Sicherheit verloren geht. Doch die Situation war damals so schwierig, beinah hoffnungslos, und mit dem Mut der Verzweiflung musste es einfach sein, auch wenn Claudia vielleicht lieber ihr Leid geklagt hätte.*

Der Therapeut schickte Claudia in Trance, indem er sie aufforderte, mit offenen Augen ihr Lieblingstier, eine Katze, zu halluzinieren. Dann induzierte er in ihrer rechten Hand eine Katalepsie, welche die Entspannung in ihrem Körper stabilisierte. Weil sich ihre Hand zu schnell senkte und die Katalepsie verlor, wiederholte der Therapeut den Vorgang, und beim zweiten Mal nahm sich Claudia genügend Zeit und Muße, sodass die langsam nach unten schwebende Hand kataleptisch blieb. Während Claudia schwerelos durchs Weltall schwebte, sagte der Therapeut eindringlich: »Beides, Erfolg und Misserfolg, gehört zum Leben. Erinnere dich jetzt an Dinge, die dir gelungen sind ... (längere Pause), und solche, die nicht nach Wunsch verliefen. Eine Niederlage ruft nach vermehrtem Durchhaltewillen und Kampfgeist.

Nach einem Schwächeanfall musst du dich nicht als Versagerin beschuldigen, sondern du kannst die Schwäche als Erholungspause genießen. Die hypnotische Trance ist auch so eine Art Schwächeanfall, wenn z. B. jetzt dein Wille dem Unbewussten erlaubt zu träumen, und dabei genießt du die Freiheit des hypnotischen Schwebens durch das Weltall. Und wenn du, Claudia, jetzt schon im Weltall bist, kannst du ja auch gerade deine jammrige Seite auf den

Mond schießen, wo sie gut aufbewahrt ist und dich so die meiste Zeit hier auf Erden in Ruhe lässt.
Mit hypnotischer Gelassenheit müsstest du in Zukunft wegen der Niederlagen gar nicht mehr beleidigt sein, sondern du könntest aus den Fehlern etwas lernen.«
Ich ließ sie ihre klagende Seite hypnotisch dissoziieren, weil sie im Moment für eine erfolgreiche Auseinandersetzung zu wenig stark war.
Danach erzählte der Therapeut zwei typische Geschichten von Milton Erickson, nämlich die Heilung einer Brechphobie und die Heilung einer Selbstmordgefährdeten. Diese Geschichten gaben ihr Hinweise zur Strukturierung des hypnotischen Erlebens.
Claudia kam aus der Trance zurück, indem sie von 10 bis 1 zählte. Sie fühlte sich wohl und hatte eine angenehme Trance erlebt. Im Erwachen erschien ihr Gesicht dem Therapeuten wunderschön, und er sagte es ihr. Ihre Katze hatte sie zu Beginn in allen Details gesehen, und der Therapeut kommentierte: »Ich merke, du hast ein Talent für Ästhetik.«
Um sie von der Trance abzulenken und destruktive, bewusste Gedanken zu verhindern, stellte ihr der Therapeut die nächste brennende Frage:»Weißt du eigentlich, was bei dir die Magersucht ausgelöst hat: Nicht eine Enttäuschung in der Liebe, nicht ein übermäßiger Ehrgeiz – aber vielleicht die Sensibilität einer ungeduldigen Künstlerseele?« In diesem Moment gab es keine abschließende Antwort.
Danach kündigte der Therapeut an, er werde später mit ihr schimpfen müssen, zwar auf liebevolle Art, und sie müsste es trotz ihrer Sensibilität aushalten, und Claudia meinte, es ginge schon, nur wenn es zu laut werde, dann würde sie aus Gewohnheit erschrecken, weil bei ihnen zu Hause früher niemand sehr laut gesprochen hätte.
Für die nächste Woche hatte sich Claudia eine Praktikumsstelle in einem Büro gesichert, sodass ihr Alltag etwas Struktur bekam und sie sich weniger nutzlos oder verloren fühlte.

Krise und Konfrontation

Tapfer kam Claudia am Montagmorgen vor der Arbeit zur Therapie, und diese Tapferkeit strich der Therapeut heraus als Claudias

gute Fähigkeit, auch harte Situationen zu meistern. Mit den wenig strukturierten Wochenenden kam Claudia schlecht zurecht, und am Sonntagabend war sie nicht gut drauf.
Claudia wusste, dass eine Krise sie weiterbrächte, auch dass sie Krisen geduldig ertragen sollte und vor allem während den Krisen keinen zusätzlichen Blödsinn anstellen durfte, aber dies gelang ihr meistens nicht. Der Therapeut sagte: »In der Pubertät wird einem von der Gabe der Erkenntnis großzügig geschenkt, und dann verunsichert diese mehr als dass sie stärkt, wenn man eben klarer erkennt, was einem fehlt.
Ich möchte dir von Max erzählen, der häufig von depressiven Krisen geplagt wurde. Ich bot ihm das Bild eines schmerzlichen Lochs an, in das er immer wieder fiel, und ich machte ihm klar, dass er gar nicht aus einem bösartigen Grund hineinfiel, sondern vor allem zum Zweck, klettern zu lernen. Und je mehr er ins Loch fällt, um so häufiger erhält er die einmalige Gelegenheit, das Klettern zu trainieren. Kürzlich hat er mir erklärt, dass er nicht nur ins Loch gestürzt sei, sondern die Leiter gerade noch hinterher gefallen sei, und sein Darüber-Nachdenken mache alles noch viel schlimmer. Und eigentlich wolle er nichts weiter als 100% Sicherheit. Ich entgegnete Max, er könne sein Denken noch besser kennen lernen, und jedes Mal, wenn er mit Denken seine Situation verschlimmert, dann sei das eine Gelegenheit, nicht mehr 100% auf seine tyrannische Suche nach absoluter Sicherheit zu setzen, sondern stattdessen auf seinen Körper zu hören, der gerade wieder mit Schmerzen und Engegefühlen rebelliert. Denn nicht Tyrannisieren, sondern Partnerschaft mit dem Körper bringe Wohlbefinden, z. B. indem er sich eine schöne weiche Stelle sucht, wo er bequem ohnmächtig werden kann, wenn sein Körper dies wirklich wolle, und er sich dann erinnere, dass es sich um eine Angst vor dem Ohnmächtigwerden handle und nicht um eine Tatsache, da er in der Realität ja noch nie ohnmächtig geworden war. Seine Symptome beweisen nicht, dass er im Unrecht ist, sondern seine Unfähigkeit, auf sich zu hören statt nur zu befehlen, und dies sei kein Mangel, sondern ein Lernprozess.
Max entgegnete, wenn er ehrlich sein wolle, sei ihm gar nicht danach, besser auf seinen Körper zu hören.« Der Therapeut lachte.
Scharfsinnig bemerkte Claudia sofort, dass es schwierig ist, ohnmächtig zu werden, wenn es einem vorgeschrieben wird.

»Mit Krisen umzugehen lernt man auch, wenn man Jugendliche mit Tourette-Syndrom beobachtet, wie sie kompetent ihre schweren Tics in Schranken halten; sie können das, weil sie ihre Tics akzeptieren, um das Beste daraus zu machen. Absichtlich eine einsame Tic-Party machen hat Ähnlichkeiten mit extra die Gedanken noch schlimmer machen oder willentlich eine Ohnmacht suchen.«
Claudia begriff schnell, worauf der Therapeut hinaus wollte, und trotzdem überwogen Angst und Zweifel: »In einer Krise ziehen mich die schlechten Gefühle und Gedanken immer mehr hinunter.«
Damit Claudia aus den vielen Irrgärten herausfand, in denen sie sich verlaufen hatte, musste zuerst ein weiterer Irrgarten sichtbar gemacht und entwirrt werden, so wie ich in der letzten Sitzung angedroht hatte.
Der Therapeut bedauerte: »Dein destruktiver Egoismus will die Schönheit der Natur, deinen Körper zerstören, doch im Endeffekt wird die Schönheit der gesamten Natur als Stärkere überleben. Dein übertriebener Stolz, der im Zerstören seine unendliche Macht demonstrieren will, kann die Natur nicht zerstören, höchstens dich selbst, aber irgendwann gibt es auch in der Sucht eine Umkehr, dort, wo z. B. der Alkoholiker seinen Tiefpunkt im Graben gefunden hat.«
Und so schimpfte der Therapeut mit Claudia und äußerte danach sein Bedauern, dass sie vielleicht den harten Weg wählen werde, auch wenn der einfachere Pfad offen stünde, nämlich vom sturen Stolz ablassen, dass sie unbesiegbar sei. *Später würde Claudia bestätigen, dass sie am Tiefpunkt ihrer Magersucht die drohenden Gefahren nicht wirklich ernst genommen hatte.*
Claudia sah es ein und schilderte ihre Angst vor den Teigwarenportionen, und der Therapeut ergriff die Chance für einen versöhnlichen Schlusspunkt der Therapiestunde, indem er von der Entwicklung des Säuglings sprach und der Möglichkeit, mit einem Maskottchen oder Talisman über die schlimmsten Momente der Einsamkeit und Gefahr hinwegzukommen.
Nachmittags rief Claudias Mutter an. Die Hypnose der vorletzten Sitzung hatte sie neugierig gemacht. Sie erzählte: »Am Tag nach der Hypnose wirkte Claudia etwas benommen, doch am nächsten Abend hat sie sich zum ersten Mal seit langem wieder mit Freundinnen verabredet.«

Mit Einschränkungen leben lernen

Die dunkle dünne Gestalt kam gehetzt die Stiege hinauf, an diesem düsteren kalten Morgen nachdem sie beim Hausarzt ihr Gewicht hatte überprüfen lassen. Claudia litt unvermindert unter der Tyrannei der Zahlen und der ewigen Vergleiche mit den Eckdaten anderer Menschen, und sie dachte immer noch, es seien schädliche Gedanken, weil sich quälende Gefühle dazugesellten. Der Therapeut wollte diese Gedanken nicht verurteilen, und dies überraschte Claudia immer wieder, wie auch die Forderung des Therapeuten nach einem kreativen Umgang mit diesen Zahlen. Auch in der Kindererziehung muss man die wichtigen Dinge mehrmals wiederholen.
»Es kommt nicht darauf an, was man hat, sondern was man daraus macht. Wie ich schon letztes Mal in der Geschichte von Max erwähnte, kannst du die Gedanken verstärken, bis du genug von ihnen bekommst, und dann warten, bis sich zur Abwechslung konstruktivere Gedanken melden.«
Ich befand mich in einer Zwickmühle, die im Umgang mit Jugendlichen typisch ist: Claudia sehnte sich nach geistiger Nahrung und stellte sie sofort in Frage, sie schrie mit ihrer liebenswürdigen Art und ihrem ausgemergelten Körper nach Zuneigung und zweifelte sofort daran, sie wollte geführt werden und rebellierte im nächsten Augenblick: Mit andern Worten, das kommunikative Zusammenleben, bestehend aus Geben, Nehmen und Teilen, musste noch geübt werden. Deshalb verließ ich mich auf eine bestimmte Art des paradoxen Zugangs, indem ich all ihre Qualen und Dummheiten, die sie selbst ablehnte, akzeptierte und dann immer wieder sibyllinisch fragte, was sich wohl hinter den quälenden Gedanken versteckte, was man daraus lernen konnte und wohin es Claudia wohl führen werde. Am wichtigsten schien mir, nie die Illusion aufkommen zu lassen, dass das Leben ohne Einschränkungen oder Hartbrot funktionieren könnte. Milton Erickson betont die Wichtigkeit des Kontrasts, und ich versuchte diese Kontrasttechnik in Seminaren zu vermitteln, meist vergeblich. Umso überraschter fiel ich im Film »The Hours« beinah aus dem Sessel, als Virginia Woolf auf die Frage, warum in ihrem Buch unbedingt jemand sterben muss, erklärte, dass der Kontrast des Todes die glücklichen Stunden umso wertvoller mache.

Claudia fahndete ständig nach versteckter therapeutischer Manipulation, doch der Therapeut machte aus seinen Absichten kein Hehl, und doch zweifelte Claudia, ob sie alles begriff oder ob der Therapeut ihr auch alles gesagt habe. Z. B. beharrte der Therapeut darauf, dass ihr Gewicht von 37,5 kg auf 41 kg steigen müsse, und danach dürfe sie von ihm aus ruhig ein Weilchen magersüchtig sein. Der Vorschlag einer solchen Zwischenetappe befriedigte Claudia überhaupt nicht, sie wollte, wenn schon, vollständig geheilt werden, fragte im gleichen Moment, ob dies überhaupt möglich sei, und sie erwähnte die jungen Frauen in der Bewegungstherapie, die sie in Bern besuchte. Diese würden ziemlich klagsam an ihren Ess- und Alltagsproblemen leiden und nicht das verkörpern, was sie sich unter einem gesunden Leben vorstellte.
Zur Erklärung seiner Strategie sagte der Therapeut: »Hohe Ziele setzen dich unter einen zu großen Druck, und dieser Druck aktiviert die Suchtmechanismen. Zudem stärkt ein nettes Zwischenziel deine Geduld, die du im Reisegepäck des Lebens gut gebrauchen kannst. Schließlich ist es deine und nicht meine Entscheidung, wann und auf welche Art du gesund werden willst. Die Zwischenetappe ist nicht ein Befehl, sondern ein vernünftiger Vorschlag von mir. Manchmal erreicht man seine Ziele auch gegen die Vorschläge des Therapeuten.«
Claudia war froh, von mir immer wieder einen optimistischen Ausblick auf die Magersucht zu kriegen, sie erzählte, im Spital habe sie häufig eine abschätzige Sichtweise über die Magersüchtigen zu spüren bekommen, dass diese – verlogen wie sie sind – sowieso im Elend enden würden.
Der Therapeut erzählte von Bertrand Piccards Philosophie und der 10%-Kontrolle, die er beim Ballonflug besitzt und trotzdem ans Ziel kommt, obwohl er sich manchmal ungünstigen Winden ausliefern musste – und gerade durch das Sich-Ausliefern ein Gefühl der Freiheit fand. Und er fügte eine Schilderung an, wie buddhistische Mönche mit Hilfe der so genannten Koans zur Erleuchtung gelangen.
Natürlich überfielen Claudia immer wieder Ängste, dass sie, einmal die Bremsen gelöst, unkontrolliert zunehmen werde. Doch erstens besaß sie nicht die Konstitution für rundlichen Körperbau und zweitens empfahl ich ihr ja, einen Zwischenstopp einzulegen. Claudia

folgte mir auf gedanklicher Ebene, ohne dass sie mir auch emotional Glauben schenkte, und deshalb würde es so wichtig sein, dass sie die Erfahrung des Zwischenstopps machte, auch wenn das später einmal für die Mutter ein weiterer Anlass für große Verzweiflung sein würde. Und so geschah es dann auch.
Batesons Theorie über die Alkoholiker war bei Claudia hängen geblieben, vor allem weckte diese Theorie Zweifel und Ängste, sie würde nie aus ihrer Sucht herausfinden. Der Therapeut ergänzte: »Auch wenn der Alkoholiker immer Alkoholiker bleibt, beeinflusst das Wissen darum sein Alltagsleben nur positiv. Er bleibt ja nüchtern, und sein Wissen verhindert einen sinnlosen Kampf gegen das Schicksal.«
Als Fortsetzung der letzten Sitzung, doch versöhnlicher, philosophierte der Therapeut ein bisschen über seine Lieblingsidee: Aus der Sicht des Universums besteht beim Alkoholiker eine Win-Win-Situation: Die Schönheit der Natur würde im Nachhinein triumphieren, der Alkoholiker könne die Natur nicht zerstören, ob er den Wendepunkt im Graben erreicht oder auch nicht. Claudia würde Teil der schönen Natur werden oder ganz aus ihr Verschwinden, aus der Sicht des Universums würde das wohl keinen Unterschied ausmachen. Für sie selbst schon, aber sie habe die Möglichkeit zu wählen: an der Schönheit der Natur teilzunehmen ohne gegen die vereinten Mächte der ganzen Welt zu gewinnen.
Zweifelnd und hilflos blickte Claudia den Therapeuten an: Sie möchte ja schon, aber wie?
»Wenn du einen Fehler machst, wenn du ›gesündigt‹ hast, kannst du ja zur Strafe einen Schokoladeriegel essen. Zur Wiedergutmachung und weil es vernünftig ist. Du hast es selbst in der Hand.«
Der Therapeut hatte zu Beginn der Stunde gemerkt, dass Claudia beim Hausarzt etwas Unangenehmes erlebt hatte. Deshalb fragte er nochmals, und jetzt bekam er von Claudia als Antwort: »Es war schrecklich, ich musste eine Viertel Stunde ohne Kleider im Kalten warten, bis der Doktor Zeit hatte, und danach hat er mich gelobt, weil ich ein halbes Kilo zugenommen habe, und dies weckte komische Gefühle in mir.«
Der Therapeut versuchte sie zu trösten: »Behalte einen warmen Pullover an, bis der Doktor ins Zimmer kommt, und nimm die Worte deines Hausarztes nicht zu ernst. Man muss sich abgrenzen

und sich nicht allen Unannehmlichkeiten der Welt schutzlos ausliefern.«
Diese Sitzung nimmt einen zentralen Platz ein in Claudias Therapie: Ich betonte mehrmals, dass man mit Einschränkungen nicht nur gut lebt, sondern dass sie geradezu eine Voraussetzung fürs Glück sind. Man verurteilt die quälenden Symptome nicht, auch wenn man sie später überwindet: Mit einer Verurteilung würde man ebenfalls die Illusion nähren, es gehe ohne Einschränkungen im Leben. Da Claudia zwei Mal pro Woche zur Therapie kam und ich meistens länger als eine Stunde mit ihr sprach, hatte ich reichlich Gelegenheit, sie nicht nur bei den drängenden Schwierigkeiten zu unterstützen, sondern auch an den Grundproblemen zu arbeiten.

Verschiedenartige Berechnungen

Claudia litt. Eigentlich war sie früher nie wehleidig gewesen, aber die jetzige Zerrissenheit und Instabilität empfand sie als äußerst unangenehm. Vor allem das ewige gedankliche Vergleichen entsprach gar nicht ihrem Naturell und zerrte an ihr bis zum Äußersten. »Ich sperre mich mit diesen Gedanken selbst in ein Gefängnis.« – »Das viele Vergleichen wird dir helfen, exakt auf das Gewicht von 41 kg zu gelangen. Das Leben spielt sich ab zwischen Spontaneität und überlegtem Handeln. In der Sucht kommt die lustvolle Launigkeit zum Vorschein. Aber weil die Sucht gefährlich ist und eine gewisse Kontrolle braucht, findest du im gedanklichen Vergleich den notwendigen Gegenspieler zur Sucht. Wie sagte schon Goethe in einem wunderschönen Sonett – als Lob der engen Form des Sonetts, die man als Gefängnis der freien Gedanken betrachten könnte: »In der Beschränkung zeigt sich die wahre Größe.«
Natürlich ist die gekonnte Beschränkung eine Voraussetzung fürs Glück, und da machst du in deinen Berechnungen einen Fehler: Wenn a gleich oder kleiner als b sein muss und a ist die Menge Kalorien, die zu dir gehören, und b die Menge, die zur Freundin gehört, dann kannst du bei dir noch einen Bonus dazuzählen, einen Bonus, weil du ja viel magerer bist als die Freundin. Das heißt, du kannst dir eine größere Nahrungsmenge gönnen, welche dir behagt. Die Kunst des Rechnens muss man eben beherrschen. Aber deswegen brauchst du dich nicht zu grämen: Du stehst am Anfang

deines selbstständigen Lebens, du bist wie Bambi bei den ersten
Gehversuchen, und wenn du jetzt lächelst wegen dieses Vergleichs,
dann weiß ich deinen Humor zu schätzen, einen Humor, dem ich
nicht bei allen Mädchen in deiner Situation begegnet bin. So darfst
du mit dir Geduld haben und dir Zeit lassen, um auch mit kleineren
Zielen zufrieden zu sein. Dies ist auch ein Grund, dass ich dir vorschlage, vorerst auf das Teilziel der 41 kg hinzuarbeiten.
Wenn du die ganze Zeit am Üben bist, wie Bambi das Laufen lernst
und nie zur Ruhe kommst, wenn du etwas essen willst und es nur
mit Widerwillen herunterschluckst, wenn du dich dann unbedingt
schlecht fühlen musst deswegen, dann sieh es als gerechte Strafe an
und nicht als Beweis deiner eigenen Fehlerhaftigkeit. Eine Strafe ertragen ist einfacher als perfekt sein. Dann musst du auch nicht zu
sehr schimpfen oder jammern deswegen.«
Das halluzinierte Bild der Katze erinnerte Claudia an die kleinen
Freuden im Leben und schickte sie in Trance. Die Katze symbolisierte Sicherheit und weite Welt zugleich, denn Katzen mögen
ihr Revier und mögen gestreichelt werden, machen aber sehr genau
das, was sie wollen. Obwohl sie sich ein bisschen anpassen, bleiben
sie sich treu. »In Trance vertraust du dir selbst so sicher und selbstverständlich, wie eine Katze ihre eigenen Wege geht. In Trance
kannst du deine Gedanken loslassen und dich von den vielen Aktivitäten ausruhen, die dich im Alltag beunruhigen.«
Später fuhr der Therapeut fort: »Hör meine Stimme jetzt wieder
etwas näher. Ich möchte, dass du etwas Schwieriges ausprobierst,
aber du wirst es schaffen. Lass deinen Körper weiterhin schlafen,
wach nur mit Kopf und Verstand auf.« Claudia fiel diese Art der
Körperdissoziation nicht schwer. Sie sagte, es gehe ihr gut. Halb
scherzend antwortete der Therapeut: »Auch wenn du dich nicht
bewegen kannst und du dich stattdessen ausruhst? Im Alltag bevorzugst du große Aktivität. Aber sogar Jesus legte am Ölberg einmal eine Pause ein, als er schwach wurde und nicht mehr weitermochte. Und was deine Gehversuche als Küken angeht, ich möchte
dich nicht torkelnd an einem Marathon teilnehmen sehen, wenn du
eben erst laufen gelernt hast.« Und auch in Trance huschte ein
wunderschönes Lächeln über Claudias Gesicht.
Dann erzählte er verschiedene Erickson-Geschichten: über Dotti:
»Dein Glück wartet gleich um die Ecke« *(15)*, vom Kugelstoßer:

»Wie erreiche ich 41 kg?« *(16)* und von Amil: »Es gibt verschiedene Arten der Berechnungen.« *(11)*

Die Geschichte von Dotti diskutierte der Therapeut noch ausführlicher: »Auch wenn die querschnittsgelähmte Dotti es Erickson nicht glaubte, dass Hoffnung für sie bestehe, müsste sie zuerst nach dem Glück Ausschau halten, bevor sie beweisen konnte, dass die Hoffnung nicht berechtigt ist.«

Wieder huschte ein Lächeln über Claudias Gesicht, dieses Mal ein fragendes: »Erklären Sie jetzt die Geschichte oder meinen Sie mich?«, und staunend lobte der Therapeut Claudias Scharfsinn.

Indem sie von 10 auf 1 zurückzählte, kam Claudia erfrischt aus der Trance zurück, und der Therapeut entschuldigte sich dafür, dass er so viele Geschichten erzählt habe, die man sich nicht alle merken könne, aber das Wesentliche würde Claudia schon behalten, nämlich dass ein bisschen Anpassung nicht schlecht sei.

Ungeduldige Reaktionen sind für das Jugendalter typisch: Was nicht sofort funktioniert, wird mit unglaublicher Heftigkeit verurteilt: »*Das taugt überhaupt nichts.*« *Statt dass die Jugendlichen genauer rechnen, möchten sie damit aufhören; statt realistisch zu denken, das Denken auf den Mond schießen. Sich verurteilen ist einfacher als das mühsame Lernen neuer Fertigkeiten.*

Klartext reden

Jetzt fingen die Auseinandersetzungen erst richtig an: Eine Art Test, wie ich reagierte, wenn es nach der erneuten Gewichtsabnahme hart auf hart ging. Damals, mitten im Getümmel, blieb der genaue Überblick auf der Strecke, und das hole ich jetzt beim Schreiben von Claudias Geschichte nach.

Claudia verbrachte eine Woche zusammen mit ihrem Vater in den Winterferien und fuhr ein wenig Snowboard, im vernünftigen Rahmen, wie Vater und Tochter betonten. Die Mutter bereute es im Nachhinein, dass sie die Erlaubnis zum Boarden dem Vater überlassen hatte, der es eben bewilligt hatte. Als Claudia am Sonntagabend heimkam, fiel sie in eine gewaltige Krise, weil es ihr bewusst wurde, dass sie einen ziemlichen Blödsinn angerichtet hatte: »Ich habe die körperliche Arbeit unterschätzt.« Jedenfalls nahm sie von 38,5 kg wieder auf 37,5 kg ab, und am Sonntag Abend konnten

Mutter und Tochter nicht darüber reden, so spürbar war die dicke Luft.
Der Therapeut folgte seiner instinktiven Gewohnheit, sich nicht von einem undurchschaubaren, negativen Verlauf provozieren zu lassen. Er sagte: »Schlussendlich isst man eine Suppe nicht so heiß, wie sie gekocht wird.«
Das tröstete Claudia überhaupt nicht, sie suchte die schnelle Rettung: »Ich habe es nicht im Griff, oft will ich nicht mehr, sehe nicht, was mich motivieren könnte; lieber spiele ich mein süchtiges Spiel, höre auf die innere Stimme, die mir einflüstert: Und 37,5 kg ist doch ein schönes Gewicht, es macht doch großes Vergnügen, nur so wenig zu essen.«
Doch dann präsentierte sie einen Lösungsvorschlag, auf den der Therapeut nicht näher einging, damit es wirklich ihr eigener blieb: »Am besten schalte ich einfach ab und beginne zu fressen. Ich will zulegen, damit Mutter mich nicht in die Klinik schickt, wo man nur herumkommandiert wird. Das Schlimme im Spital ist nicht das Gemästet-Werden, sondern das ganze Drum und Dran, wie es dort abläuft.«
»Ich denke auch, dass du dich auf dem Weg von der Fremdregulation zur Selbstregulation befindest. Ein Säugling braucht zur Befriedigung seiner Bedürfnisse eine Mutter oder einen Vater, die ihm zu trinken geben, die Windeln wechseln, zur Ruhe betten oder unterhalten. Wenn man erwachsen wird, lernt man selbst für seine Bedürfnisse zu sorgen. Eine wichtige Fähigkeit dazu ist die Erregungskontrolle, dass man trotz Frustrationen und Spannung denk- und handlungsfähig bleibt, und es gibt erstaunliche Unterschiede bei den Menschen. Dazu will ich dir eine wahre Geschichte erzählen: Loretan, weltbester Bergsteiger, hat kürzlich sein eigenes Kind zu Tode geschüttelt. Er konnte die Qual des Schreiens, das sein Baby ihm vermittelte, nicht aushalten, im Gegensatz zu allen möglichen Strapazen auf den Achttausendern in Nepal. Er anerkannte seine Schuld öffentlich, um andere Eltern zu warnen. Er hatte zuvor nicht gewusst, dass man ein Kind durch Schütteln umbringen kann.
Zur Erregungskontrolle braucht es Geduld und Durchhaltevermögen, es reicht nicht, nur lieb und brav zu sein. Wenn du jetzt zwischen Hoffnungslosigkeit und braven Vorsätzen hin und her

schwankst, reicht das nicht. Du musst deine brave Seite zum Teufel jagen. Wir alle wissen auch, dass du abnehmen kannst, dass du dies schaffst, wenn du willst. Deine brave und deine magersüchtige Seite sind wie siamesische Zwillinge, die voneinander nicht loskommen. Gibt es einen Grund, dass du dich ruinierst? Stimmt etwas nicht mit dir? Bist du biologisch nicht eine richtige Frau? Hast du nicht alles, was es braucht, damit sich jemand in dich verliebt?

Wenigstens schafft deine innere Stimme, wenn sie fürs Abnehmen wirbt, ein Gegengewicht zum Brav-Sein. Natürlich sind die braven Ziele nicht falsch, sie sind einfach nur unvollständig, und du musst nicht meinen, mit deinen 16 Jahren schon die ganze Vielfalt der Welt entdeckt und begriffen zu haben.

Ich rede jetzt mit dir in ziemlich abscheulichem Ton und mache dich absichtlich wütend. Du musst die gesunde, robuste Gemeinheit deiner Kinderjahre wiederentdecken, z. B. als du damals vielleicht einer Fliege ein Bein ausgerissen hast.

Natürlich ist dein Gewicht jetzt wieder gesunken. Vermutlich folgen deine Fortschritte einem Rhythmus von: zwei Schritte vorwärts und einer rückwärts. Aber es reicht nicht, jetzt ein bisschen von Besserung zu säuseln. Wenn du letzte Woche Fehler gemacht hast, dann hast du Strafe verdient und machst deinen Fehler bitteschön wieder gut. Zur Wiedergutmachung nimmst du einfach jeden Abend noch eine Extraportion des Nachtisches.«

Claudia war mit dem Vorschlag einverstanden und ging ziemlich kämpferisch von dannen mit der gesunden Haltung einer Jugendlichen, die ausstrahlt, alles lass ich mir dann auch nicht bieten.

Ich hatte Claudia erwischt: Nach der Geschichte von Loretan war die Stunde zeitlich schon vorbei, Claudia wollte sich nichtssagend und gewohnheitsmäßig verabschieden, ich hatte aber noch Zeit, weil gerade kein anderer Patient wartete, und hielt sie zurück, bearbeitete mit meiner Attacke ihre brave Seite: Natürlich, wenn man eine Strafe verdient hat, ist man auch kein braves Mädchen mehr.

Das »Gute« in Besitz nehmen

Am nächsten Tag erschien Claudia neugierig und offen zur Therapiestunde. Der Therapeut begann zögernd mit der Bemerkung, dass die besten Ziele manchmal vom inneren Trotz torpediert werden.

Claudia sagte: »Ich mag mich erinnern, wie ich als kleines Kind den ganzen Weg der Einkaufsstraße trotzend und schreiend hinter den Eltern hergelaufen bin, weil ich ein Spielzeug nicht bekommen habe; meine Eltern ließen sich durch mein Geheul nicht weich klopfen. Ich war als Kind ziemlich robust. Problemlos im Essen, war beliebt, konnte mich gut mit Erwachsenen unterhalten und mit andern Kindern spielen, ich hatte gute Leistungen in der Schule, musste nicht viel lernen, hatte keine Prüfungsangst, höchstens ein bisschen Angst vor dem Geigenlehrer. Eine ziemlich unbeschwerte Kindheit, und warum jetzt die Krankheit, die Magersucht?«

»Nach dem Verlust der Kindheit ersetzt die Sucht etwas Lebensfreude. Aber bei der Sucht geht die Befriedigung am eigenen Ich vorbei. Ähnlich, wie wenn du getrunken hast und immer noch Durst hast oder du hast gegessen und der Hunger ist immer noch da. Das Schöne ist zwar da, aber es bringt den inneren Frieden nicht. Das ist vermutlich am Anfang schwierig zu verstehen, aber du wirst den Unterschied zwischen bedeutsamen und unbedeutenden Vergnügen kennen lernen, indem du dich zuerst z. B. an die nichts sagenden Erlebnisse erinnerst.

Sucht ist also ein Ersatz, manchmal gar nicht so ein übler Ersatz, solange man die Nebenwirkungen im Griff hat. Weil die Sucht dich abhängig macht, musst du dich entscheiden, ob du nicht lieber selbstständig wirst.

Das Kind in dir scheut vor der großen Welt und sehnt sich nach früherer Schonung. Im Vergleichen, Kontrollieren und negativ Denken befindest du dich am Anfang auf dem langen Weg zur Selbstständigkeit. Es gibt verschiedene Arten der Abhängigkeit und verschiedene Arten der Kontrolle. Höhere Formen der Kontrolle nennt man Regulierung, wenn es nicht mehr ums Befehlen und Verbieten geht, sondern um den gezielten Einsatz deiner Kräfte und Fähigkeiten: Die Kräfte so regulieren, dass sie dir während einer Krise nicht fehlen. Stattdessen bevorzugst du manchmal lieber die Abhängigkeit von einer bösen und komplizierten Welt.

Weil deine innere Stärke vielleicht besser auf einen Berater als auf die eigene Stimme hört, könnte ich dir sagen, dass man für das Wertvolle, Bedeutende des Lebens locker kämpft.«

»Ich weiß, dass manche Dinge schwierig sind, aber dann mache ich ein ›Höllendrama‹ draus.«

»Mach doch einfach ein kunstvolleres Drama draus. Ein Drama, das die zwischenmenschliche Freude vergrößert. Ich habe kürzlich ein 11-jähriges Mädchen gefragt, warum es so lieb sein will. Das Mädchen hat geantwortet: ›Damit mich meine Freundinnen mögen.‹ Du möchtest ein Mensch werden, den die andern mögen. Aus negativen Situationen lernst du, weil du dich wegen der Einschränkungen besser spürst. Im Paradies verliert man sich.«

»Wenn du als Magersüchtige in die Klinik gehst, wird erwartet, dass du dich dumm verhältst. Es darf gar nicht gut gehen, weil die Leute von dir ein anderes Bild haben. Nachdem ich im Spital zuerst schnell zugenommen hatte, musste ich bremsen, ich brauchte ja eine Rechtfertigung für meinen Aufenthalt im Spital, und wenn es sich zu schnell bessert, bin ich ja gar nicht krank. So habe ich einfach eine nächste Krise ausgelöst, indem ich nicht mehr zunahm.«

»So sammelst du neue Erfahrungen, du erträgst die Krisen, statt dass du daran verzweifelst. Das funktioniert natürlich nicht von einem Tag auf den andern. Bei einem selbstmordgefährdeten Patienten lenke ich seine Wut auf mich. Das gibt der Krise eine neue Richtung, weil er dann eine offene Rechnung mit mir hat und seine Aggressionen gegen sich selbst vergisst.«

»Ich bin in einer schwierigen Situation. In der Bewegungstherapie habe ich Nicole getroffen, Laras beste Freundin. Ich kenne Lara sehr gut, sie war mit mir in den Winterferien. Lara weiß nicht, dass Nicole an Bulimie leidet. Lara weiß auch nicht, dass ich es weiß. Wie soll ich mich verhalten?«

»Warte ab. Oder sag Nicole, sie solle es Lara selbst sagen.« Claudia sah den Therapeuten fragend an, zweifelte, ob dies eine gute Idee sei. Doch schließlich wartete sie wirklich ab, bis es Lara Nicole selbst gesagt hatte, und dies passierte zu Claudias Überraschung ziemlich schnell.

Meine Erklärungen hat Claudia sicher nicht alle im ersten Anlauf verstanden, doch sie waren ein Anfang, auf den eine spätere Fortsetzung wartete. Auch sind sie so eine Art hypnotische Technik, eine Art Projektionsfläche, indem ich etwas Allgemeines erzähle, und sobald Claudia genug gehört hatte, erzählt sie etwas Persönliches aus ihrem Leben, ohne dass ich sie danach gefragt hatte, es blieb also ganz ihre eigene Initiative und ihr eigenes Interesse, und das unangenehme Gefühl des Ausgefragtwerdens konnte gar nicht entstehen. Zu-

sammen mit dem richtigen »Timing« und dem Abwarten-Können half dieses Vorgehen, dass Claudia ihr »Gutes« in Besitz nahm.

Hart am Wind

Wie meistens verlief auch die Familiensitzung am nächsten Tag ziemlich dramatisch. Doch bislang waren wir von größeren Misserfolgen verschont geblieben.
Das Auf und Ab kannten die Eltern nun zur Genüge seit der Krankenhausentlassung vor vier Monaten, hatten die Nase voll davon und waren ziemlich entmutigt. Der Therapeut meinte nur, im Gegensatz zu früher könne man jetzt aus Misserfolgen auch lernen. Natürlich wusste der Therapeut, dass dieses Argument ziemlich schwach wirkte angesichts des entmutigten, unheilsschwangeren Gefühls, das in der Luft hing. Der Mutter war klar, das jetzt eine Klinikeinweisung unmittelbar bevorstand, und der Therapeut mochte gar nicht aufs Thema eingehen, sondern ließ die Ratlosigkeit im Raum. Bisher war noch keine geeignete Klinik gefunden, doch würde sich die Mutter weiter auf die Suche machen. Infolgedessen konzentrierte sich der Therapeut auf seine eigentliche Arbeit, nämlich Claudias Verständnis ihrer magersüchtigen Jugendkrise zu erweitern und ihre Handlungsfähigkeit zu stärken. Also schimpfte er mit Claudias Vater, dass er in den Ferien zu wenig auf Claudias Gewicht aufgepasst hatte. Und der Therapeut war gerade in Fahrt mit liebevollem Schimpfen, als Claudia auch noch ihre unlustvolle Jammerei vom Stapel ließ. Er äußerte, dass ihm ihr Auftritt gar nicht gefalle, ihn nicht beeindrucke und auch kein Mitleid auslöse; dass die Erwachsenen unter normalen Bedingungen so wie jetzt stärker seien als die Kinder, was er ihr gerade beweise, außer natürlich, wenn sie sich selbst umbringe, ohne sich selbst im Klaren zu sein, was sie damit ihren Eltern eigentlich antue. Er habe Verständnis für Magersucht, aber nicht für Selbstmord.
Ich drückte mich ziemlich klar und direkt aus: »Du bist nicht nur armes Opfer, sondern auch Täter, und für dein Elend mitverantwortlich; du bist stärker, als du meinst.«
Am Schluss der Sitzung erwähnte Claudia, dass sie keine Arbeit fände. Es war nur als Information gedacht, nicht als therapeutisches Thema, was der Therapeut jedoch missverstand und er entgegnete,

dass dies kein therapeutisches Problem sei, da sei sie mit vielen anderen Jugendlichen im gleichen Boot, daran würde man nicht sterben und es sei halt die Konsequenz, wenn man mit dem Gymnasium aufgehört habe.
Der Therapeut hatte Claudia ja im Voraus gewarnt, dass auch er Fehler machen würde, und er war ganz gewiss, dass sie seine Fehler ertragen könnte.
Zunächst geht die Therapie so oder so schief, weil die Magersüchtige das »Gute« nicht in Besitz nimmt. Es braucht viel Ausdauer, und der Therapeut geht als gutes Beispiel voran. Auf eine weitere Klippe trifft man bei der vermeintlich unschuldigen Taktik der Jugendlichen: »Ich hab's ja gewusst, dass es schief geht«, gerade nachdem sie selbst eine Katastrophe mutwillig angezettelt haben. Und damit bekommen sie Recht.

Fürs »Gute« kämpfen, Abschied vom Brav-Sein

»Wenn ich es nur begreifen würde, dass ich mager bin! Werde ich von den Menschen überhaupt ernst genommen? Nehmen Sie mich noch ernst?«, fragte sie den Therapeuten. »Lass uns herausfinden, was für dein Leben wichtig ist. Das braucht Zeit und Geduld. Du erinnerst dich vielleicht an die Geschichte mit dem kleinen und großen Bonbon. Ein Vater sagt zu seinem Kind: Ich habe zwei Bonbons, aber du bekommst leider nur einen. Wenn du den kleineren willst, dann bekommst du ihn sofort. Willst du den größeren, dann musst du bis morgen warten. Ein kleines Kind wählt den kleinen Bonbon, ein großes den großen.
Wenn man das Gute für sich in Anspruch nehmen will, muss man kämpfen. Dann nimmt man das Gute leichter an, wenn man zuvor lange und hart gekämpft hat.«
Beim Frühstück entstanden harte Auseinandersetzungen mit ihrer Mutter wegen kleiner Menüwünsche, und so bekam Claudia häufige Gelegenheiten fürs Kampftraining.
Bravheit erwies sich langsam aber sicher als das falsche Mittel, um Glück zu erlangen; Claudias Jugend rief nach anderen Verhaltensmustern.

Hilfe annehmen heißt auch verlieren

»Schön, dich wieder zu sehen«, wurde Claudia vom Therapeuten begrüßt. »Ich kann nicht behaupten, dass ich mich immer auf Sie freue«, gab Claudia ehrlicherweise zurück, »wenn es einem nicht gut geht, dann ist Therapie nicht immer tröstlich.«
»Was noch nicht ist, kann noch werden. Ich kann mir dich mit einer traumhaften Figur vorstellen«, bemerkte der Therapeut scherzhaft.
Man muss sich bewusst sein, wie spindeldünn Claudia damals war.
»Ich mag nicht so lange warten, ich mag nicht krank sein.«
»Du wartest auf dich selbst. Darfst einfach nicht zu lange warten, um bei dir anzukommen. Doch unterwegs entdeckst du erstens die Kraft der Liebe und lernst zweitens, die seltenen günstigen Momente im Leben nicht zu verpassen. Lernen kann man nicht nur in der Schule. Ich begreife, wenn du in der früheren Schule nicht immer gefunden hast, was du gebraucht hättest. Bateson schrieb einmal: ›Warum stellt die Schule nicht die wichtigen Fragen? Hat sie einfach Angst, dass die Bereiche, die von der Schule berührt werden, banal und unlebendig werden?‹ – Natürlich hat Bateson etwas übertrieben, aber mit genormtem Wissen lässt sich das Leben nicht meistern.
Die Liebe entdeckst du mitten im Leben. In deiner Kindheit gab es verschiedene Dinge, Orte und Menschen, die du gerne mochtest. Einige davon hast du bereits verloren. Das schmerzt so sehr, dass man denkt, nie mehr etwas gerne haben zu können. Doch glaube ich, wenn man etwas verloren hat und den Schmerz des Verlustes erträgt, kann man das Neue umso heftiger lieben.
Deine heile Welt der Kindheit wirst du verlieren, aber du kannst auch froh darüber sein, denn sie wird je länger umso langweiliger. Deine Magersucht hat Ende des 9. Schuljahrs begonnen, am Schluss der Pflichtschulzeit. Viele Jugendliche sind traurig, wenn sich die lieb gewonnenen Schulkameraden in alle Welt zerstreuen.«
»Im Frühling vor Schulschluss bekam ich ein schlechtes Gewissen, als es mir scheinbar so gut ging. Allen meinen Freundinnen ging es schlecht, auf hysterisch übertriebene Art. Unsere Gespräche verliefen oberflächlich. Mich selbst hat es auch gestört, dass ich nicht über mich und meine Probleme sprach. Ich wollte nicht zugeben, dass auch ich Probleme hatte, ich wollte nicht die Arme spielen.

Jetzt fürchte ich mich davor, meine besten Freundinnen Michaela und Eva wiederzusehen.«
»Willst du Spaß haben oder willst du dich ernsthaft unterhalten? Man kann sich auf beide Arten helfen lassen. Wenn du hier deine Probleme löst, verlierst du etwas: die Illusion, dass alles immer gut bleibt und dass du alles alleine bewältigen kannst. Bei mir in der Therapie bekommst du so gratis Unterricht in der Psychologie des Helfens.«
»Das kann ich gut gebrauchen. In jener Zeit war ich im Kleinen eine Art Klassenpsychiater.«
Ich wollte nicht, dass Claudia die Gründe ihrer Magersucht im Dunst des Unerklärlichen ansiedelte, sondern dass sie Zusammenhänge mit Lieben und Verlieren herstellte. Es wäre bequemer, wenn es keine Gründe und keine Hilfsmöglichkeiten gäbe: Dann könnte man sich ja guten Gewissens in sein Elend sinken lassen.

Aus Fehlern lernen

Am nächsten Tag kam Claudia ziemlich niedergeschlagen zur Therapie. »Gestern habe ich während der Ernährungsberatung gemerkt, dass ich mir etwas vormache, dass ich beim Essen schummle. Ich habe das Diktat der Kalorieneinnahme einfach nicht beachtet, und deshalb ging es mir so gut. Mein teilweiser Frieden baute auf Illusionen.«
Der Therapeut summte das Lied »The long long road«:
»Weder Davonlaufen noch Sturheit, sondern lockeres Anpacken hilft dir weiter. Die Magersucht zeigt dir deine Schattenseiten. Sogar ein sturer Kopf bekommt die Chance zum Lernen, wenn er sich oft genug angeschlagen hat: Damit sich dein Ermessensspielraum erweitert.
In der Auseinandersetzung mit dem Schatten trainierst du gesunde Flexibilität. Wenn du zum ersten Mal durch ein Gebüsch läufst, dann stören und quälen dich die vielen Zweige, die an den Körper schlagen. Mit der Zeit wirst du so geschickt, dass du den Zweigen automatisch aus dem Weg gehst. Die Jugendzeit schenkt dir viele intensive Freuden, sie schenkt dir auch ein gutes Maß an Elend, Verzweiflung und Ekel. Also erinnerst du dich noch, Bambi lernt gerade laufen?

Fehler gehören zum Leben, sie versetzen dich ins Unrecht. Musst du unter Freundinnen immer beweisen, wie gut du bist? Klar, es passieren Fehler, peinliche Dinge, aber da können die jungen Damen doch so schön kichern. Sich sogar daran freuen.«
»Ich kann die Nachspeise nicht genießen. Statt sie zu genießen, nörgle ich andauernd.«
»Das passt gut zu meinem Lieblingsthema. In der Jugendzeit greift man nach neuen Freuden des Lebens. Das schöne Haus der Kindheit verlässt man, das schöne neue Haus des Erwachsenen in der Zukunft wird man später lieben. Und das Kind sagt manchmal, ich habe Angst, ich werde es nicht finden.«
Der Therapeut war willens, jedes verantwortbare Risiko einzugehen. Er sagte: »Ich bin mit deiner Therapie ein großes Wagnis eingegangen, dein Gewicht ist extrem niedrig. Ich kann nicht wissen, ob du es mit Hilfe meiner Therapie schaffst, das Krankenhaus zu umgehen, so wie du es dir wünschst. Ich bin mit dir dieses Experiment eingegangen, auch wenn die Möglichkeit besteht, dass es scheitert. Man muss auch Fehler machen können, um weiterzukommen, auch wenn ein Scheitern jetzt sehr peinlich wäre. Ziehen wir aus den kleineren Fehlern die richtigen Schlüsse. Du hast dem Diktat der Kalorienaufnahme entkommen wollen und dann gemerkt, dass du einen Fehler gemacht hast. Ich glaube, den Fehler eingestehen, macht dich viel menschlicher. Ich begreife die Gefühle des Schams und des Elends, aber ich glaube auch, dass du mit der Zeit deine Schattenseiten besser kontrollieren lernst.«

Durchhaltewillen

Zur Familiensitzung kamen Mutter, Claudia und Sven. »Letzte Woche war ich an der Grenze, am Morgen erwachte ich mit Angst und fragte mich, was läuft überhaupt noch positiv«, begann die Mutter. »Ich bin ausgerastet und wusste nicht mehr, wo mir mein Kopf steht. Was Claudia mit mir macht, ist einfach eine gemeine Sache, um es so auszudrücken. Angst ist mein großes Lebensthema und ich fühlte mich von Claudia richtiggehend erpresst. Am Samstag, Sonntag und Montag gab sich Claudia mehr Mühe, war aktiver, wollte mehr und hatte eine ganz andere Ausstrahlung.
Lassen Sie mich von der Vergangenheit erzählen. Als die Kinder

noch klein waren, beteiligte sich Claudias Vater an der Babypflege. Wir hatten ideale Verhältnisse, als die Kinder klein waren, obwohl Claudias Vater zwei oder drei Tage die Woche auswärts arbeitete und die Kinder in dieser Zeit nicht sah. Er selbst ist in seiner Familie praktisch ohne Vater aufgewachsen. Sein Vater war verschollen, als er etwa drei Jahre alt war. Man suchte nach seinem Vater, hat ihn aber nie gefunden. Danach wurde das Thema tabuisiert, man hat in seiner Familie nie mehr über den Vater geredet.

Als Claudia drei Jahre alt war, wurde bei ihrem Vater eine heimtückische Krankheit entdeckt. Die Ärzte äußerten sich pessimistisch über seine Heilungschancen, er wurde operiert und überlebte. Als Claudia ihn mit all den Schläuchen auf der Intensivstation sah, schluchzte sie: ›Das ist nicht mein Papa, ich möchte meinen richtigen Papa wieder zurückhaben.‹

Mein eigener Vater wuchs als Einzelkind auf. Ich habe drei Geschwister, Vater hatte kaum Zeit für uns. Ich bin mit dem Gefühl aufgewachsen, dass ich nie an ihn herankomme, ihm trotzdem überlegen sei und mich um ihn kümmern muss. Ich meinerseits sage immer offen, was ich denke; früher wurde ich deshalb oft als arrogant bezeichnet.

Ein viertel Jahr bevor Claudia magersüchtig wurde, ist die Beziehung zu meinem Freund auseinander gegangen. Seither fühle ich mich ziemlich einsam.«

Sven erzählte: »Die Vorbereitung auf die Abschlussprüfung füllt mich ziemlich aus. Ich bin gerne mit meinen Freunden unterwegs, und meine Familie stresst mich gelegentlich, sie macht mich depressiv und dann fülle ich die Leere mit Hilfe meiner Freunde.« Er wusste nicht, dass seine jüngere Schwester gerne ab und zu etwas mit ihm unternommen hätte, z. B. in die Stadt gehen oder zusammen »gamen«.

Claudia sagte: »Ich fühle mich wie auf einer Achterbahn und gebe mir Mühe, vernünftig zu sein. Den Essensplan benutze ich als Stütze, so gut es geht, ich bin froh um diesen Halt.« Der zweite Teil der Abmachung, wegen des Essens so wenig wie möglich zu nörgeln und diskutieren, bereitete ihr schon größere Schwierigkeiten. Mit seiner Einhaltung könnte sie die Nerven der Mutter schonen. Claudia kämpfte aus Eigennutz, sie wollte nicht gelobt werden. Eine schwierige Aufgabe entmutigte sie schnell, sofern sich der Erfolg

nicht sofort einstellte. »Du bist Opfer deiner Begabungen. In deiner Kindheit ist dir alles gelungen, und jetzt in der Jugend entstehen Fragen, die am Kern rütteln, und da beißt und leidet jeder dran. Es ist wie beim Klettern, da kommt ein kleiner, sicherer Griff nach dem andern, und man kann nicht in fünf Sekunden eine hohe steile Wand hinaufrasen oder nach einem Drittel aufgeben, sondern es braucht Durchhaltewillen.« Der Therapeut war froh, dass Claudia ihm zuhörte. »Ich möchte ja auch weiterkommen. In der Bewegungstherapie wird immer wieder betont, dass ein Wunder nicht möglich ist. Aber ich möchte später nicht einfach dahinvegetieren.«
»Kommt drauf an, was man unter Wunder versteht. ›You can get if, if you really want‹, du kennst dieses Lied von Jimmy Cliff. Natürlich nicht das Wunder der sofortigen Wunscherfüllung im Lehnstuhl. Aber das Mirakel des Lebens gibt es: es beginnt beim persönlichen Verständnis und vollendet sich mit guter Kreativität.
Der junge Patient mit dem Tourette-Syndrom leidet an einem furchtbaren Zucken und Fuchteln, an so genannten unwillkürlichen Tics, und dies ist in der Jugendzeit besonders lästig, weil man sich ja unter den Gleichaltrigen auch behaupten will. Aber er hat seine Tics gut im Griff, und er sicherte sich eine gute Lehrstelle. Der zukünftige Lehrmeister kannte das Leiden und lobte Andi für seinen exzellenten Umgang mit den Tics. Kürzlich lernte Andi beim Ausflug seines Hobby-Fußballklubs ein nettes junges Mädchen kennen, und beide fanden Gefallen aneinander. Eine Woche später reiste Andi nach Luzern, um sie wieder zu treffen. Sie hatte ihm gesagt, er solle kommen, sie würde unterdessen ihre alte Freundschaft beenden, die sowieso schon halb auseinander sei. Sie verbrachten zusammen einen schönen Nachmittag, und am Abend wäre Andi gerne mit zu ihr nach Hause gegangen, doch sie sagte ihm, sie sei doch noch nicht fertig mit ihrem alten Freund, aber sie käme gerne mal nach Thun, Andi war so sehr enttäuscht, dass er ihr Angebot ablehnte. Ich schimpfte ein bisschen mit Andi, fragte ihn, was er zu verlieren hätte, wenn sie gekommen wäre, vielleicht sogar eine schöne Nacht zu gewinnen, vielleicht sogar mehr. Andi ist Kletterer und verstand schnell, was ich meinte. Es schickte seiner Bekannten ein SMS, sie kam nach Thun und die beiden sind jetzt ein Paar. Und Andi hatte jahrelang bei mir darüber geklagt, dass er mit seiner Behinderung keine Chance beim andern Geschlecht bekomme.«

Claudia lächelte amüsiert und nickte verständnisvoll. Sie wusste, dass auch sie gemeint war.
»Trotz ist sehr wichtig zur Selbstfindung. Manchmal zögert man, trödelt und kommt nicht vorwärts. Du weißt, was zu machen ist.«
Man muss bedenken, dass Claudia in 6 Wochen trotz meiner intensiven Bemühungen kein Gramm zugenommen hat, dass der Spitaleintritt unmittelbar bevorstand, dass die Geduld der Mutter zu Ende war, und ich wusste, dass auch ich nicht endlos geduldig warten konnte, wollte ich glaubwürdig bleiben.

Attacke gegen naive Arroganz

Vor zwei Wochen wurde bei Vaters Freundin eine schwere Krankheit diagnostiziert. Claudias familiäre Situation vereinfachte sich damit nicht.
Claudia merkte immer mehr, dass ihr eine geregelte Beschäftigung fehlte, dass es auch nachteilige Konsequenzen gab, weil sie vor einem halben Jahr die Schule geschmissen hatte. So suchte sie sich Praktikumsstellen und Aushilfsjobs und fand solche auch auf geschickte Art. Sie sagte: »Sobald ich wieder einen neuen Job gefunden habe, bin ich zufrieden mit mir und lasse den Essensplan schleifen.«
Claudia wog immer noch 37,5 kg. In Algebra war sie nie gut gewesen, und der Therapeut war der Meinung, diese Schwäche spielte eine gewisse Rolle, wenn Claudia, im Umgang mit sich selbst, wichtige Konsequenzen nicht beachtete.
Der Therapeut attackierte Claudias liebenswürdige, naive Arroganz, welche die Konsequenzen ihres Essverhaltens und ihres lebensbedrohlichen Gewichts einfach nonchalant nicht berücksichtigte.
Diese Herausforderungen sollte Claudia in eine konstruktivere Richtung lenken, damit sie mir beweisen konnte, dass ich im Unrecht sei.
»Du meinst wohl, allen Menschen kann auf der Welt ein Unglück passieren, nur du hast immer Glück und musst nie einen Schicksalsschlag erleiden.«
Kleine, behütete Kinder wachsen in dieser Haltung auf, und manchmal ist das Umlernen in der Pubertät nicht einfach.
Der Therapeut beschuldigte Claudia, dass sie aus Blödheit gar nicht wisse, auf was sie wirklich verzichten wolle, es sich nie überlegt

habe und Verzichten jetzt zum blinden Selbstzweck geworden sei, und dass sie das deshalb nicht bemerkte, weil sie die logischen Zusammenhänge in Algebra früher nicht begriffen habe. Dann erzählte er die Geschichte von Narziss: »Narziss war der Sohn einer wunderschönen Nymphe und eines Flussgottes, der die Nymphe vergewaltigt hatte. Die Mutter war mächtig stolz auf den hübschen Sohn; aus dieser nicht ganz einfachen Situation flüchtete der wunderschöne Narziss in die Jagd, und sein Herz war beseelt von besonderer Spröde, wie Ovid schreibt. So merkte er auch nicht, dass sich die beklagenswerte Echo unsterblich in ihn verliebt hatte. Echo hatte früher einmal ein Geheimnis verraten und damit Hera so sehr erzürnt, dass diese ihr die Fähigkeit raubte, mehr als die letzten Worte eines Satzes zu sagen. Eigene Gedanken konnte sie schon gar nicht aussprechen.

Als es Echo endlich gelang, sich Narziss in den Weg zu stellen und ihn auf ihre Verliebtheit aufmerksam zu machen, reagierte Narziss verärgert und sagte: »Glaubst du wirklich, dir würde ich mich schenken?« Echo konnte nur jämmerlich wiederholen: »Dir würde ich mich schenken.« Danach zog sie sich versteinert in die Berge zurück, wo man sie heutzutage noch hören kann.

Narziss entdeckte endlich etwas, das er lieben konnte, das Bild im Wasser, als er im Fluss trinken wollte. Gebannt kniete er am Bach, und als er merkte, dass es sich nur um sein Ebenbild handelte, tötete ihn diese Erkenntnis und man kann ihn gelegentlich noch als Narzisse am Bergbach sehen.«

Liebevolles Schimpfen erfüllte mehrere Zwecke. Natürlich muss man dafür einen günstigen Moment abwarten, auf einen solchen Moment auch warten, in dem die Patientin nicht allzu trotzig, nicht allzu schwach und nicht allzu gestresst von ihren Alltagssorgen abgelenkt wird. Sie sollte sich im Zustand aktiver Offenheit befinden.

Die therapeutische Attacke implizierte, dass Claudia über genügend Stärke verfügte, um dem Angriff standzuhalten, und dass sie bereits den Weg zu mehr Eigenständigkeit einschlug. Ihre Fähigkeit zur Auseinandersetzung wurde gestärkt.

Die Attacke betonte die wichtigen Punkte, während das Schimpfen von den Suggestionen ablenkte und unterschwellig einen leichten Widerwillen gegen den Therapeuten aufkommen ließ: Warum macht er das mit mir? Denn dieser Widerwille blockierte die Selbst-

verurteilung; damit nahm Claudia Selbsterkenntnis besser an und »starb« nicht wie Narziss vor lauter Scham. Viele sensible Menschen verzichten auf fortschreitende Selbsterkenntnis, weil diese sie zu hart trifft. Am Schluss entschuldige ich mich meistens, z. B. mit einem Zitat von Max Frisch: »Oh, ich habe einen Fehler gemacht, ich war zu direkt. Schon Max Frisch hat geschrieben: Man soll jemandem die Wahrheit nicht als nassen Lumpen ins Gesicht schmeißen, sondern als wärmenden Mantel um die Schultern legen.«

Selbstständigkeit

Vor dieser Therapiestunde ließ auch ich meiner Verzweiflung freien Lauf und berichtete in der Hypnose-Intervisionsgruppe von meinen Sorgen. Ein Kollege erzählte mir, als ich in Trance war, die Geschichte von Peseschkian, in welcher sich der Held der Geschichte mehr darüber freute, dass seine Menschenkenntnis stimmte, als dass er seinem verlorenen Geld nachtrauerte. (17) Ich konnte mit dieser Geschichte vorerst nicht viel anfangen, und meine Verzweiflung steigerte sich zu nächtlichem Grübeln: »Ich habe zu wenig Zeit, mich in euer komplexes Familiensystem einzuarbeiten und einen entscheidenden Anstoß zu geben. Statt dass ich es schaffe, deine Lebenskraft zu wecken, bleibst du schwärmerisch an deinem zweifelnden Vater hängen. Deine Illusionen über die scheinbar heile Welt zu zerstören gelingt mir nicht, du bist ja völlig rückwärts gewandt. Dein schwächliches Jammern, ich mach mir Sorgen um das Essen und es tut mir leid, dass ich den Eltern das Leben schwer mache, akzeptiere ich nicht, höchstens als Missbrauch deines Geistes. Ich will Taten sehen! Du streitest mit deiner armen Mutter, statt dass du deine Eifersucht gegenüber der kranken Freundin des Vaters anschaust!«
Claudia entschuldigte sich, dass es mit ihrem Gewicht nicht aufwärts ging. Beim Therapeuten entstand der Eindruck, sie wolle wissen, ob sie es »gut genug« mache. Es schien der richtige Zeitpunkt, sich aus einer möglichen Verstrickung zu lösen und mit seiner Rolle klarzukommen: »Ich habe 18 Jahre auf eine Klientin wie du es bist gewartet: Du erlebst eine schwere Krise, und du reagierst darauf unheimlich intelligent und kreativ; du bist offen für eine Therapie, obwohl dies bei Magersucht meist nicht der Fall ist.

Die Therapie mit dir ist für mich bereichernd und interessant. Ich darf dir etwas über die ›Kunst des Lebens‹ erzählen, so wie ich sie verstehe. Und du hörst mir zu, und du erzählst mir ehrliche, spannende Geschichten über dein Leben, damit ich dich und die Magersucht besser verstehe.
Und dann dein Gewicht: Eigentlich geht es mich nichts an, das Essen und dein Gewicht steht nur zwischen dir und deinem Gewissen. Was mich etwas angeht, ist die Tatsache, dass du dich in einem lebensbedrohlichen Zustand befindest, da bin ich als Arzt verpflichtet, etwas dagegen zu unternehmen. Und deine Mutter ist auch bereit, dich ins Spital zu schicken, du weißt das und es liegt in deiner Hand, was passiert. Du kennst die Bedingungen. Aber ich glaube, nur du kannst herausfinden, welches der richtige Weg ist. Wenn du ins Spital gehen musst, dann geh in Gottes Namen und du hast meine Unterstützung dafür, obwohl ich persönlich es eigentlich viel lieber hätte, wenn du weiterhin zu mir in die ambulante Therapie kämest.«
Meine Haltung hatte sich verändert. Bis zu diesem Zeitpunkt tat ich kund, wir werden es zusammen schaffen. Jetzt ließ ich verlauten, ins Spital zu gehen sei auch eine gute Idee.
»Was dein Essen betrifft, ist Selbstständigkeit auf jeden Fall ein ›Muss‹. Dorthin führt ein anstrengender Pfad.«
»In den Frühlingsferien werde ich meine Großmutter besuchen, die kocht wirklich gut und dort macht Essen Spaß. Vielleicht bremse ich unbewusst bereits jetzt, damit ich es dort besser genießen darf. Ich glaube, es ist schlecht, auf diese Art zu planen.
Nach einer guten Phase packt mich schnell die große Lustlosigkeit, es ›scheißt‹ mich so richtig an. Die nächste Krise ist dann bereits da, und ich vergleiche und wälze endlos die gleichen unnützen Gedanken.«
»Das erinnert mich an die Geschichte von Till Eulenspiegel, der durchs Mittelgebirge wandert, wo es bei veränderlichem Wetter häufig regnet. Wenn die Sonne scheint, weint Till und klagt: Bald fängt es an zu regnen. Durch den Regen jedoch wandert Till voller Freude jauchzend: Juhui, bald scheint die Sonne.
Es gibt Hochs und Tiefs, Sonne und Regen, Freud und Leid. Krisen gehören dazu, und wenn man sie locker übersteht, scheint bald wieder die Sonne. Nur das Durchstehen muss natürlich geübt wer-

den, das weißt du sicher, aber da hast du Gott sei Dank viele Gelegenheit zum Trainieren.
Fahren und Bremsen gehören beide zum Umgang mit dem Fahrrad. Du musst nicht nur lernen zu essen, sondern auch zu bremsen; wenn du gut essen kannst, macht das Bremsen mehr Spaß und auch umgekehrt. Als meine Kinder noch klein waren, schmerzten ihnen die Hände ziemlich nach einer langen Abfahrt während der Fahrradtour. Jetzt sind sie älter und es fällt ihnen bedeutend leichter.
Du meinst, Planen und Überlegen sei nicht gut. Ich bin da anderer Meinung, sofern du es richtig anpackst. Die Übergänge sind natürlich schwierig, wenn man aufhört mit planen und anfängt zu handeln oder umgekehrt. Man muss lernen, flexibel von einer Phase zur nächsten zu wechseln, man muss lernen, positiv zu denken und zwischendurch damit auch aufzuhören.«
Oft fühlte sich Claudia, als spielten wir zusammen Mühle und sie würde immer verlieren. Ich war da natürlich anderer Meinung: Mittels Double-Binds konstruierte ich Win-Win-Situationen. Doch ich bemerkte, dass sich ihr schwächliches Jammern auf dem Rückzug befand.
Vaters kranker Freundin gegenüber empfand Claudia zwiespältige Gefühle. Claudia bemühte sich um gute Stimmung, und undeutlich erkannte sie, dass ihr Anspruch nicht mehr haltbar war, immer im Mittelpunkt zu stehen, sobald sie das wünschte.

Familiengeschichten

Morgens kam die Mutter auf einen Sprung vorbei. Die Magersucht ihrer Tochter bedrohte sie aufs Äußerste: »Zuerst lag mein Zwillingsbruder als Kleinkind wegen Kinderlähmung lange im Spital. Dann hielt uns mein Vater durch Depressionen auf Distanz; sein monatelanges Schweigen jagte mir ein schlechtes Gewissen ein, er litt an einem Herzfehler. Zwischen 14 und 16 habe ich nicht mehr geredet, bis ich die Sprache aus eigener Kraft wieder entdeckte. Mit Vaters Geschichte lebe ich nicht in Frieden, mein Herz ist verschlossen, und ich bin die Einzige in der Familie, die sein Grab nicht besucht.
Meine Ehe mit Claudias Vater ist gescheitert, weil ich so viel kämpfen musste und ihn dann doch nicht erreichte, und ich erlebte ein

lähmendes Gefühl des Stehenbleibens, und dann ist die Liebe zerbrochen.«
Später unterhielten sich Therapeut und die Mutter über Möglichkeiten der Hospitalisation. Der erste Spitalaufenthalt hatte Claudia nicht gefallen, und ohne Anschlussprogramm sank nach Verlassen der Klinik ihr Gewicht rapide. Nach einigem Hin und Her einigten sie sich dann auf das örtliche Krankenhaus zur Gewichtszunahme, um gleichzeitig die ambulante Therapie irgendwie weiterzuführen. Die Mutter wollte keinen Therapeutenwechsel mehr. Mit früheren Therapeuten war die Familie nicht gut gefahren, und jetzt erwähnte die Mutter, sie seien jetzt noch durcheinander und verunsichert deswegen. Eine Therapeutin hätte ihr gesagt, sie müsse Claudia loslassen. Solange die spindeldürre Claudia dem Verhungern nahe sei und die Wohnung vor allem mit Jammern ausfülle, sei Loslassen ein Ding der Unmöglichkeit. Der Therapeut pflichtete ihr bei.
Am Nachmittag kam Claudia. Sie erzählte: »Mein Vater ist meistens ein ausgeglichener Mensch, der seine Gefühle und Reaktionen wenig zeigt, und dann weiß ich nicht, woran ich bin. Manchmal versagen seine guten Nerven und er entschuldigt sich dafür.«
»Es heißt: Die Väter haben saure Kirschen gegessen und den Kindern sind die Zähne stumpf geworden.« Sie diskutierten über die Kindheit des Vaters. Der Therapeut sagte: »Es hat da unmenschliche Härten gegeben, aber du musst jetzt dein Leben nicht mit der gleichen unmenschlichen Härte führen. Auch wenn Fehler zum Leben gehören, lassen sich die ganz großen Fehler vermeiden. Die Jugend hat das Recht, die Erwachsenen zu kritisieren. Ob sich dein Vater in seinem Alter noch ändert, kann ich nicht sagen. Auch wenn sich dein Vater nicht mehr ändert, kannst du trotzdem glücklich werden.«
Bei andern magersüchtigen Jugendlichen habe ich festgestellt, dass sie ihre Väter verändern wollten oder dass sie an deren Sturheit verzweifelten.
»Es ist interessant, ich glaube, ich schaue meine Eltern zum ersten Mal mit andern Augen an, nicht mehr mit glaubenden Kinderaugen. Es fällt mir schwer, zusammen mit Vaters Freundin zu essen, die sich vorwiegend von Salat ernährt, weil sie sich kaum bewegt. Ich bin dann die ganze Zeit am Vergleichen der Kalorien und was sie isst und was ich.«

»Zu der Wunderheilung, die wir letzthin diskutiert haben, ist mir noch Folgendes durch den Kopf gegangen. Ich habe solche Klicks im Kopf schon einige Male beobachtet und bin jetzt den Bedingungen nachgegangen, die eine solche Erleuchtung begünstigten. Es sind dies: Die magersüchtige Jugendliche verfolgten ein schulisches oder berufliches Ziel, das konkret definiert war und an dem sie gefühlsmäßig hing. Manchmal war die Freundschaft zu einem jungen Mann wichtig in ihrem Leben. Immer verfügten die Betroffenen über ein klares Bild ihres Vater, der jedoch meistens keine tragende Rolle im Familienleben spielte.

Lebenseinstellung

Claudia kam schnippisch und einigermaßen schlecht gelaunt zur Tür herein und der Therapeut sagte: »Du entwickelst dich Gott sei Dank zu einer richtig motzenden Jugendlichen.« Natürlich nahm ihr Leben nicht immer den gewünschten Lauf, oft blieb ein ungutes Gefühl: »Dann bin ich mir nicht sicher. Soll ich die Krise vorbeigehen lassen, oder soll ich die Welt wissen lassen: Hallo, ich bin auch noch da, habt kein falsches Bild von mir, es ist nicht so einfach für mich. Ich habe die Wahl, denke aber gleichzeitig, die Krise nur vorbeigehen lassen, das überlebe ich nicht. Dann mach ich also ein Theater.« Ein Theater, das die Mutter nur schwer durchstand, vor allem weil es sich immer wiederholte.
»Dann tröste ich mich und mach mir vielleicht etwas vor, weil ich denke, gewichtsmäßig liege ich super im Plan, ich muss gar nicht essen. Und doch habe ich Angst vor dieser Passivität.«
»Es reicht nicht, wenn die Kinder in den unteren Schulklassen nur lernen, kreativ zu spielen. Wenn sie älter werden, benötigen sie Fähigkeiten – Geduld, Stärke und Aushalten von Frustrationen –, um auch in schwierigen Situationen Positives zu bewirken. Und die berechtigte Hoffnung und Vertrauen, etwaige Krisen durchzustehen. Die vielen Krisen geben dir jetzt reichlich Gelegenheit zu lernen. Bateson sagt, die Welt sei eine selbstheilende Tautologie. Eine Tautologie ist eine in sich stimmige, harmonische Ansammlung von Ideen. Diese Harmonie muss manchmal zerrissen werden, es braucht die Disharmonien, damit die selbstheilenden Kräfte immer wieder trainiert werden. Ohne Verletzung kein Leben!«

»Es ist lustig, bis zur 5. oder 6. Klasse habe ich mir viele Gedanken gemacht über die Welt. Dann kam ich zu einem sehr strengen Lehrer, und meine zündenden Ideen erloschen.«
»Dann ist es ja gut, dass du bei mir gelandet bist. Du kannst diese Ideen wieder aufnehmen und dich damit beschäftigen und nicht so tun, als gingen diese Ideen oder dein Gewicht dich nichts an. Meine ältere Tochter ist 12 Jahre alt. Manchmal, wenn es gegen ihre Absichten geht, dann veranstaltet sie ein riesiges Theater und verschließt sich vorübergehend den vernünftigen Argumenten. Ich glaube, die Jugendlichen haben es nicht einfach.«

Eine weitere Attacke gegen die Arroganz

Offensichtlich war ich an diesem Morgen nicht ganz so gut drauf. Der Hausarzt, der frühere Therapeut, die Mutter und nicht zuletzt ich selbst erwarteten, dass sich etwas änderte, einfach dass es anders wird. Wir waren mit so viel Engagement gestartet. Klar, es war ein Experiment von Beginn an, aber am meisten fürchtet man dieses tödliche Stillstehen in der Magersuchtstherapie. Und jetzt lief es nicht anders als die letzten neun Monate, ein ewiges Auf und Ab, manchmal kleinere, manchmal größere Ausschläge. Ich wusste auch in jenen Momenten, dass man in der Auseinandersetzung mit Magersucht notgedrungen an seine Grenzen stößt, so sehr, dass man es fast nicht mehr aushält. Da hilft nur, Ruhe zu bewahren und so gut es geht weiterzukämpfen.
Der Therapeut fragte: »Unter welchen Umständen geht der Weg in die Klinik, unter welchen Umständen geht er in den Tod? Ich hoffe, wir können es so arrangieren, dass du deinen Weg auf jeden Fall auf eine menschliche und nachvollziehbare Art findest.
Und deshalb müssen wir an einen Punkt gelangen, an dem du selbst für dein Leben entscheiden kannst, wo du für dein Leben verantwortlich bist, für die gelungenen Fahrten und auch für die Schlagseiten auf deiner Schiffsreise. Du musst nicht traurig sein, dass auch Schlagseiten entstehen, sondern diese baldmöglichst beheben.
Vielleicht dient es deinen Eltern als Trost, wenn sie wissen, dass du ganz tief drinnen in deinem Herzen weder eine arme Patientin noch eine böse Übeltäterin bist. Vielleicht eher von rasender Eifersucht verwundet, verletzt im Stolz, vielleicht weil es viele deiner Alters-

genossinnen im Moment besser haben, weil sie zur Schule gehen.
Vielleicht hat dir dein Vater zu wenig deutlich gemacht, dass du
diese Eitelkeiten so schnell wie möglich vergessen solltest.
Dein Vater und seine Freundin sind dir sehr wichtig, im Moment
vielleicht die wichtigsten Bezugspersonen. Und du bist in Gefahr,
beide zu verlieren. Du warst Schneewittchen und Schneewittchens
böse Schwiegermutter in einem. Jetzt hat sich Vaters Freundin
plötzlich in die Rolle des armen Schneewittchens verwandelt und
dir bleibt nur noch die Rolle der Schwiegermutter. Wie kann man
mit einer Schwerkranken konkurrieren?
Und wie kommt man aus einer solchen Situation wieder heraus? Es
braucht Brücken, menschliche Brücken, auch in schwierigen Situationen den Mut zur Auseinandersetzung.
Heute Morgen war ein Jugendlicher bei mir. Ich kenne ihn von früher, und er hat sich trotz schwieriger Lebensgeschichte gut entwickelt. Oft spielte er den ›Polizisten‹ in seiner Klasse, und als er
von einem schwierigen Mitschüler wiederholt als ›Nazi‹ beschimpft
wurde, hat er ihn gepackt und ihn in seiner Wut zu fest am Hals
gewürgt. Seine konsequente, verständnisvolle Mutter schickte ihn
auf Druck der Schule wieder zu mir in die Therapie. Im Lehrerbericht hieß es: ›Die Mutter bot sofort Hand für gute Lösungen, ohne
falsche Schonhaltung, die es ihrem Sohn zu einfach machen würde.‹
Marc wusste, dass ich diesen Vorfall nicht moralisch beurteilte,
sondern dass ich Verständnis für die seelischen Vorgänge suchte, die
dazu führten, dass er einen Moment, mit seinen eigenen Worten,
›stärker mit den Händen drückte, als er eigentlich wollte‹.
Natürlich erzählte ich von meiner Lieblingsdreiteilung der Realität,
dass wir erstens in Harmonie leben; und dass uns zweitens ab und
zu Weltuntergänge begegnen; dass es drittens einen wichtigen Zwischenbereich gibt, in dem uns gestörte Harmonie zur Auseinandersetzung mit den Problemen treibt, hoffentlich mit demokratischen
Mitteln und ohne Gewalt.
Es ist ja spannend, die Ursprungsgeschichte des Teufels zu hören,
als der Erzengel Luzifer, der edelste aller Engel, sich über Gott stellen wollte und deshalb von Gott in die Hölle versetzt wurde. Vielleicht wusste der Erzengel Luzifer damals noch zu wenig von guten,
demokratischen Auseinandersetzungen. Wie dem auch sei, es gibt
Momente, da will etwas in uns reinen Tisch machen und radikal mit

etwas aufräumen, das uns nicht passt. Und es gibt immer wieder ›nette‹ Mitmenschen, die uns einen solchen Kampf anbieten, bei dem am Schluss beide nur verlieren können. Also, wie geht man einem schädlichen Machtkampf aus dem Weg, der uns über Gott und die Welt stellt? Auch wenn ich noch so gerne Fußball spiele, lasse ich mich doch nicht in ein Match ein, in dem die Hauptsache darin besteht, den Gegner zu verprügeln!
Ich erzählte Marc auch von einem kleinen Jungen, der gestern bei mir war, weil er seinen Stuhlgang nicht auf der Toilette verrichten wollte. Er wollte mir auch nicht zuhören, und seiner Meinung nach wusste nur er selbst, was er wollte und was gut für ihn war. Die Mutter verzweifelte, sie wusste nicht, wie sich Gehör verschaffen, weil er gar nie zuhörte oder nur leere Versprechungen machte. Ich hielt den Buben ganz locker an den Händen, während ich mit ihm sprach. Zuerst beteiligte er sich an der Diskussion, als wir jedoch über die Konsequenzen sprachen, kam er ins Schwitzen und fing an zu kämpfen, um sich zu befreien. Ich diktierte die Regeln der Auseinandersetzung, lieb und mit viel Geduld, bis er wirklich zuhörte. Vermutlich müssen wir von Zeit zu Zeit auf diese Weise mit uns selbst reden, mit der Arroganz in uns selbst, die vermeintlich alles weiß und sich über Gefahren hinwegsetzt, weil sie die Gefahren nicht sieht oder hört.«
Am Nachmittag rief die Mutter an, und der Therapeut erklärte Claudias Teufelskreis aus seiner Sicht: Je unglücklicher sie kämpfte, umso weniger lernte sie aus den Fehlern. *Solche Krisen gehören eigentlich zur Jugendzeit ...*

Etwas hat »Klick« gemacht

Claudia mochte nicht übermütig werden, sie wusste, die nächste Krise lag um die Ecke, gerade weil sie schlecht gelaunt befürchtete, dass es wiederum nicht klappen werde, und überhaupt kam ihr das Leben ziemlich mühsam vor. Ihr Kopf wollte die absolute Logik erkennen, und das Herz hing undeutlichen Sehnsüchten nach, aber nichts passte zusammen und nichts schenkte nur die geringste Sicherheit. Sie aß reichhaltig und bewegte sich den ganzen Tag ebenfalls viel. Einzig die ständige Bewegung ermöglichte es ihr, den reichhaltigen Menüplan einzuhalten. Wie die Mutter erst später von

Bekannten erfahren und mir erzählen sollte, lief Claudia nicht in die Stadt, sondern joggte dorthin, und kaum angekommen, hetzte sie schon wieder weiter.
»Im Leben bist du immer in Bewegung. Das richtige Maß findest du nicht beim ersten Versuch. Deine Unruhe zeigt, dass etwas noch nicht ganz stimmt in deinem jugendlichen Leben.
Um gut Volleyball zu spielen, hilft es nicht, zu schlafen oder eine gelungene Bewegung lange zu genießen. Aber auch hastige Bewegungen retten einen nicht aus der Verlegenheit.«
Claudia hatte vor der Therapiestunde beim Hausarzt vorbeigeschaut, und das Gewicht war um ein halbes Kilo auf 38 kg gesunken. Claudia hatte Angst, nach Hause zu gehen und es der Mutter zu erzählen.
»Du musst es nehmen, wie es kommt. Ich wäre überraschter, wenn du die Magersucht auf einfache Art überwinden würdest, dazu bist du viel zu begabt. Was im Leben zählt, ist das unerbittliche Ergebnis: Du kannst ruhig heimgehen, es der Mama erzählen und sie damit enttäuschen. Du bist kreativ genug, um schließlich doch noch eine Brücke zwischen der Enttäuschung und der schönen Welt zu bauen.«
»Ich will mein Ziel erreichen, ich will meiner früheren Therapeutin nicht Recht geben, wenn ich nun wieder scheitere.«
Jetzt fühlte sich Claudia von der Sucht so in die Enge getrieben, dass sie die Sackgasse erkannte und ihr auch nicht mehr entkommen konnte. Beide Bedingungen mussten erfüllt sein, damit Claudia den Weg aus der Krise fand.
Am Abend erschien die Mutter bei mir. Zuerst erwähnte sie, dass ihr viele Ereignisse in Claudias Leben als Zeitverschwendung vorkämen. Doch dann sprach sie auch von den Lichtblicken.
Eine erfreuliche Errungenschaft war, dass sich die Mutter nicht mehr auf Claudias »Spiele« einließ, wie sie es nannte, wenn Claudia jammerte, übers Essen meckerte und unsinnige oder eigenwillige Änderung am Menüplan vorschlug. Die Mutter erzählte: »Gestern abend, da war sie nicht gut drauf, und sie fing wieder an. Und ich merkte, wie ich anders reagierte. Kein Mitleid und Verständnis, sondern kühle Härte, mit der ich sie abblitzen ließ.«
»Vermutlich muss man zwischendurch vergessen, dass es die eigene Tochter ist, und dann knallhart reagieren.«

»Insgesamt ist Claudia präsenter als vor ein paar Monaten. Als sie damals apathisch herumhing, das war am schwierigsten für mich zum Aushalten.«

»Die Bedingungen sind klar vorgegeben: bis in sechs Wochen ein Gewicht von 41 kg, sonst muss sie ins Spital.«

Am nächsten Tag telefonierte der Therapeut zum ersten Mal mit Claudias Hausarzt. Vorher hatte er einfach keine Zeit gefunden. Aber jetzt war es ein guter Moment: Sowohl durch Claudia wie auch durch die Mutter war ein Ruck gegangen: Sie konnten den täglichen Härten besser ins Auge sehen.

Vor den Ferien

»Bewegung ist etwas Schönes und Befriedigendes, und es gibt in der Musik gute und abscheuliche Rhythmen.«

»Ruhen kann ich mir nicht erlauben – nichts tun, faulenzen, das geht nicht. Trotzdem bin ich hin- und hergerissen zwischen Sehnsucht nach Faulenzen und Kämpfen, Kämpfen, Kämpfen. Ich muss abtrainieren, damit ich besser essen kann.«

Claudia kam aus ihrer braven Weltsicht heraus, allmählich verstand sie den Therapeuten besser, dass es gesunde Herausforderungen im Leben gibt, kleine waghalsige Dinge, nicht so große gewagte Dinge wie die Magersucht, an der man sterben kann. Und Claudia hörte dem Therapeuten mit der gesunden, kämpferischen Skepsis einer Jugendlichen zu.

Was will Claudia?

Claudia kam in dieser Woche nur einmal, weil sie bei ihrer Großmutter und bei ihrer Tante auf Besuch weilte. Danach würde der Therapeut für zwei Wochen in die Ferien verreisen. Das Leben rollte an Claudia vorbei, sie versuchte sich zu beteiligen, und der Therapeut hatte das Gefühl, dass ihr Leiden am Leben nicht mehr so ätzend juckte wie bisher.

Claudias Gewicht stieg von 38 kg auf 39,5 kg, vermutlich war dieser Wert etwas zu hoch, fand Claudia, die sich immer um genaue Ehrlichkeit bemühte. Claudia hielt sich exakt an den Essensplan und versuchte so gut es ging, gar nicht darüber nachzugrübeln. Es entstand ein lustiges Missverständnis: Claudia behauptete, sie müsse schon in zwei Wochen 41 kg wiegen, so habe es der Therapeut gesagt. Der Therapeut war sich sicher, dass er den Zeitpunkt in vier Wochen festgelegt hatte. Beide beharrten auf ihrer Meinung, der Therapeut, weil ihm die Spannung und der Witz, der in diesem Missverständnis lag, gefiel: Jetzt wollte ja Claudia ein höheres Ziel erreichen!

Bei ihren Verwandten gefiel es Claudia, weil es locker und lustig zuging. Hingegen herrschte in Vaters Wohnung wegen der Krankheit der Freundin oft trübe Stimmung, und Claudia war sich nicht im Klaren, wie sie sich da verhalten sollte. Aus der Sicht des Therapeuten gab es zwei Möglichkeiten: Entweder wurde Claudia durch diese Krankheit vollends entmutigt, oder es war ein Ansporn, sich selbst aus dem Sumpf zu ziehen. Der Therapeut sagte: »Geschenke verschönern das Leben, es müssen nicht immer Dinge sein, auch ein Kompliment oder ein freundliches Lächeln kann wie ein Geschenk wirken. Es gibt zwei Möglichkeiten zum Schenken: Einfach etwas weggeben ist die erste Art; wirklich etwas von sich selbst, von Herzen verschenken, ist die zweite Möglichkeit. Das Zweite ist schwieriger und wertvoller zugleich.«

Indirekt sprach ich damals über die Grundlagen eines reicheren Lebens. Wie finden die Jugendlichen den richtigen Standpunkt? Lernt Claudia, sowohl das Essen zu genießen und sich für die richtige Menge zu entscheiden? Jetzt konnten wir in aller Ruhe über diese Fragen diskutieren: Es kam mir wie ein Wunder vor, dass es in diesem schwierigen Therapieverlauf doch noch »Klick« gemacht hatte.

2. Zweiter Teil: Claudia reist nach Südfrankreich

Nachdem sie nun den Irrgärten ein Stück weit entkommen war, widmete sich Claudia vermehrt dem »Guten« im Leben, d. h., sie begann ihr Leben wieder zu genießen und in Besitz zu nehmen.

Claudia erzählt – Mit Unsicherheiten leben

Während der Frühlingsferien telefonierte der Therapeut mit Claudia, damit sie sich weniger einsam fühlte. Wenn in der Ferienzeit völlige Funkstille herrschte, fühlte sich Claudia früher in der Therapie jeweils schmerzlich im Stich gelassen.

Ein unregelmäßiger Rhythmus bestimmte die Hochs und Tiefs in Claudias Stimmung. Obwohl sie sich nicht im Griff hatte und darunter litt, ertrug sie diese Wechsel einigermaßen. Schließlich sah Claudia ihre Krisen bereits in einem leicht aufgehellten Licht. Ging es wieder aufwärts, kannte sie auch ihren Leichtsinn, der verkündete, na ja, es ist easy gegangen, ich muss Probleme nicht aufarbeiten, ich hab's auch so überlebt; und sobald sie sich zurücklehnte, nisteten sich alte Ausweichmanöver wieder ein, und sie grübelte über Vor- und Nachteile der Magersucht. Sie wollte ihre Tricks durchschauen, schweifte beim Überlegen aber schnell vom Thema ab.

Zur Verbesserung ihrer Motivation versuchte sie die Überlegungen zu stoppen und führte einfach aus, was die Fachleute ihr geraten hatten im Vertrauen darauf, dass es das Richtige sei. Es existierten so viele andere Unsicherheiten: Es jagte ihr Angst ein, wenn jemand ihre Fortschritte lobte, sie spürte Angst, wenn sie nicht im Mittelpunkt stand und dann Bauchweh bekam.

»Manchmal sage ich zu mir: Halte deine Fresse, widersteh dem blöden Drang! Damit ich nicht draufhaue und hinausposaune: ›Hallo, ich bin auch noch da, ich bin magersüchtig, aber ihr braucht euch keine Sorgen zu machen.‹

Manchmal bin ich unsicher, ob ich richtig im Gewichtsplan liege. An einem bestimmten Punkt weiß ich, ich muss nur etwas Schokolade essen, dann wäre ich sicher im Gewichtsplan. Doch ich zweifle lieber und kann mich nicht entscheiden. Wenn ich die Verantwortung auf mein Gegenüber abschieben kann, bekomme ich einen zweiten Vorteil, weil ich auf ihn sauer sein darf, da er in seiner Überforderung garantiert das Falsche macht oder ausflippt. Ich selbst bin ja so ein armes Opfer! Dabei könnte es den andern egal sein, wie viel ich esse.

Letztes Mal in der Bewegungsgruppe fühlte ich mich so schlecht, weil alle Teilnehmerinnen ihr Leiden demonstrierten, und danach

ging ich, um mich zu erholen, zu meiner Tante. Zuerst war ich beleidigt, dass sie auf meine Tricks nicht einging, später konnte ich ihre harte Haltung schlucken und war froh darüber.
In der Bewegungsgruppe hätte ich einer Teilnehmerin ins Gesicht sagen können: ›Ich glaube dir nicht, was du sagst.‹ Ich schwieg, aber ich wusste aus eigener Erfahrung, wie es wirklich abläuft.
Manchmal sehe ich klar, dann wieder nicht. Ich esse ein halbes Stück Kuchen, werde verwirrt und fange an, der Mutter die Birne vollzuheulen. Zum Glück geht sie nicht mehr darauf ein. Dann fange ich an zu rechnen, saudoof, einzig noch Zahlen in meinem Kopf und weiß nicht mehr, worum es eigentlich geht.
Bis zur neunten Klasse gab ich keine Schwäche von mir preis. Als ich letztes Mal in die Bewegungsgruppe fuhr, nahm ich mir vor, nichts Persönliches von mir zu erzählen, und dann tat ich es doch. Ich war wütend. Doch wie Sie sagten, dort kann ich den Umgang mit meinen Schwächen proben. So tröstete ich mich.«
»Du guckst also mutig in den harten Spiegel der Selbsterkenntnis?«, fragte der Therapeut.
»Ich habe Michaela getroffen, und die Begegnung war ziemlich komisch für uns beide.«
»Es muss ja nicht immer nur Unterstützung und Harmonie zwischen Freundinnen herrschen, vielleicht haben im letzen Sommer, als die Freundschaft auseinander ging, Überforderung oder Rivalität ebenfalls eine Rolle gespielt. Wie auch immer, nächstes Mal, bevor du Michaela triffst: Überlege dir, was du willst, und dann übe auf deiner inneren Probebühne die Worte, die dir passend erscheinen.«
Nach der ferienbedingten Therapieunterbrechung musste ich zuerst wieder Fuß fassen. Claudia hatte gute Gewichtsfortschritte gemacht, sie war jetzt sicher aus dem lebensgefährlichen Bereich heraus, was mir nach dem schwierigen Therapiebeginn immer noch wie ein Wunder vorkam. So entstand mehr Spielraum für Claudia: Wenn sie weiter Fortschritte machte, war dies ihre Entscheidung!
Claudias Ehrlichkeit stach jetzt noch deutlicher hervor: Diese machte einerseits die Therapie so instruktiv und spannend, andererseits verstärkte sie ihre Unsicherheiten; wo andere Jugendliche sich leichtfüßig über die Schwierigkeiten hinwegmogeln, begann Claudia zu hinterfragen. Ich thematisierte die Ehrlichkeit nicht, weil sie mir zu diesem Zeitpunkt eher nützlich als hinderlich erschien.

Die richtige Hilfe annehmen

»Meine Mutter lässt fragen, ob vielleicht Hypnose oder Homöopathie die richtig Zusatztherapie wäre?«
»Von Homöopathie verstehe ich nicht viel. Aber Hypnose haben wir bereits gemacht. Ich will dir etwas Wichtiges über Hypnose erzählen: Hypnose unterscheidet zwischen bewusstem und unbewusstem Denken.
Zu deinem Vorteil sollte dein Bewusstsein, das sind die absichtlichen Gedanken und dein Wille, mit dem Unbewussten gut kooperieren. Am besten gibt das Bewusstsein für ein Projekt den Startschuss und die Richtung vor und überlässt danach die Ausführung seiner Pläne dem Unbewussten.«
»Das Essen ist mühsam, ich werde von alten Gedanken erwischt, ich denke, ich habe viel zu viel Gewicht, möchte wieder abnehmen. Danach versuche ich mein Denken und Vergleichen auszuschalten. Die Stimmung zu Hause ist mühsam, die Mutter will der Magersucht nicht mehr zuschauen.«
»Du hast jetzt die Erlaubnis von mir, du darfst im ungefährlichen Terrain magersüchtig sein. Wenn etwas mühsam wird, ist dies doch nicht der Weltuntergang: Du musst nicht essen, damit deine Mutter in ihrem Leben keine Probleme hat.
In Hypnose genügt dir die Menge an Einfluss, die im Moment gerade greifbar ist. Ich habe dir schon einmal von Bertrand Piccard erzählt, der, um gute Winde zu finden, in seinem Ballon einzig die Flughöhe verändern konnte. Er meinte, auch im Leben könne man nur 10% der Dinge kontrollieren, aber das reichte, um ans Ziel zu gelangen.
Eine junge magersüchtige Frau erklärte verzweifelt, sie habe vor Weihnachten Gewicht verloren, weil es in der Schule zu viel Stress gab. Dabei ging sie bereits zwölf Jahre zur Schule! Sie vergaß völlig, dass man den Anforderungen der Schule unterschiedlich gerecht werden kann: je nach vorhandener Kraft mehr oder weniger. Nachdem ich sie darauf aufmerksam gemacht hatte, hat sie sich wieder daran erinnert. Sie hat nicht einmal jene 10% Beeinflussungsmöglichkeit genutzt, die man immer zur Verfügung hat! Im Geheimen wuchs dafür ihr Wunsch nach immerwährender, 100% Kontrolle. Hypnose ersetzt das Entweder-oder durch ein

Sowohl-als-auch, d. h. ein gleichzeitiges Loslassen-und-konzentriert-Lernen.
Im 20. Jahrhundert konnte man mit Terroristen und Flugzeugentführern noch verhandeln, und es gab bestimmte Tricks, um ihnen doch noch beizukommen, trotz der Geiseln in ihrer Hand: Die Unterhändler gingen zuerst sachte auf die Bedürfnisse und Wünsche der Entführer ein, gewannen damit Zeit und überredeten die Terroristen zum Aufgeben.
Es gibt einen Witz über den wortkargen Berner Oberländer von Almen. Von Almen saß mit seinem Freund vor der Alphütte, als ein eiliger Tourist vorbeihetzte und fragte: »Welches ist bitte der nächste Weg zur Bahnstation?« Da der Tourist keine Antwort bekam, fragte er der Reihe nach auf Italienisch, Französisch und Englisch. Vergeblich. Also suchte er sich seinen Weg selbst. Nachdem sich der Tourist außer Hörweite befand, sagte der Freund zu von Almen: »Sehr gebildet, dieser Fremde.« – »Aber genutzt hat es ihm nichts«, gab von Almen zurück.
Also schau dir deine halluzinierte Katze wieder an, die ist – wie du mir erzählt hast – manchmal auch eine Arme, wenn du keine Zeit für sie hast und du dich zu wenig um sie kümmerst. In der Trance arbeitet das Unbewusste für dich, und die bewussten Zweifel und Gedanken haben auch ihren Platz, sind aber gar nicht so wichtig ...
Du machst das wunderbar ...
Einmal kam ein 9-jähriger Bub wegen heftiger Migräneanfälle zu mir. In Trance ging er Eishockey spielen, was sein liebstes Hobby war. Fortan nahm er sich zu Hause regelmäßig Zeit für die Trance und verarbeitete in Trance seine ungesunden Spannungen, indem er aggressives Eishockey spielte. Die Migräne verschwand zu 90 %. Er und seine Familie halten mich für einen Zauberer. Sie sind leider die Einzigen in der Umgebung, die so denken. Ich glaube es auch nicht. In Trance lernst du, während der Krisen ruhig zu bleiben. Die heftigen Gedanken sind vielleicht noch da, aber sie sind nicht so wichtig. Du fährst in Trance zweigleisig: Erstens fühlst du dich stark, da dein Unbewusstes besser weiß, was es will; zweitens bist du offen für zusätzliche Hilfe und Unterstützung. Du brauchst deine Logik als Hilfsmittel, aber Vertrauen, Lockerheit und Loslassen sind genauso wichtig. Mit ihrer Hilfe widerstehst du der Verführung durch die Sucht besser.

Es ist wie beim Volleyball-Spiel, das ich soeben lerne: Der Ball könnte irgendwie wegspicken, wenn ich ihn spiele, aber mit lockerer Konzentration fliegt er richtig. Zu viel Einsatz ist nicht gut, zu viel Leichtherzigkeit ist nicht gut. Du suchst die richtige Aktivität, du findest die richtige Mischung von Kraft und Lockerheit. Die junge Patientin, die unter Schulstress litt, lernte Selbsthypnose und benutzte sie zum Einschlafen. Sie war dann enttäuscht, dass die Hypnose nicht hundertprozentig wirkt, sondern vielleicht nur zu 95 %. In den verbleibenden 5% ist es halt wichtiger, dass du dich zuerst mit deinen Problemen beschäftigst, dann wirst du ruhiger, und erst danach hilft dir Hypnose zusammen mit der Müdigkeit beim Einschlafen.

Zähl jetzt von 10 auf 1 zurück, um aus der Trance herauszukommen, bei 5 machst du die Augen auf, bei 1 bist du ganz wach. Manchmal erzähle ich von Schwierigkeiten und davon, dass im Leben nicht alles möglich ist. Dann meinen einige Klientinnen, ich wolle sie abschrecken und entmutigen, weil es ihnen Angst macht, was ich sage. Aber ich erwähne das nur dann, wenn ich überzeugt bin, dass du diese Schwierigkeiten anpacken und überwinden kannst.

Du bist jetzt wach und etwas ausgeruht. Natürlich kommen bewusste Zweifel über den Zweck der Trance, aber du vertraust auch, dass ich es richtig mache, weil du es so willst. Du bewegst dich wunderbar in Trance, du bist sehr kreativ, aber vor deinen Bildern liegt oft ein Farbschleier.

Bateson, von dem ich dir auch schon erzählt habe, zitiert die Bibel ›Gott lässt nicht mit sich spotten‹, überträgt es auf die Ökologie und meint: ›Die Natur lässt nicht mit sich spotten. Was zerstört wird, ist effektiv kaputt nachher.‹ Ein Stück weit haben idiotische Leute ein bisschen Unglück verdient. Du bist sehr intelligent und begabt, aber auch du hast deinen idiotischen Schatten. Also pass gut auf den Wolf auf, Rotkäppchen.«

Claudia trug an diesem Morgen ein rotes Kopftuch.

Wenn sich Magersüchtige endlos in ihren Gedanken über das Essen drehen, empfehle ich hypnotische Techniken zur besseren Selbstregulation. Nie verurteile oder kritisiere ich die Patientinnen wegen dieser Gedanken. Klar sind diese Gedanken eine Einschränkung für ihr Leben. Aber das Verurteilen der Probleme würde eben die Illu-

sion nähren: »*Wenn ich mir nur genug Mühe gäbe, schaffte ich es einmal, ohne Einschränkungen zu leben.*« *Man kann nicht alle Einschränkungen des Lebens beseitigen! Am Ziel können wir erkennen, dass gerade gesunde Grenzen uns Selbstverwirklichung ermöglicht haben.*
So wie es vorübergehend in Ordnung ist, bis zu einem gewissen Grad magersüchtig zu sein, ist es auch in Ordnung, Zweifel zu haben. Diese Zweifel werden am besten so genutzt, wie es Erickson in seiner Utilisation des Widerstandes beschrieben hat: der Widerstand ist dann kein Hindernis mehr, sondern eine Hilfe, um eine Patientin in die Hypnose hineinzuziehen. (18)

Beruhigende individuelle Unterschiede

Wie geht eine Familie mit der Jugendkrise um? Die Tochter hält es kaum mehr aus, wird von unsinnigen zwanghaften Vergleichen gequält; die Mutter würde am liebsten davonlaufen, und der Vater schaut gleichmütig zu.
Der Therapeut erinnerte an die zeitliche Dimension, dass auch eine schwere Jugendkrise, so unangenehm sie sei, mit therapeutischer Unterstützung vorübergehen werde, sobald Claudia zu ihrer Identität gefunden hat. In der Therapie könne sie individuelle Unterschiede als beruhigend erleben. Individuelle Unterschiede bewirkten so nicht mehr Verwirrung und Verzweiflung, sondern gesunde Härte und lebendige Neugier.
Die Mutter stellte am Schluss der Familiensitzung ihr Ultimatum, dass sie nicht mehr mitmache, wenn Claudias Gewicht nicht konstant zunähme. Sie erklärte auch, dass ihr jetzt die homöopathische Behandlung bei Claudia wichtig sei. Der Therapeut sagte nur, dass Claudia vielleicht nicht zu viel Zeit im Gespräch mit der Homöopathin verbringen sollte, damit nicht zwei Therapien parallel liefen mit der großen Wahrscheinlichkeit von Missverständnissen.
Ganz verstand die Mutter mein Anliegen nicht, dass nicht die Quantität, sondern die individuellen Unterschiede beruhigend wirken. Ihr Wunsch nach weiteren Therapien entsprang ihrer unstillbaren Angst und inneren Beunruhigung. Übrigens verliefen die Homöopathie-Pläne später im Sand, da der Aufwand zu groß und die Behandlung zu teuer waren.

Ich selbst sein in der Gruppe

»Die Evolution setzt bei Mensch und Tier offensichtlich auf ›Stärke‹ als vorteilhafte Eigenschaft fürs Überleben. Andererseits sind die Lebewesen in eine Ökologie eingebettet, in der das Zusammenspiel wichtig ist. Einseitiges Zuviel von beidem, von Stärke oder Zusammenspiel, zerstört die Ökologie.
Wenn du deine Freundin triffst, spielst du die ›coole‹ Claudia, und es stört dich, wenn ihr einander was vormacht. Du möchtest lieber du selbst sein, aber vielleicht solltest du abwechseln zwischen ›Ich selbst sein‹ und ›Etwas vormachen‹.«
Claudia erzählte: »Schwierig wird es, wenn ich in eine Situation gerate, über die ich noch keine Meinung habe. Ich bin gern die Erste bei einem neuen Thema. Wenn ich nicht an vorderster Front mitreden kann, könnte ich langweilig wirken, und davor habe ich Angst. Im Zug beobachtete ich einmal, wie zwei Personen miteinander redeten. Der eine war ein ziemlicher Angeber, und der andere gab sich erhebliche Mühe, so zu wirken, als merkte er die Angeberei nicht. Mir kam diese Szene recht peinlich vor. Oft frage ich mich, wie ich auf andere wirke.«
»Der perfekte Auftritt ist anstrengend und verleitet zu Fehlern. Doch – ich habe es auch schon erwähnt – man lernt aus Fehlern.«
»So könnte ich absichtlich Fehler machen, um etwas daraus zu lernen. Vielleicht ist das nicht ehrlich, wenn ich absichtlich ins Fettnäpfchen trete und die andern denken, ich hätte nichts gelernt ... Puff, was bleibt da noch übrig, wie soll ich mich verhalten?«
»Vielleicht wirst du langsam erwachsen und unterhältst dich locker über Dinge, die dich interessieren, über ein Hobby, über Musik oder Ähnliches. Als Kind hast du einfach gespielt, und jetzt kommt in der Diskussion ein erwachsenes Element dazu, das ich als ›ruhige Kompetenz‹ bezeichne.
Ein Jugendlicher durchschaut die Menschen besser als ein Kind. Es ist, wie wenn du vom Baum der Erkenntnis gegessen hast und deswegen wie Adam und Eva aus dem Paradies herausfällst. Und die Geschichte geht vorerst nicht glücklich weiter. Die Söhne bekommen Krach: Kain erschlägt Abel, und er erhält dafür seine Strafe. Irgendwie wolltest du dich mit der Magersucht umbringen, weil der Verlust des Paradieses dich innerlich zerreißt.«

Neu gewonnene geistige Stärken der Pubertät wirken sich nicht segensreich aus, wenn man vor allem Probleme auf sich zukommen sieht. Ich werde fünf Sitzungen später mit Claudia darüber sprechen, dass jedes Individuum auch seine Stärken erkennen sollte.

Loslassen und Bremsen

Claudias Freundin Lara verdiente in ihrer Berufslehre ein bisschen Geld, das ihr eine schöne Ferienreise ermöglichte; Laras Leben erschien Claudia sehr verlockend. Der Haken an der Geschichte bestand darin, dass es keine freie Lehrstelle für Claudia gab, ihre Neigungen gingen in handwerklich-künstlerische Richtungen. So blieb nur das musische Gymnasium, das Claudia im letzten Herbst abgebrochen hatte. Der Therapeut unterstützte diese Idee, auch weil Claudia früher gute Schulleistungen ohne große Anstrengung erbracht hatte.

Als sie gerade die Wohnung des Vaters verließ, von wo sie eine traurige Stimmung mitnahm, begegnete Claudia zufällig ihrer Freundin Michaela. Es war ihr peinlich, weil sie am liebsten geheult hätte, aber Michaela war gut drauf und offen und freundlich zu Claudia. Ihre Unbeschwertheit ermunterte Claudia. Claudia erzählte: »Letzten Frühling kam Michaelas Freundin Elke aus Deutschland zu Besuch; damals begann meine Magersucht. Nun war Elke gerade zum Zweck der Erholung von ihrer Magersucht zu Michaela in die Schweiz gereist. Michaela konnte Elke helfen, indem sie ihr ziemlich deutlich ins Gesicht sagte, was sie ihrer Meinung nach zu tun hätte. Bei mir hat das nicht funktioniert, und so wurde es für Michaela schwierig. Ich bin froh, dass wir endlich darüber reden konnten.«

Der Therapeut sagte: »Unlogischerweise beginnt man bei der Entdeckung der Freiheit zuerst mit den Einschränkungen. Damals, als du lesen und schreiben gelernt hast, hast du dich nicht ablenken lassen. Nur die Buchstaben waren wichtig, und jetzt in der Hypnose sind nur die unbewussten Ideen wichtig, die dich im Alltag weiterbringen bis zur inneren Freiheit. Wenn du jetzt das Essen zum zweiten Mal lernst, kannst du einfach von störenden Details ›wegzoomen‹ und dich danach den schönen Seiten des Essens widmen. Dazu braucht es viel Gelassenheit. Diese lernst du jetzt auf jeden Fall: Du möchtest in den Sommerferien nach Südfrankreich. Entweder isst du jetzt mit der nötigen Menge Gelassenheit die richtige Menge an Speise, oder du wirst später in den Ferien zu Hause in Münsingen sitzen und ohne Gelassenheit dein hartes Schicksal nicht ertragen.«

Zuvor hatte mich Claudias Mutter angerufen und gefragt, ob es eine gute Idee sei, die Erlaubnis für einen Frankreichaufenthalt an ein Gewichtslimit zu binden. Ich fand es eine gute Idee, weil sie die Motivation zum Essen mit Claudias eigenen Wünschen verknüpfte. Auch ging die Abmachung ohne Moralpredigt oder zusätzliche Verstrickung über die Bühne.

»Ich bin gewillt, normal zu essen, aber ich weiß nicht, wie ich im Gewichtsplan bin, und halte mich manchmal zurück.«

»Du kannst dich ruhig zurückhalten und das Bremsen üben, um nachher sicher zu sein, dass es funktioniert. Man vergisst, wie wichtig Fahrradbremsen sind bis zu dem Zeitpunkt, wo du eine steile Straße hinunterfährst. Auch wenn du sehr motiviert bist, der Weg bleibt eine schwierige Herausforderung. Vielleicht stellt es sich auch deine Mutter manchmal zu einfach vor. Magersucht ist auch eine tolle Sache: Sie ist dein Versuch, einige Einschränkungen, unter denen deine Mutter leidet, zu überwinden; es ist ein Versuch unter ungünstigen Bedingungen, weil dich dein Vater nur wenig unterstützen kann.«

»Während der Sitzungen verstehe ich oft nicht viel von dem, was Sie sagen. Aber ich vertraue darauf, dass mein Unbewusstes es aufnimmt, und im Alltag denke ich manchmal an Ihre Worte.«

»Eine junge Mutter kommt zu mir, weil sie Hypnose gegen ihre Ängste und zur eigenen Beruhigung einsetzen will. Mir hat sie es nicht erzählt; sie sagte es zu meiner Kollegin, sie wisse nicht, was der Therapeut mit ihr mache, aber nach den Sitzungen gehe sie immer viel sicherer und ruhiger zur Tür hinaus.«

In meinen Geschichten verstecken sich posthypnotische Suggestionen, damit Claudia die Dinge in ihrem Leben ohne Rebellion anpackt, selbst zu ihrem Glück beiträgt und die Illusion der Erde als Paradies verliert.

Fantasie und Einschränkung

Claudia wog 42,5 kg; der Therapeut fragte nicht bei jeder Sitzung nach dem Gewicht, und Claudia würde es von sich aus nicht erwähnen.
Ihre Magersucht beschrieb Claudia als harte Lehre: »Du isst höllenviel: du willst nicht wirklich zunehmen, sondern einfach normal essen.«
Auf ihre Nahrungsmenge nahmen viele Faktoren Einfluss: eigene Stimmung, andere Meinungen, Aufmerksamkeit bekommen. Beim Essen ging die objektive Perspektive schnell verloren.
»Nimm keine verbotenen Abkürzungen oder Tricks, wie du sie nennst. Und vertrau deiner inneren Kreativität.
Bateson verglich diese Kreativität mit dem Spiel des Kindes, das Klötzchen aufeinander schichtet und damit einen Turm baut. Das Kind könnte dabei schummeln und Leim benutzen, um dem Turm Halt zu geben. Somit könnte das Kind aber keine weiteren Türme bauen. Die Benutzung des Leims symbolisiert verbotene Abkürzungen, wenn du es dir zu einfach machst: du isst nicht die Menge, von der du haargenau weißt, es wäre die richtige, und bildest dir ein, du hättest keine andere Wahl. Damit verlierst du zukünftige Reserven, zukünftig Flexibilität.
Die Hypnose ist ein Modell des gesunden Lernens. Im Gespräch mit mir befindest du dich manchmal in Hypnose, manchmal im Alltagsbewusstsein. Hypnose ist ein geistiger Raum; dagegen spielt sich der Alltag im konkreten Raum ab. In Hypnose ist alles möglich, dein Unbewusstes darf sich alles vorstellen, sofern du magst: Unbeschränkte Fantasie verbindet sich mit konsequentem Selbstbezug, welcher bestimmt, was zu dir gehört und was nicht.
Im Alltag ist es schwieriger, auf sich selbst zu achten, die strengen Anforderungen werden von der Umgebung diktiert.«
»Wie Niki de Saint Phalle liebe ich die runden Formen und hasse die Genauigkeit. In Hypnose weiß ich nicht genau, was Sie gesagt haben, ich vertraue auf das Unbewusste, auch wenn ich nicht aktiv zugehört habe.«
»Die Jugendlichen sind sehr geeignet für Hypnose. Dein Unbewusstes wird schon die wichtigen Erinnerungen auswählen, die dich weiterbringen, darauf kannst du vertrauen.

In Hypnose bist du entspannt, ohne Stress spielst du locker mit deinen Gedanken. Im Alltagsstress gehen deine Gedanken auf Abwege und quälen dich. Das ist verständlich, du kannst das akzeptieren, vielleicht merken, wann dir etwas fehlt, ohne dass du dabei in negative Gedanken flüchten musst.«

Manchmal verstärkten sich Alltagsstress und negative Gedanken gegenseitig. Diesen Teufelskreis ordne ich dem dritten Irrgarten zu, in dem zu hohe Herausforderungen des Alltags den Misserfolg hyperaktiver, negativer Gedanken bewirkt. Claudia entkam ihm, weil sie immer mehr den Speiseplänen und ihren unbewussten Ressourcen vertraute und damit ein gutes Heilmittel gegen die Hybris fand.

Das Animalische

»Manchmal stinkt es mir so richtig.«
»Weil Missstimmung auch die Sucht bremsen kann, sollte sie dir erlauben, einen Gang zurückzuschalten. Während der Krise bist du wie ein krankes Kind, und du umsorgst dich, wie die liebende Mutter ein krankes Kind behütet. Kehrt diese Liebe in dein Herz zurück, brauchst du die Krücke des Abnehmens gar nicht mehr.«
»Beim Essen gehe ich keine Kompromisse mehr ein, da halte ich meinen Plan durch. Aber ich muss mir den Hunger mit Bewegung verdienen und deshalb immer aktiv sein. Ich laufe nicht zum Bus, ich renne. Am Abend setze ich mich nicht hin. Ich trainiere mir mein Gewicht ab. Im Nachhinein schäme ich mich dafür, aber zuvor muss es unbedingt sein. Wenn Sie mein Traumgewicht erwähnen, dann will ich schon 6 kg vorher bremsen. Ich habe Angst vor dem Säbelzahntiger in mir, der immer fressen will. Die Ernährungsberaterin hat mir gesagt, du darfst nicht nur, du musst übertreiben mit Essen, und so mache ich es jetzt auch.«
»Auf unserer Welt gibt es ja nicht nur Freude am Essen, unter anderem gibt es auch sportliche und sexuelle Freuden.
Das Animalische in uns, z. B. das Körperliche und die Nestwärme, muss durch den Geist ausbalanciert werden. Das Animalische löst dich aus der Familie und treibt dich zu den Freunden. In den Beziehungen zu Freunden kommt das Geistige und das Animalische ins Gleichgewicht. Der Geist ist der Reiter, das Animalische das Pferd.

Der Reiter soll nicht die ganze Zeit sagen, er habe ein schlechtes Pferd, sonst glaubt das Pferd diesen Unsinn mit der Zeit.«
Wenn körperliche Veränderung auf sensible Mädchen bedrohlich wirkt, schafft die Therapie – als eine Art sanfte Brücke – Zugang und etwas Zuneigung zur schattenhaften Welt.

Lockere Veränderungen im Familienzyklus

Zu Beginn der Familiensitzung sagte Claudias Bruder: »Mittels Distanz lösen sich meine Familienprobleme von selbst; ich werde zum Militärdienst einberufen.« Während der Vater großzügig und tolerant zuhörte, rümpfte die Mutter die Nase über die »Show« des Therapeuten. Der Therapeut erzählte von der lustigen Seite der Pubertät: »Bei mir zu Hause hängt ein Blatt Papier in der Küche. Darauf ist das Hirn abgebildet, und der Text erklärt, warum die Jugendlichen nicht vernünftig handeln können. Alle Erziehungsversuche sind in dieser Zeit vergebens. Meine Tochter findet es lustig, dass man sie nicht zur Verantwortung ziehen kann. Ich versuche meine Frau zu trösten und sage, nach dem 21. Lebensjahr ist der Spuk vorbei, er dauert nur noch acht oder neun Jahre.
In ihrer Pubertät spielt Claudia die erste Geige, sie spielt sie laut und gut, aber es ist manchmal das falsche Lied. Auch so etwas kann man ja humorvoll sehen.
Auch ich mache Fehler. Ich weiß, man sollte sich nicht über alles lustig machen ...
Jetzt in dieser Sitzung zerstöre ich altgediente Rollenmuster innerhalb der Familie. Aber wenn diese Muster überflüssig geworden sind, darf man sie doch mit etwas Humor betrachten. Lenny Bruce, ein amerikanischer Komödiant, dessen Leben im Film von Dustin Hoffman gespielt wird, improvisierte in seinen Kabarett-Vorführungen über viele tabuisierte Themen. Doch am Ende seines Lebens brachte er sich um, weil er wegen seiner Witze so sehr angefeindet wurde.
Ich habe eine schwangere Angstpatientin gefragt: Sie dürfen jetzt ein Theater machen, aber muss es wirklich in diesem Ausmaß sein? Darauf dachte sie nach und beruhigte sich wieder. Sie erzählte es ihrer Mutter, die fragte, ob der Therapeut sie ernst nähme. Doch sie fühlte sich ernst genommen.

Jedenfalls, Auflockerung im Familienleben hat noch nie geschadet.«
Der Therapeut fragte, wer in der Familie am meisten Hilfe benötigte. Er führte eine Abstimmung durch. Claudia selbst, der Bruder und der Vater stimmten für Claudia. Die Mutter meinte, vor allem die Familie brauche Hilfe, und da er ihr ein vierfaches Stimmrecht zubilligte, stimmte der Therapeut der Mutter zu.
Als Erickson die Magersuchtstherapie diskutierte, merkte er an, dass man den Klientinnen mit konventionellen Mitteln nicht helfen könne. Die richtige Dosis Lockerheit muss allerdings im Ermessensspielraum immer wieder neu definiert werden.

Wechselspiel zwischen ruhigem Denken und Handeln

Das Gespräch begann leicht stockend: »Blieb etwas vom nicht so geliebten Familiengespräch hängen?«
»Ich weiß nicht ... äh ... wegen der Therapiemotivation glaub ich.«
»Du hast zu Beginn unserer Therapie erzählt, dass du dir nicht sicher warst, ob du einfach nur von der alten Therapie wegläufst. Ausdauer ist eine andere Sache, das heißt, wenn dir die Therapie Mühe macht, dass du dich nicht einfach in ein neues Projekt stürzt, als Ausweg vor wenig geliebten Schwierigkeiten.«
»Warum nicht?«
»Du würdest dich selbst nicht ernst nehmen, dir nicht zutrauen, dass du es durchstehst.«
Claudia bezeichnete ihr ewiges Laufen und Joggen als hohl und sinnlos. Der Therapeut verglich es mit den Macken eines Pferdes, die man ihm mit der Zeit abgewöhnen könne, ohne dass man das Pferd verurteilen oder schlachten muss. Claudia sagte: »Nachdem ich die ganze Zeit herumgelaufen war, empfahl mir meine Mutter etwas Ruhe, und ich habe erst recht weitergemacht und bin dann ganz schwankend nach Hause gekommen.«
»Da ist immer noch der Widerspruch zwischen dem Geistigen und dem Animalischen. Nach der Versöhnung findest du Freude an beidem, sowohl an den Macken wie an der Ruhe. Wenn man in der Pubertät anfängt, mit dem geistigen Fortschritt, der da passiert, die Dinge der Welt besser zu begreifen und verstehen, dann führt das zuerst notgedrungen zu Verwirrung. Deswegen musst du dich nicht verurteilen. Setze dich mit deinem Bewegungsdrang auseinander,

und mit der Zeit machst du etwas Sinnvolleres. Der scharfe Geist sollte dabei mit schützender Liebe gepolstert werden.«
»Ich kann bereits ziemlich locker das Abendessen zubereiten. Ich bin froh, wenn mir das gelingt, ohne dass ich mich ständig hinterfragen muss.«
»Wechsle ab zwischen Denken und Handeln: Planen, dann handeln, dann planen und so weiter. Beim Handeln sollst du nicht viel denken, damit du dir nicht in die Quere kommst. Z. B. sorgt eine Mutter ganz intuitiv und auf natürliche Weise für ihr neugeborenes Kind, ohne dass sie dabei viel überlegt. Es sind die angeborenen Elternprogramme, welche das mütterliche Verhalten unbewusst steuern. Würde eine Mutter bewusst überlegen, dann wäre das Baby frustriert, weil die Mutter befangen, verzögert und unspontan agiert.«
»Ich beneide die Menschen, die einfach aus dem Gefühl heraus handeln können.«
»Die Menschen besitzen individuellen Charakter und Körperbau. Man kann die Menschen auch in Gruppen einteilen, z. B. in Pykniker und Astheniker. Die Pykniker sind eher rundlich und klein, und sie hören leicht auf ihr Gemüt und ihre Gefühle. Die Astheniker sind dünn und besitzen einen scharfen Verstand. Zu denen gehörst du. Astheniker brauchen weniger Angst zu haben, dass sie dick werden.« Ein leises Lächeln huschte über die Lippen des Therapeuten.
»Ich hinterfrage mich sowieso nur aus purem Egoismus, damit ich gut dastehe.«
Beim Abschied lobte der Therapeut Claudias wachen Verstand, fügte jedoch hinzu: »Falls die Astheniker etwas nicht schnallen, dann können sie aber gewaltig daneben liegen mit ihrer Einschätzung.«

Schnittstellen zwischen Familie und Außenwelt

Gesunde Arroganz, gesunde jugendliche Rebellion sprachen aus Claudias Gesicht. Der Therapeut freute sich, es schien ihm, Claudia wollte ihre Probleme anpacken und ihre verletzten Gefühle heilen, damit sie Arroganz und Übermut nicht übermäßig anheizten.
Als Claudia kürzlich abends ausgegangen war, stieß sie auf ein Mädchen, das auf sie zurückweisend und schüchtern wirkte, das sich

aber später bei ein paar Burschen in den Mittelpunkt setzte. Claudia wunderte sich …

Am Samstag arbeitete Claudia bis abends um acht im Kino, traf nachher Michaela, die sie fragte, ob sie mitkäme zum Tanz in der Diskothek. Weil sie zu müde war, lehnte Claudia ab, aber auch weil sie erwartete, keine andere Freundin dort zu treffen. Michaela würde sie dann im Stich lassen, sobald sie sich mit einem Jungen zum Tanz verabschiedet. Sie blieb zu Hause bei den Gästen der Familie, ärgerte sich am nächsten Tag jedoch, als sie erfuhr, dass noch andere Freundinnen in der Diskothek gewesen waren. Zudem würde das Lokal für einige Wochen Sommerpause schließen. War es nun ein weiser oder ein feiger Entschluss gewesen? Weise, weil sie auf ihre Müdigkeit geachtet hatte, feige, weil sie die Herausforderung fürchtete?

Der Therapeut beruhigte Claudia und meinte, er habe in jungen Jahren seine wertvollsten Freunde und Freundinnen nicht in der Disco kennen gelernt. Aber vielleicht verdross es Claudia nur aus dem Zweifel heraus, dass sie etwas verpasst haben könnte …

Eine Jugendkrise spielt sich an den Schnittstellen zwischen Familie und Außenwelt ab. Die Jugendlichen müssen lernen, auf ihre Bedürfnisse zu hören und den Ermessensspielraum zu nutzen: Wie bringe ich meine Bedürfnisse unter einen Hut, und wie gehe ich fair und konstruktiv mit der Umgebung um?

Claudia dachte an ihre Sommerferien. Bei ausreichendem Gewicht dürfte sie nach Südfrankreich reisen. Sollte ihre Freundin ebenfalls eine Woche mitkommen? Würde das die Beziehung zur Mutter beeinträchtigen: Statt dass es ein gemeinsamer Verwöhnungsurlaub von Mutter und Tochter würde, verbrächte die Mutter ihre Ferien ein Stück weit alleine? Claudias Mutter hatte sich bereits dahingehend geäußert, dass sie sich, wenn auf die Seite gestellt, dort unten in Südfrankreich ziemlich einsam und komisch fühlen würde.

»Will ich einfach zu viel?«, fragte Claudia, »ist das krankhaft?«

»Nimm dich wie du bist: deine heftigen Wünsche gehören zu dir. Diese Wünsche sind wie ein Ferrari-Formel-1-Wagen. Darin hat man schnell den Motor abgewürgt oder den asphaltierten Weg mit dem Graben vertauscht. Der kleine Fiat fährt sich einfacher im Stadtverkehr. Aber gerade mit den starken Wünschen muss man ruhig und diszipliniert umgehen.«

»Da fällt mir etwas ein. In der Bewegungstherapie wurden wir aufgefordert, uns selbst einen Brief zu schreiben. Zuerst hatte ich keine Lust dazu. Jetzt aber freue ich mich auf den Brief, den ich von mir bekommen werde.«

»Die Reise zu sich selbst beginnt vielleicht mit Widerwillen, und plötzlich ist man mit viel Freude unterwegs. Zuerst sagt man Nein, und dann macht man es doch gerne.«

Als Vorbereitung auf eine nächste Hypnosesitzung erkundigte sich der Therapeut nach Claudias Ruhepausen. Meist wurde Claudia von innerer Unruhe zu pausenloser Aktivität getrieben, andernfalls würde ein schlechtes Gewissen sie quälen.

Sich ausruhen sah Claudia leider noch immer nicht als Leistung an ...

Lebensfreude als Geschenk annehmen, ohne es verdienen zu müssen, davon befand sich Claudia noch weit entfernt. Ihr vermeintliches Versagen trieb sie zu noch mehr Leistung an, und sie erschöpfte sich zusätzlich. Sinnvolle Grenzen könnten Abhilfe schaffen ...

»Ich habe bereits deiner Mutter am Telefon erklärt, dass bis zu den Sommerferien eine ziemlich schwierige Zeit auf dich wartet, weil du in der Luft hängst, während alle deine Freundinnen zur Schule gehen.« Ein kaum sichtbares Leuchten schlich sich über Claudias Gesicht. Sie würde dem Therapeuten beweisen, wie gut sie diese Zeit meistern wird. »Um das Beste daraus zu machen, reagierst du auf deine Situation gelassen, nervös oder arrogant?«, fragte der Therapeut nonchalant. Und wieder krochen Zweifel in Claudias Kopf, ob sie das von der Mutter geforderte Gewicht erreichen würde. Der Therapeut wiederholte, Claudia würde so oder so gelassenes Denken lernen: Entweder indem sie jetzt locker zunahm oder indem sie ihre Enttäuschung verdaute, wenn sie in der Schweiz bliebe. »Was verstehen Sie unter gelassenem Denken?« Der Therapeut hätte sich gewünscht, dass Claudia die Antwort findet, aber um selbst nicht arrogant zu wirken, sagte er: »In Trance denkst du locker und aktiv. Oder im Alltag sagst du dir: ›Es ist nicht einfach, aber ich schaffe es.‹ Weder ignorierst du aus Naivität alle Probleme, noch versinkst du in Elend und Pessimismus.«

Der Therapeut ließ den Unsicherheiten und Zweifeln viel Raum: »Es ist in Ordnung, wenn du etwas verpasst oder wenn du versagst, du lernst auf jeden Fall etwas. Aber was?«

Das Haus der glücklichen Kindheit verlassen

Eigentlich hätte der Therapeut schon in der letzten Stunde eine formale Trance durchführen wollen, er hatte aber keinen geeigneten Anknüpfungspunkt gefunden. Jetzt begann Claudia: »Sven hat mich gefragt, ob man mit Hypnose frühere Erlebnisse findet, die heutige Schwierigkeiten erklären.« Claudia kannte nur ihren Therapeuten, der über Hypnose Bescheid wusste. Er erklärte ihr die Möglichkeiten der Hypnose und sagte dann: »In Hypnose lässt du los, du schaltest ab, fliegst wie mit einem Gleitschirm durch die Lüfte, aber ohne Risiko, weil du auf dem bequemen Sofa sitzt. Du konzentrierst dich auf das Wichtige und blendest alles Störende aus. Kreative Überlegungen können sich in Trance besser entfalten. Dein Bewusstsein braucht nichts Wichtiges zu tun, es kann abschweifen oder herumwandern oder beobachten.« Claudia hatte ihn zuvor gefragt, ob das gedankliche Abschweifen hinderlich wäre.
Diese Erklärung induzierte bereits auf natürliche Art eine leichte Hypnose.
Das exakte Halluzinieren ihrer Katze versetzte Claudia ganz in Trance. Wie geplant eine schöne und wichtige Kindheitserinnerung zu finden gelang vorerst nicht. Der Therapeut hoffte, Claudia könnte einen Kindheitstraum ausgraben, der ihren Alltag erleichtert. Später im Verlauf der Trance tauchte jedoch das Haus ihres Patenonkels auf: Claudia hatte sich als Kind dort gerne im Durcheinander der großen Dachkammer herumgetrieben. Wenn sie hinausspähte, sah sie den großen Hund und ein Pferd und durch eine Luke das Cheminée, in dem ein Feuer brannte. Durch diese Luke sah sie auch ihren Onkel frühmorgens von der Bäckerei zurückkommen, und es roch wunderbar nach frischem Brot. Es war ein Dreikönigskuchen, Claudia durfte sich die Krone aufsetzen, obwohl sie nicht Königin geworden war.
Das Haus wurde später verkauft, die Ehe des Onkels geschieden. Claudia kehrte eigens zum lieb gewonnenen Haus zurück, um Abschied zu nehmen, und so verschmerzte sie den Verlust.
Der Therapeut sagte: »Nimm dir das Kind, das du früher warst, als Vorbild. Abschied nehmen von lieb gewonnenen Kindheitsplätzen ist eine wichtige Aufgabe der Jugendzeit, um später mit viel Unternehmungslust das Glück im Haus der eigenen Familie zu finden.«

»Das ist eine gute Idee«, meinte Claudia, doch Angst und Zweifel überwogen, die Unsicherheit auch, ob das neue Glück auch wirklich kommen würde.

Claudias Familie besaß eine Ferienwohnung in Südfrankreich, die sie verkaufen musste. Der Familie blieb weiterhin die Möglichkeit, bei Nachbarn zu wohnen. Dieser Sommer bot die letzte Gelegenheit, in der eigenen Wohnung zu sein. Darum war der Besuch dort so wichtig. Der Therapeut erinnerte sie nochmals daran, wie sie vom Haus des Onkels Abschied genommen hatte, und das flüchtige Strahlen zeigte sich auf ihrem Gesicht, ein Versprechen, sie werde ihre Aufgabe auch jetzt gut erledigen.

Dann sprach der Therapeut über das gelassene Denken, das Claudia jetzt in Trance besonders gut üben konnte, um dann auch im Alltag gelassen und aktiv zu denken. Claudias Stirn runzelte sich, und sie blickte unschlüssig drein. Wie geht das wohl im Alltag, wenn ihre Wünsche nicht mehr sofort und perfekt in Erfüllung gehen? Wie kann sie mit Details großzügiger sein, Geduld mit Mutter und Freundinnen haben? Wie auf ihren Körper und seine Bedürfnisse achten? Den eigenen Rhythmus finden?

Die Trance dauerte länger als beabsichtigt, und der Therapeut holte Claudia ziemlich schnell in den Alltag zurück. Claudia bewunderte das hypnotische Können des Therapeuten. Er erklärte: »Hypnotisieren verlangt von mir große Anstrengung, und ich muss mich gut vorbereiten; vielleicht weil ich nicht an Macht interessiert bin. Aber ich unterstütze gerne gesunde Kreativität, die sich in Trance entfalten kann.«

» Es ist wohl besser, wenn ein Hypnotiseur nicht an Macht interessiert ist. Aber was passiert, wenn er es doch ist?«

»Wenn der Hypnotiseur an seine egoistischen Bedürfnisse denkt, dann beginnt der Klient zu streiken. Hypnose heißt nicht einfach nur befehlen, sondern ein gemeinsames, spielerisches Aushandeln der hypnotischen Phänomene und Ereignisse.«

Bei der Eroberung des »Guten« befreit man sich zuerst von vergangenen Verletzungen und kämpft danach für ein neues Glück.

Gesunder Rhythmus

Claudia wog 43,5 kg, und der Therapeut fragte: »Welche Freuden werden dich in der Zeit nach der Magersucht am Leben erhalten?« – »Mir gefällt mein Freundeskreis, mein Cello, die Schule und das Tanzen.«
Herausfordernd sagte der Therapeut: »Beim Tanzen spielt alle drei Minuten ein neues Lied, so kannst du deinen Rhythmus schnell wechseln.«
»In der neunten Klasse machte ich tatsächlich ein bisschen von allem, aber nichts richtig. In dieser Klasse gab es einige Multitalente, die überall gut waren, und ein Mädchen wurde in ihrer Sportart sogar Schweizer Meisterin.«
»Machen wir eine Hypnose, damit du deinen eigenen Rhythmus besser findest. Die Hypnose folgt einem doppelten Prinzip: Konzentration und Loslassen. Damit spürst du dich besser und kannst die Zerrissenheit des Alltags in aller Ruhe überwinden. Du schaust dir ein Kraftbild an. Du hast den Ferienort in Südfrankreich genannt. Schau ihn an. In Hypnose konzentrierst du dich ganz leicht aufs Wesentliche. Weil du jetzt nicht so zerrissen bist, kannst du diese schönen Momente wirklich in Besitz nehmen. Meine Worte sind ziemlich unwichtig. Wichtig sind deine Erlebnisse. Folgende Geschichte von Erickson beschreibt, was in Trance passiert: Als er noch ein Bauernjunge war, hetzte ein verschwitztes Pferd auf seinen Hof, mit Halfter, aber ohne Sattel. Niemand kannte das Ross. Der Bauernjunge Milton Erickson schwang sich aufs Pferd und sagte Hühott. Das Pferd trabte den Weg hinauf bis zur Hauptstraße, bog nach rechts ab. Später ging es einen schmalen Pfad weiter bis zu einem unbekannten Bauernhaus. Der Bauer dort war hoch erfreut, sein Pferd wieder zu sehen, und fragte den Jungen: Woher hast du gewusst, dass das Pferd zu mir gehört? Der Junge antwortete: Ich habe es nicht gewusst, aber das Pferd wusste es. Ich habe nur Hühott gesagt, und als das Pferd vom Weg abkam, ließ ich es ein wenig auf der Wiese grasen und führte es dann wieder sanft auf die Straße zurück. So weit diese Geschichte ...
Schließlich besteht meine Aufgabe als Therapeut darin, mich überflüssig zu machen. In Selbsthypnose brauchst du mich gar nicht mehr.

Also immer das doppelte Prinzip: Ich unterstütze dich, aber ich lasse dich machen. Immer wenn dir jemand einen einzelnen Rat als allein selig machend verkaufen will, dann sei misstrauisch. Das Leben pendelt zwischen zwei Polen, nicht entlang einer Geraden. Wie der Rhythmus der Musik, zwischen Schlag und Zwischenraum. Finde deinen gesunden Rhythmus, dann wirst du handlungsfähig. Ich weiß, es ist nicht einfach, aber du wirst es schaffen.«
Wie eine Erzählung kehrt die Trance am Schluss wieder zum Thema des Anfangs zurück. Wie beim Skifahren trägt uns der innere Rhythmus von Schwung zu Schwung, manchmal müssen wir auf die Unebenheiten der Piste reagieren, aber im besten Fall behalten wir unseren Takt. Der Rhythmus schenkt uns Kraft und Kreativität.

Eiskreme

»Ich bin mit der Magersucht noch nicht über den Berg. Ich darf mich einfach nicht zurücklehnen. Manchmal stehe ich im Supermarkt und könnte stundenlang abwägen, für welches Produkt ich mich entscheiden soll. Ich muss lernen, weniger zu überlegen, und einfach von den Details wegzoomen.«
»Die Details gehören vielleicht zu einem künstlerischen Gemüt. Du kannst sie als mühsam und quälend empfinden, du kannst sie aber auch als wertvolle Herausforderung betrachten, als Anregung für deine Gedanken.«
»Ich blende die Details aus, esse die Erdbeeren einfach, und schon seit langem bin ich die Eiskreme-Spezialistin der Stadt geworden. Ich kann sagen, wo man welche Qualität bekommt.« Sie lachte. »Es ist gar nicht so übel, einfach Eiskreme in beliebiger Menge zu konsumieren. Ich erinnere mich, früher war ich eine heikle Esserin.«
»O. k., das Ziel bleibt sich gleich: dass du dich bei einem vernünftigen Gewicht in deiner Haut wohl fühlst.«
Diese Techniken und auch Lockerheit und Humor sollen den Patientinnen vermitteln, dass Schwierigkeiten zum Leben gehören; dass man diese aber auch leichtfüßig meistern darf.

Essen und sich erholen

»Lieber arm dran als Bein weg.« Dieser Spruch zur Woche begrüßte eine leidende Claudia, die aber mit den zweideutigen Hinweisen bereits tapfer und leicht amüsiert umging. Claudia fühlte sich als Allerärmste, weil sie mit abgeschlossenem Praktikum als einziger Mensch Ferien machen musste. Sie hatte Angst vor dem Gymnasium, das nach den Sommerferien beginnen würde, Angst, dass sie es nicht packen werde.
»Also, du bist eine ganz Arme, und natürlich bist du eifersüchtig auf deine früheren Freundinnen, welche die vermeintlich heile Schulwelt genießen. Zudem möchtest du so viel leisten und arbeiten, damit du nicht mehr eine so eifersüchtige, arme Person sein müsstest. Schau einfach die Erholung als deine größte Leistung an, die Erholung hilft dir jetzt am besten, dass du nach den Ferien das Gymnasium schaffst.
Gut, alles Elend lässt sich nicht aus der Welt schaffen. Doch hilft dir das Elend beim Loslassen: Zuerst umschlingt dich die Mühsal und du trauerst dem verlorenen Paradies nach. Bald hast du genug von der Plage, du lässt sie ziehen und mit ihr das vermeintliche Paradies; so besinnst du dich auf deine eigenen Stärken.«
»Wenn meine Mutter nicht mitspielt bei meinen Magersucht-Spielchen, fühle ich mich verraten.«
»Deine Mutter stößt dich da recht brutal aus dem Nestchen?« Er lachte mit gespieltem Erstaunen. »Du kannst dich in der Therapie etwas wärmen, da besteht keine Gefahr der Abhängigkeit. Allerdings findest du bei mir nicht nur Harmonie, sondern hier musst du üben, mit deinem Spielraum umzugehen, damit du später einmal dein Essen gut auswählst.«
»Im Moment ist mir ein strikter Plan lieber.«
Claudia realisierte immer besser, woran sie litt.

Loslösen

Während der Familiensitzung verabschiedete sich Sven einmal mehr aus den Diskussionen. Im neu entstandenen Freiraum genoss Claudia ihre Wehwehchen beinah, da früher der Bruder wegen eigener Probleme mehr Aufmerksamkeit bekommen hatte.

»Lieber arm dran als Bein weg«, wiederholte der Therapeut. »Die Operation vom Loslösen wird durchs Elend gefördert. Das Elend löst dich von den alten Illusionen, und dann beginnst du für dein Glück zu kämpfen. Statt starr und abwehrend nach Harmonie zu schreien, wirst du flexibel. Schon als Kind hast du dich gut vom Alten getrennt, beim Abschied von Onkels Haus zum Beispiel. Du kannst dich jetzt an jene Stärken erinnern; das ist etwas anderes, als der Vergangenheit nachzutrauern.«

Ferngespräch aus Südfrankreich

Zum abgemachten Zeitpunkt telefonierte Claudia aus den Ferien und klagte ihr Leid, weil sie sich so einsam fühlte. Am Telefon stellte sich der Therapeut den romantischen Süden vor, sog die lockere Ferienstimmung in sich auf und tröstete Claudia, dass Heimweh und ein bisschen Sehnsucht nach Geborgenheit normal seien in ihrer Situation, allein, ohne ihre Familie im schönen Süden. Claudia hatte schon befürchtet, sie würde sich betrügen, wenn sie jetzt nicht ihren Problemen nachhinge. Kleine Unvollkommenheiten riefen immer noch ihr Vergleichen auf den Plan, statt dass sie es einfach akzeptierte. Das Essen stellte sie vor geringere Probleme, sie nahm sich vor, Familienkonflikte ohne das Thema »Essen« auszufechten, sobald ihre Mutter in die Ferien nachkam. »In der Pubertät zu leben ist nicht leicht«, meinte der Therapeut zum Schluss, »aber etwas Unbeschwertheit sucht dich immer wieder heim in deinem Alter.«

3. Dritter Teil: »Zumindest ein guter Brauch sollte die Welt verderben«[*]

Nach den Sommerferien kehrte Claudia wieder ins normale Leben zurück, d. h. in die erste Gymnasialklasse, wo sie Stress und schwierige Entscheide erwarteten, die sie meistern musste, ohne für immer

---

[*] Tennyson, zit. in G. Bateson, Geist und Natur, Frankfurt a. M., Suhrkamp

in einem der zahlreichen Irrgärten abzutauchen. Dabei würde ihr sicher helfen, wenn sie akzeptierte, dass die Welt nicht ideal, sondern durch Unsicherheiten und seltsame Bräuche gekennzeichnet ist.
So vernünftig und ehrlich sich Claudia in den nächsten Monaten bemühte, so hartnäckig hielt sich ihre Verunsicherung, als sie nach den Sommerferien das Gymnasium begann. Da sie ein Jahr mit der Schule ausgesetzt hatte, kannte sie keine ihrer neuen Mitschülerinnen. Sie wusste nicht, ob sie sich der Gruppe der Braven oder der Gruppe der Oberflächlichen anschließen sollte, immer in der Furcht, in ein Schema gepresst zu werden, das ihr gar nicht entsprach. Machte sie bei einer Gruppe mit, wusste sie nicht, wie sie ihre Interessen angemessen durchsetzen konnte und wann sie ihre Bedürfnisse zurückstellen musste, ohne dass sie ihr gutes Selbstgefühl verlor.
Verzweifelt versuchte Claudia die Beziehung zu den alten Freundinnen zu klären, fühlte sich nach versöhnlichen Gesprächen von Schuldgefühlen befreit, nur um sogleich zu entdecken, dass man sich nicht mehr so viel bedeutete wie früher, dass man früher vorwiegend oberflächlich miteinander gesprochen hatte und die Freundin jetzt Hobbys hatte, die sie nicht verstand, z. B. drei Mal in der Woche ins Fitnessstudio zu gehen.
Im Alltag hatte Claudia von sich immer wieder den Eindruck, abscheulich, egoistisch, vorlaut, mürrisch, übellaunig oder kurz angebunden zu sein; sie hörte gar nicht richtig zu und dachte, dass es keinen Mensch auf der Erde geben könnte, der sie mochte: »Ich möchte meine Gesellschaft nicht ertragen müssen.«
In der Therapiestunde verlor sie sich klagend in Details, verlor einen ruhigen Ich-Standpunkt und konnte die Einzelheiten ihres Erlebens nicht mehr einordnen, außer dass sie sich gestresst und müde fühlte und möglichst wenig zur Therapie kommen wollte. Der Therapeut sagte einmal zur müden Claudia spaßeshalber: »Mir bedeutet es sehr viel, wenn du zu mir in die Therapie kommst. Du wirkst wie eine Muse, die meine Gedanken inspiriert. Du könntest auch zwei Mal pro Woche kommen, so viel würde ich dir am liebsten erzählen. Auch blödle ich gerne mit dir herum, aber ich verspreche, ich werde vorsichtig sein. Ein bisschen muss deine Empfindlichkeit ja auch geschont werden. Wenn ich dir mit Worten zu nahe komme, weckt das vielleicht komische Gefühle, die du entweder erträgst, oder dann

wirst du halt wütend. Deine Hyperaktivität weckt in mir eine andere Art des Übereifers.« Claudia litt in dieser Zeit eher an Hyperaktivität denn an Appetitmangel, sie konnte sich außer in Schule und Therapie kaum still halten und gönnte sich wenig Ruhepausen.
Einmal, am Schluss einer Sitzung, sagte der Therapeut sogar zur unschlüssigen, von der Schule gestressten Claudia: »Ich selbst möchte so gerne mit dir einen Termin abmachen, ohne dass ich aufdringlich erscheine.« Sie willigte zu einer nächsten Sitzung ein, und der Therapeut fügte hinzu, dass ihm nicht immer klar sei, was in ihr vorgehe, er fühle sich ihr gegenüber manchmal so, wie es Claudia mit ihrem Vater ergehe. Claudia nahm es erstaunt zur Kenntnis.
Wenigstens schaffte sie gute Schulleistungen; doch erachtete Claudia ihr Gymnasium nicht als vollwertig, weil es auf gestalterische und musische Fächer spezialisiert und daher sicher nicht so seriös wie andere Schulen war. Deshalb besaßen ihre guten Noten auch nicht allzu viel Gewicht!
Zu allem Elend wurde Claudia von den alten Problemen mit dem Essen eingeholt, dachte ans und beschäftigte sich viel mit dem Essen. Sie hielt sich an einen Essensplan, so gut es ging, und konnte so ihr Gewicht halten, war aber zu dieser Zeit mit 48 kg immer noch untergewichtig. Oft wusste sie nicht, ob sie wirklich Hunger hatte, und der Gedanke, ohne Hunger zu essen, rief in ihr Abscheu hervor. Sie musste sich immer wieder mit anderen Jugendlichen in der Schule vergleichen; diese mühsame »Vergleichsarbeit« drängte sich ihr einfach auf.
Eine untergewichtige Schulfreundin wollte Fotos ihrer Figuren vergleichen, was Claudia dankend ablehnte. Sie beobachtete die gleiche Freundin, die angeblich wie sie selbst die Schulhefte im Klassenzimmer vergessen hatte, nur damit sie nach der Mittagspause nochmals die zwei Stockwerke hinaufsteigen konnte, und Claudia schämte sich dafür. Der Therapeut ermunterte Claudia mit humorvoller Zustimmung, sie dürfe ruhig Treppen steigen, wenn es im Moment ihr sportliches Hobby sei, und es auch genießen, vor allem, da sie sich ja über ihre eigene Unsportlichkeit beklagte. Das Treppensteigen nicht mehr als schlecht empfinden müssen, entlockte Claudia fortan ein Lächeln und Erleichterung.
Ich verließ mich in dieser schwierigen Zeit auf die Strategie: »So wie du es machst, bist du o. k. Unsichere Zeiten gehören selbstverständ-

lich zur Pubertät. Du wirst diese unsicheren Zeiten überwinden, so wie die Pubertät vorbeigeht.« Bestätigung und ins Leben Hineinziehen hatte in dieser Verunsicherung Vorrang vor der Arbeit am Schatten. In der Verunsicherung flüchtet man zu gerne in die Illusion, der Schatten ließe sich einfach ausgrenzen und damit das Unheil aus dieser Welt verbannen. So sprach ich den »Schatten« vorerst nicht an. Die Härten des Lebens akzeptieren und sie kreativ umwandeln zog sich wie ein roter Faden durch meine Interventionen.

In den Familiengesprächen stellte ich den Umgang mit eigenen Wünschen in den Mittelpunkt, damit man so zu einem reifen und berechtigten Egoismus findet, Schuldgefühle lindern und die Zukunft planen kann.

Häufig ließ sich Claudias Mutter ungeduldig verlauten, sie habe genug von der Magersucht, diese wecke in ihr große Ängste, und warum sich Fortschritte nicht schneller einstellten. Als Antwort hob der Therapeut Claudias Fortschritte und die Qualitäten der Familie hervor. Er ging der Frage nach, wie man Forderungen stellt, ohne Schuldgefühle zu provozieren. Hohe Ansprüche, die z. T. aus dem strengen Calvinismus ihrer Herkunftsfamilie stammten, verhinderten oft die nötige Lockerheit. Im calvinistischen Glauben der Großeltern wurde behauptet, dass man sich den Himmel durch weltlichen Erfolg verdienen müsse. Angesichts der Probleme verbreitete der Therapeut gute Stimmung mit humorvoller Provokation, von denen Claudia ob all der Komplimente auch verwirrt wurde. Damit hinderte der Therapeut Claudia daran, die Therapie kognitiv zu analysieren; sie sollte ihr Erleben weder einengen noch mittels einer gedanklichen Defizitperspektive unglücklich und handlungsunfähig werden.

Lenkt das Lob die meisten Menschen in eine positive Richtung und hält sie der Tadel vom Holzweg ab, so nahm Claudia Wertschätzung als Beweis ihrer Minderwertigkeit, die positive Zuwendung nicht verdiente; der Tadel seinerseits katapultierte Claudia in die Sehnsucht nach einem vagen, unrealistischen Paradies. Meine Strategie bestand darin, Claudia meiner Sympathie zu versichern und sie mit humorvollen Komplimenten einzudecken; diese halbernsten Komplimente konnte sie nicht einfach ablehnen, das wäre zu kompliziert gewesen. Den Tadel verkleidete ich als selbstverständliche Fest-

stellung, z. B.: »Du musst die Therapie nicht immer mögen. Ich will nicht, dass du kommst, weil es nur schön ist, sondern weil es insgesamt stimmt.«

Hohe Ideale

Nach den Sommerferien trat Claudia ziemlich kritisch auf, immerhin stellte sie lachend fest, dass ihr meine Erzählung über Piccard bei einem Fragespiel geholfen habe, bei dem man Piccards Beruf wissen musste. Doch meine Aufforderung, nach der ersten Gewichtszunahme zu bremsen und einen Zwischenhalt einzulegen, hatte Claudias Ängste geweckt. Claudia sah darin keine Vorteile, und der Therapeut erzählte ihr nicht, dass er den Zwischenstopp deshalb verordnet hatte, weil sich dieser seiner Erfahrung nach sowieso einstellen würde; so befolgte Claudia einfach seine Anordnungen und litt weniger unter Schuldgefühlen wegen ihres Versagens. Auch konnte sie die Fähigkeit als Bremsen in vielen Situationen gut gebrauchen.
Als Heilmittel gegen zu hohe Ideale empfahl der Therapeut, dass sich Claudia ab und zu eine kleine Sünde erlaubte, was ja ebenfalls von selbst passierte.

Verdruss

Die Verunsicherung in der neuen Klasse und ihre Missstimmung kommentierte der Therapeut: »Ich verstehe deine Sehnsucht nach einem besseren Leben; und dabei ist anstrengender Kletterunterricht alles, was ich dir anbieten kann. Je mehr man daran denkt, man könnte abstürzen, je mehr man sich sorgt, umso weniger kann man sich auf die günstigen Klettergriffe konzentrieren.« Später meinte Claudia, dass jemand, der keine Magersucht durchgemacht hat, die Schwierigkeiten dieser Krankheit nicht verstehen könnte. Sie dachte dabei nicht unbedingt an den Therapeuten, er entgegnete trotzdem, dass sie vermutlich dem Zustand eines ungeübten Kletterers in einer steilen Felswand ähnelt, und Claudia musste ihm Recht geben.

Das Hoffen auf Wunder

Der Therapeut beteuerte immer wieder: »Als meine Hauptaufgabe vermittle und leite ich das Wissen der Patientinnen untereinander weiter.« Genaue Berichte von Claudia würden also auch andern Patientinnen helfen. Diese Feststellung milderte ihre Scham und Versagensgefühle. Claudia erklärte: »Meine Tricks kenne ich nur zu gut. Ich kenne meine Mechanismen und steuere extra dagegen. Ich sage mir: ›Hör auf mit dem Scheiß.‹ Es geht um die Frage, ob ich will oder nicht. Sobald ich will, ist die Situation gerettet.«
Der Therapeut sagte: »Am Anfang hältst du dich an fixe Regeln, damit du richtig entscheiden kannst. Mit mehr Erfahrung schaffst du dir deinen Ermessensspielraum, und dann entscheidest du auf die lockere Art. Aus den Erfahrungen lernst du, während dein klagender Teil eher auf ein Wunder hofft. Das Jammern kommt von der Wohlstandsverwöhnung – Magersucht ist ja eine Wohlstandserscheinung. In einer selbstverständlich-behüteten Kindheit lernt man nicht unbedingt kämpfen. Bateson beklagt die Not der Religionsführer: Ihre Anhänger verlangen nach Wundern, während die Religionsführer lieber eine gute Einstellung zum Leben vermitteln wollen, nämlich die Verbundenheit mit einem größeren Ganzen.«

Erholung in Trance

Eine müde Claudia erklärte sich bereit, in Trance zu gehen. Der Therapeut erzählte von einer Patientin mit phobischen Ängsten, welche erklärt hatte, sie habe keine Angst vor dem Sterben, aber sie empfinde einen Horror beim Gedanken, so jung zu sterben, bevor sie die Chancen ihres Lebens packen konnte. Am Beginn, als Claudia ihre Katze halluzinierte, sprach der Therapeut von der gesunden Eigenwilligkeit ihrer Katze. Die Katze würde vertrauensvoll und unbewusst ihren Bedürfnissen entsprechend reagieren. In Trance ist man ruhig man selbst, die bewussten Reaktionen brauche man nur bei Überforderung, was jetzt ja nicht der Fall sei. Dann beschrieb der Therapeut Ferienerlebnisse, während Claudia ihre eigenen Ferien nochmals durchgehen sollte, um sich dabei zu erholen.
Der Therapeut sagte: »Im Unbewussten steckt ein großer Erfahrungsschatz, dazu gehören auch kindliche Tricks und Hyperaktivi-

tät. Man kann diese als ungeduldiges Durchstarten verstehen, als Anlasser eines Automotors; das Auto fährt dann nicht mit voller Kraft, sondern hängt am schwächlichen Anlasser. Einmal blieb ich in Argentinien mit meinem Auto in einem Flussbett stecken und rettete mich dann mit dem Anlasser aus den Fluten, fuhr danach aber mit dem richtigen Motor weiter. Du kannst deine Hyperaktivität als ein Durchstarten verstehen und die kindlichen Bedürfnisse dahinter erkennen, die sich auf diese unwirksame Art verwirklichen wollen, vielleicht aus Verzweiflung, vielleicht aus Arroganz, um damit einfacher ans Ziel zu gelangen. Vernünftige Wege sind meistens anstrengender.

In Hypnose bist du wirkungsvoll du selbst, lebst wirkungsvoll, erholst dich z. B. in zehnminütiger Entspannung so gut, wie wenn du 4 Stunden geschlafen hättest, und irgendwann am Wochenende fällt dir die heutige Trance wieder ein, und dann wirst du dir etwas Ruhe gönnen.« Claudia wachte mit einer leichten Amnesie aus der Trance auf.

Einschränkung und gemeinsame Schwingungen

Einige Wochen später schickte der Therapeut Claudia in eine Musiktrance: »Musik ist ein Symbol fürs Lebens. Falls du von einem Stück wirklich begeistert bist, dann verzichtest du gerne auf alle andern Möglichkeiten, du akzeptierst alle Einschränkungen zu Gunsten dieses wunderschönen Liedes. Das Stück kann auf verschiedene Art gespielt werden, jetzt hörst du es als dein eigenes Lied, deinen Rhythmus, deine Melodie. Musik machen heißt gute Tricks anwenden, wie zur Freude und zur Beruhigung eines kleinen oder großen Kindes. Du kannst das Lied auch selbst spielen, dich von der Musik mittragen lassen, ohne das Stück und dein Spiel zu kommentieren. Du spielst die Musik zusammen mit deinen Freundinnen, fühlst dich im Einklang, als ein fremder Schüler das Zimmer betritt, vielleicht um zu täuschen, vielleicht um zu dominieren, und euer Spiel, euer Rhythmus wird unterbrochen. Du bekommst Zweifel, ärgerst dich über die Zweifel, die immer stärker werden, bis du lachen musst und merkst: Es ist nicht deine Schuld, es ist nicht immer deine Schuld, wenn ein schöner Rhythmus unterbrochen wird, wenn es nicht wunschgemäß läuft. Und dann verlässt der fremde Schüler den Raum, das Lied nimmt seine Fortsetzung, und du findest zurück zu den gemeinsamen Schwingungen mit deinen Mitspielerinnen. Locker läuft das Spiel, keine groben Fehler können das Spiel unterbrechen. Deine Lockerheit verbindet sich mit deiner Kraft und du fühlst dich wohl.«

Noch mehr Verunsicherung

Das nächste Mal erschien Claudia wieder stärker verunsichert. *Weil eine magersüchtige Jugendliche beim Verlassen eines Irrgartens gleich in den nächsten stolpert, schenkt eine Trance keine augenblicklich oder lang anhaltende Linderung. Doch sollte Claudia realisieren, »ich bin verunsichert, und das ist für den Moment gut so«. Wenn der Körper abgelehnt wird, ist gerade diese Ablehnung der Anfang eines eigenen Standpunkts, der verkündet, »ich mag mich nicht«, um später festzustellen, es ist in Ordnung, dass ich mich nicht immer mag, aber meine kreative Lebenskraft nimmt die Ablehnung als Anreiz, um auch viel Schönes zu schaffen, sodass Ablehnung, Abneigung und Schmerz mit der Zeit nebensächlich und unwichtig werden. In diesem Kontrast liegt ein nicht leicht zu erklärendes Geheimnis der Psychotherapie und der Hypnose. Hypnose kann nur gelingen, wenn auch die Möglichkeit des Scheiterns und der Ablehnung besteht. Eine hundertprozentige Sicherheit zerstört das Geheimnis des Lebens. Vielleicht wäre es sogar ein prognostisch besseres Zeichen, wenn Claudia zwischendurch ihren Körper herzhaft hassen könnte.*

Immer wieder in die Therapie hineinziehen

Kurz vor Weihnachten kam Claudia ziemlich müde in die Therapiestunde, alles war ihr zu viel, ihr Hetzen, ihr Trödeln, ihr Leiern und der ungeduldige Druck der Mutter. Der Therapeut lobte Claudia, wie gut sie die Schule bewältigt und durchgehalten habe vom August bis Weihnachten, angesichts der Tatsache, dass Leistungsdruck ihre Magersucht ungünstig beeinflussen könnte, dass sie ein Jahr zuvor keiner dauerhaften Beschäftigung nachgegangen war, und wie schwierig der Neueinstieg mit beinah unbekannten Schulkameraden sei. Vor Weihnachten seien so ziemlich alle müde.

Herausfordernd und selbstzufrieden entgegnete Claudia: »Ich war bei der Ernährungsberaterin, und sie hat mir gesagt, wie ich meinen Ernährungsplan noch ein bisschen umstellen könnte.« Weil der Therapeut nicht sofort reagierte, fügte sie an: »Ich weiß, dass Sie das nicht gerne hören und eifersüchtig auf die Ernährungsberaterin sind.«
Ich konnte damals meine berechtigte Sorge nicht erklären, dass Berater manchmal auch falsche Hoffnungen wecken und mit falschen Versprechungen vermeintliche Sicherheiten schaffen, welche die Illusion nähren, mittels Abkürzungen würde anstrengendes Erarbeiten doch noch überflüssig.
Bei Claudias Ernährungsberaterin hatte der Therapeut ein gutes Gefühl, und er erklärte ruhig: »Es besteht kein Grund zur Eifersucht. Gerade du hast mir bewiesen, dass du und deine Ernährungsberaterin sorgfältig arbeiten.«
Das hellte Claudias Stimmung auch nicht auf, und zum Abschied sagte der Therapeut: »Ich sehe immer das liebenswürdige und lebensfrohe Funkeln in deinen Augen, das du mir im Moment, als wir uns zum ersten Mal sahen, entgegengeschickt hast. Es war fast wie das erste Lächeln bei einer Geburt, an das man sich das ganze Leben erinnert. In der Pubertät muss man sich und die Umgebung austesten. Auch musst du dich bei mir nicht immer zuvorkommend verhalten. Abgesehen davon kannst du gar nicht so gemein sein, wie ich es schon von andern Jugendlichen erlebt habe.«

Unbewusstes Lernen

Nach den Weihnachtsferien bemerkte Claudia: »Ich glaube, ich genüge nicht, ich weiß, dass ich zunehmen müsste. Ich möchte gerne zunehmen, runde weibliche Formen haben; doch da ist in mir noch das andere, das die Erfolge des Abnehmens nicht aufgeben will. Dann regen mich auch die Modelagenturen auf, wenn sie mit den überschlanken Modelkörpern werben.«
Und eine Woche später: »In mir ist der ›Sauhund‹, der will vergleichen, aktiv sein, dem gefällt es, wenn ich abgenommen habe.«
Der Therapeut schickte Claudia in eine Trance, indem er sie an ihre frühere Lernhaltung beim Lesen- und Schreibenlernen erinnerte und sie auf ihr Unbewusstes aufmerksam machte, das umso mehr

Wohlbefinden in Trance vermittelt, je tiefer sie sich in Trance sinken ließ. Bewusst könne sie nicht alle Tranceerlebnisse begreifen, aber sie solle sich ihre zwei Seiten vorstellen, den toleranten Geist und den »Sauhund«, beide mit hohen Ansprüchen, wobei der »Sauhund« die Überforderung noch deutlicher mache, sodass man diese erkennen und mildern könne. Der »Sauhund« sei so ein verwunschener Prinz, ein Froschkönig, hinter dem sich die verzauberten wahren Bedürfnisse und Wünsche verstecken; diese werden sich später wieder auf sinnvolle Weise äußern, all die Kräfte aus den Tiefen des Unbewussten und ihrer Kindheit, die sie jetzt in Trance noch genießen soll, bevor sie mit entspanntem Wohlbefinden aus der Trance erwache und die neuen Erkenntnisse langsam in ihr Bewusstsein tröpfeln lässt.

Schattenarbeit

Wie häufig nach einer Trance verstärkten sich in der nächsten Sitzung Claudias Selbstzweifel: »Ich bin daneben, ich könnte mich anschreien. Wenn ich mit mir selbst zusammen wäre, könnte ich mich nicht ausstehen. Auch mich auf die Waage stellen bringt mich nahe an den Abgrund.«
Es ist besser, wenn die Schwierigkeiten ans Licht treten, als wenn sie im Dunkeln wuchern.
Der Therapeut entgegnete: »Man hat dich gerne, auch wenn du nicht perfekt bist. Deine Fehler, dein Schatten helfen dir, dich selbst zwischen Freiraum und Einschränkung zu entdecken. Es braucht viel Übung. Ich möchte dir einen Witz erzählen, den ich von Bernhard Trenkle, einem Kollegen, gehört habe: Ein Tourist verirrt sich in New York und sucht die Carnegie-Hall, in der die berühmten Künstler auftreten. Er fragt einen New Yorker nach dem Weg: »Wie komme ich in die Carnegie-Hall?« Dieser gibt als Antwort: »Üben, üben, üben.«
Der Lauf des Lebens befördert den Schatten und Egoismus auf eine höhere Stufe. Primitiver Egoismus verlangt wie ein kleines Kind im Supermarkt sofort nach dem gewünschten Schleckstengel und er droht und trotzt bei nicht augenblicklicher Befriedigung seiner Wünsche. Ein reifer Mensch sucht ebenfalls nach seinen Vorteilen, er weiß aber, dass er nur dann seine Chancen wahrnehmen kann,

wenn sie sich ihm bieten. Dafür braucht es Geduld, und man muss auch wirklich zupacken können, sofern man es mit seiner Ethik verantworten kann.«

Ein Kind bleiben ...

Da Claudia aus der Konfrontation mit ihrem Schatten nur wenig Stärke schöpfte, wollte der Therapeut verschüttete Ressourcen der Kindheit aktivieren. Er begann die nächste Sitzung locker und wohlwollend: »Versuch doch, im Moment ein kleines Kind zu bleiben.«
Meine Lockerheit stellte sich vor der Sitzung erst nach langem inneren Ringen ein, an dessen Anfang ich mich innerlich beklagte, dass Claudia so kindisch reagierte: eifersüchtig statt kämpferisch war, beleidigt statt standhaft, lieber mich durchschaute statt selbst etwas begriff, in Unverbindlichkeit flüchtete statt ihre Projekte verfolgte, zweifelte statt anpackte, ihren Körper manipulierte, statt ihn zu schätzen; sagte, »ich weiß nicht, ob ich es schaffe«, statt »ich will«. Doch dann besann ich mich und setzte am Ende des Ringens lieber auf die Utilisationstechnik.
Anscheinend hatte der Therapeut ihr Elend vorausgeahnt, Claudia fühlte sich wieder so mies, weil es ihrer Mutter nicht besonders gut ging und Claudia sich mit ihren Schulkameradinnen schlecht verstand. Weil Claudia kein Baby bleiben wollte, schlug der Therapeut in provokativer Art vor: »Entweder gehst du zu Mami und sagst, ›ich brauche dich‹, oder du meldest dich irgendwo zum Schwimmunterricht an.«

Oder doch erwachsen werden?

In der nächsten Sitzung erweckte Claudia den Eindruck größerer Eigenständigkeit. Sie erzählte: »Ich muss dafür sorgen, dass ich Vater und Mutter gegenüber nicht die falschen Bemerkungen wegen des Essens oder des Gewichts äußere, sonst sagt der Vater, ›Oh mein Gott, wir müssen etwas unternehmen‹ und Mutter regt sich auf. Nächste Woche bin ich im Skilager, hoffentlich akzeptieren mich meine Mitschüler.«
»Es ist wie beim Pokern. Du darfst dich am Anfang nicht zu lieb,

zu offen oder zu schwach geben. Dann respektieren sie dich besser und sind dir dankbar, wenn du ihnen später einen Gefallen tust.«
Am Anfang ist es hart, und das sollst du akzeptieren. Es ist dein Lebenswille, der – ähnlich wie die Rose auf dem Miststock blüht – aus den Härten des Lebens seine Kraft schöpft.«
»Och, ich habe keinen grünen Daumen«, seufzte Claudia.
Dann erwähnte sie eine Studie über amerikanische Freiwillige, die in einem Versuch sechs Monate nur die Hälfte oder ein Drittel ihrer üblichen Nahrungsmenge zu sich genommen hatten und danach viele Symptome, auch psychische, der Magersucht entwickelten. Ihr Fazit lautete, dass es wichtig ist, aus dem Abmagerungsteufelskreis herauszukommen.

Verlieren und doch seine Chancen wahrnehmen?

Als Claudia ihre Versagensgefühle erwähnte, sagte der Therapeut: »Wenn etwas schief geht, hat der Mensch die Tendenz, es noch ganz kaputtzumachen, vielleicht um ein begonnenes Muster zu beenden, aus Verzweiflung oder aus Trotz. Damit hat man einen kurzfristigen Genuss beim Zerstören, aber zum Preis des längerfristigen Schadens, der wiederum übermäßigen Erfolgshunger weckt. Danach riskiert man zuviel und deshalb geht es von neuem schief.« Dieser Teufelskreis kam Claudia durchaus bekannt vor.
Der Therapeut sagte: »Ein großes Problem sind die unsinnigen Wünsche. Ein Spielsüchtiger nimmt seinen letzten Tausender, geht ins Kasino und sagt sich, heute weiß ich, welches die richtigen Zahlen sind. Er gewinnt ein bisschen, verliert ein bisschen, gewinnt wieder und hat am Schluss alles verloren. Frustriert geht er heim. Das Unglück nahm seinen Lauf, als er von sich etwas verlangte, das niemand wissen kann: nämlich die nächste Zahl voraussagen. Besser ist es, wenn man seine Chancen wahrnimmt, von denen gibt es im Kasino aber nur sehr wenige. Anders beim Klettern: Da nimmt man sich eine Wand vor, bei der die Chance besteht, dass man wirklich hinaufkommt.«
Der Therapeut beschloss, eine bisher noch nicht angewandte Technik von Erickson anzuwenden. (20) Dabei suggeriert man dem Patienten in Trance ein vergleichsweise harmloses, aber analoges Problem. Dieser künstliche Komplex fungiert wie ein Impfstoff, der

die Selbstheilungskräfte des Patienten stärkt, damit er seine eigentlichen Probleme besser löst. Als Gerüst für den künstlichen Komplex hatte ich mir ein Drei-Ebenen-Modell zurechtgelegt, das die Reifung der Verantwortung in der Pubertät darstellt (siehe Tab. 2, S. 228).
Demzufolge ist Übernahme von Verantwortung eine wichtige Entwicklungsaufgabe der Jugendzeit: Lernen, wann man wie, wo und wie viel Verantwortung übernimmt. Erickson bemerkte einmal, dass ein Kind manchmal recht verantwortungslos handle. Oft trägt eine Magersüchtige in einigen familiären Bereichen in unreifer Manier zu viel Verantwortung, von der sie dann erdrückt wird. Sucht verschafft ihr dann Erlösung. Sucht ist ja der Inbegriff von Verantwortungslosigkeit. Rückblickend charakterisierte ein Gefühl selbstverständlicher Zugehörigkeit ziemlich genau Claudias Erleben in ihrer Kindheit. Selbstverständliche Zugehörigkeit macht Überlegungen zur Verantwortung überflüssig.

Verantwortung übernehmen, 1. Teil: Überhitzung

Folgender Plan wurde ausgeheckt: Essen dient als Symbol für Selbstbezug, ihre Ähnlichkeit zeigt sich darin, dass beide zu jedem Zeitpunkt des Lebens verfügbar sind. In der folgenden Geschichte wird Selbstbezug also mit dem heiß geliebten Brötchen gleichgesetzt. Weil der unsichere Selbstbezug seine Reserven und Puffer schnell verbraucht (1), erhitzt er sich, und Hyperaktivität oder emotionale Sperre setzt ein (2). Unweigerlich kommt nun der Misserfolg (3), der vom jugendlichen Trotz zu Selbstbestrafung (4) und -zerstörung erweitert wird. Eigene Wünsche können so nicht in Erfüllung gehen, es entsteht buchhalterische Verarmung (5, z. B. Kalorienzählen), und die Sehnsucht nach einem Paradies und einer idealen Welt schaukelt sich weiter auf (6), was wiederum die schnelle Erhitzung des Selbstbezugs (1) fördert, da es im Paradies ja nicht nötig sein sollte, selber hinzustehen und für sein Glück zu sorgen.
Noch vor der Sitzung schrieb der Therapeut die Trancegeschichte auf. Eine lange Tranceeinleitung machte Claudia so konfus, dass sie fragte, ob die Trance jetzt schon begonnen habe oder nicht. Danach suggerierte ihr der Therapeut, die Geschichte habe wirklich stattgefunden, Claudia habe sie nach der Trance aber vergessen wie einen

schlechten Traum. Die Geschichte ging so: »Du siehst in der Bäckerei dein Brötchen, kaufst es jeden Tag, hast auch schon in einer lauen Sommernacht durchs Fenster zugeschaut, wie der Bäcker die leckeren Brötchen in seiner Schaubäckerei hergestellt hat. In den Ferien steigt die Sehnsucht nach den Brötchen, leider ist die Bäckerei geschlossen (1) und der Bäcker in den Ferien. Weil dein Wunsch so groß ist, steigst du mitten in der Nacht in die Backstube, du weißt ja, wo sich der Hintereingang befindet. Du kommst so richtig in Fahrt (2) beim Zubereiten des Teigs, die Zeit vergeht im Nu, du stellst den Ofen an, schiebst das volle Blech hinein, der Duft steigt dir in die Nase. Du schaust kurz aus dem Fenster, und als du wieder in den Ofen guckst, sind die Brötchen verbrannt, du hast die Temperatur zu hoch gestellt (3). Verzweiflung, Wut, Trauer, die wildesten Gefühle jagen durch deine Brust, und du stellst in deiner Wut den Ofen ganz aufs Maximum (4), du bist so außer dir, dass dir nichts mehr anderes übrig bleibt, als zu erstarren (2) und erschöpft (5) einzuschlafen. Du träumst, dass das Haus anfängt zu brennen (1), die Feuerwehr kommt, und der kalte, brutal-nasse Wasserstrahl berührt dich unangenehm (5). Du wachst auf in der Bäckerstube, weil eine Hand dich liebevoll berührt, der Bäcker lacht dich an, zeigt dir, dass der Ofen in der Hitze sich selbst reinigt, es ist noch Teig übrig, du bäckst die Brötchen, der Bäcker holt Kaffee, und ihr habt ein wunderschönes Frühstück (6) zusammen. Der Bäcker erzählt von seinen Abenteuern, Erfolgen und Fehlern, die alle zum Erlernen seines Handwerks beigetragen haben.«
Die Notwendigkeit des hypnotischen Vergessens wurde nochmals betont, bevor Claudia aus der Trance zurückkam und mit dem einzigen Kommentar entlassen wurde, es sei ganz wichtig, dass sie sich in Bezug auf die Trance ernsthaft bemühe und richtig reagiere. Am nächsten Tag rief Claudia den Therapeuten an, sagte, sie fühlte sich nach der Trance etwas komisch und was der Therapeut gemeint habe, dass sie richtig reagieren solle. Der Therapeut sagte, dass der Telefonanruf ihn freue, dass alles in Ordnung sei und dass sie es gut mache, sie werde alles erfahren, was in der Trance für sie von Bedeutung sei. Später erklärte Claudia, das Telefongespräch habe sie sehr erleichtert und danach sei es ihr richtig gut gegangen.

Verantwortung übernehmen, 2. Teil: Positive Konsequenzen leugnen

Zwei Wochen später kam Claudia zum nächsten Termin, den der Therapeut für die Fortsetzung der Geschichte nutzen wollte. Claudia fragte: »Warum haben Sie letztes Mal bei der Einleitung der Hypnose die Frau erwähnt, der Sie in Trance eine ganze Reihe von Geschichten erzählten, sodass sie nach der Hypnose erbrechen musste? Wollen Sie, dass ich erbreche?« – »Um Himmels willen Nein«, sagte der Therapeut, »es ging mir darum, auf den Effekt der Geschichten hinzuweisen und dass die Frau nachher fähig war, ein altes Problem mit ihrer Mutter zu lösen. Warum fragst du?« – »Ich ekle mich vor dem Erbrechen, ich habe Angst davor. Ich bin froh, wenn ich das nicht muss.« – »Ah, eine Brechphobie.« – »Ist die häufig?« – »Eher Ja, aber die Leute erzählen nicht davon. Übrigens, ich möchte heute weiterfahren, wo wir letztes Mal aufgehört haben. Erinnerst du dich an die Geschichte mit den Brötchen. Ich möchte übrigens fragen, ob du Brötchen auch wirklich gerne isst?« – »Jetzt, wo Sie es erwähnen, erinnere ich mich wieder. Ich hatte die Trancegeschichte völlig vergessen. Ja, ich habe Brötchen gerne.« – »Welches Schulfach hast du nicht gerne?« – »Das kommt auf den Lehrer an.« – »Ja, wen magst du gar nicht?« – »Äh, vielleicht den Hr. Meier in Französisch. Im großen Ganzen haben wir gute Lehrer.«

»Gut, bevor wir mit der Trance beginnen, möchte ich noch erwähnen, dass ich einige wichtige Faktoren in der Magersuchtsentstehung herausgefunden habe. Ich kann sie dir aber jetzt nicht einfach nennen, da würde ich vielleicht die Illusion nähren, man bekäme alles auf die leichte Tour im Leben, und das würde die Magersucht vielleicht verstärken. Also, ich werde in der Trance darauf Bezug nehmen, aber du musst es selbst herausfinden. Es ist sowieso besser, selbst herauszufinden, was für einen stimmt und wichtig ist.« Nach der Tranceeinleitung sagte der Therapeut so einprägsam wie nur möglich: »Alles, was ich nachher erzählen werde, sollst du aufnehmen wie einen Traum, während dem man nicht weiß, dass er nicht wirklich stattfindet. Du sollst erst aus dem Traum aufwachen, wenn du bereit bist für positive Konsequenzen, d. h., dass du dir das Gute angemessen verschaffen kannst, dass du Verantwortung für deine guten Taten angemessen übernehmen kannst und so die Sehnsucht nach dem Paradies lockerst.

Das letzte Erlebnis mit dem Bäcker hat dir so gut gefallen, dass du beschließt, eine Schnupperlehre zu machen: es sind glückliche Tage, die auf dich zukommen, du kannst dich richtig entfalten, du machst dich nützlich, der Bäcker zeigt dir viele Tricks und lässt dich sebstständig arbeiten, ist auch für Rat und Unterstützung erreichbar, es gelingen dir die leckersten Backwaren in kürzester Zeit. Du trinkst am Morgen Kaffee mit dem Bäcker und hast ein wohliges Gefühl im Bauch (d).
Deshalb beginnst du die richtige Berufsausbildung als Bäckerin. Frohgemut fängst du am ersten Tag an, aber alles kommt ganz anders, eine riesige Last scheint deine Brust zu erdrücken (b). Du scheinst zwei linke Hände zu haben, vieles, was du anpackst, geht schief (a), deine Angst steigert sich ins Unermessliche, dass du es nicht schaffen könntest (b). Du kannst ein Brötchen angucken, das dich fasziniert und gleichzeitig einen Horror in dir auslöst (c), du kannst dich nicht mehr bewegen. Jeden Morgen empfindest du die Last, zur Arbeit zu gehen. Du kommst dir gefühllos, rastlos und nutzlos vor, hast ein unangenehmes Gefühl im Bauch (e). Die beruhigenden Worte des Bäckers hörst du gar nicht mehr, alle deine Erfolge hast du vergessen (e). Doch dann kommst du auf einen guten Trick, um die schwierige Zeit besser zu überstehen: das unangenehme Gefühl im Bauch verschiebst du als ein Ziehen in den Brustbereich, der Bauch wird wohlig, und in der Brust juckt und zieht es wie ein Brötchen, das im Ofen aufgeht.
Du gehst zur Schule, und da ist der unmögliche Französischlehrer Hr. Meier. Du hasst ihn und das Lernen fällt dir schwer. Du bist zu Hause, schwörst dir, dass du die Vokabeln auswendig lernst, dass du den Text zwei Mal abschreibst, aber du sitzt stundenlang vor Buch und Heft, zerrissen vom Willen zu lernen und der Abneigung, die dich blockiert (e). Du denkst über deine Schulnoten nach, merkst, dass sie immer schlechter werden, kannst aber die Noten nicht mehr aus deinem Kopf verbannen. Nach Mitternacht fällst du in einen unruhigen Schlaf, träumst, dass du bei einer Bäuerin auf Besuch weilst und ihr bei der Arbeit hilfst. Gegen Abend fährt die Bäuerin weg, du sollst die Hühner in den Stall bringen, doch da kommt dieser tollwütige Fuchs, er steht beim Eingang des Geheges, du verscheuchst ihn, aber er bleibt, hat schon einige Hühner gerissen, will noch mehr, aber traut sich auch nicht mehr (e). Du fühlst dich vor

Horror zerschlagen, die Zeit verrinnt nur zäh, du schreist um Hilfe, es ist alles nutzlos. Nach einer Ewigkeit kommt die Bauersfrau zurück, verscheucht den Fuchs, gemeinsam sperrt ihr die Hühner in den Stall, sie tröstet dich. Am nächsten Tag spielst du mit der Katze, gehst mit dem Hund spazieren und spielst mit den Kindern, alles kleine Dinge, die du sicher erledigen kannst, und langsam kehrt dein Vertrauen wieder zurück.«

Auf der zweiten Ebene der gescheiterten Verantwortungsübernahme werden die jungen Menschen nach den ersten Misserfolgen (a) so sehr von übergroßer Verantwortung erdrückt (b), dass sie rückwärts in eine heile Welt fliehen (d), wo es positive Konsequenzen des guten Handelns nicht geben darf, weil man dafür ja Verantwortung übernehmen müsste. Magersüchtige und z. T. auch andere Familienmitglieder wollen fortan unbewusst beweisen, dass es positive Konsequenzen nicht gibt (e), am leichtesten an Hand eines Magersuchtsverlaufs, der sich von nichts beeinflussen lässt. Die unbeeinflussbare Magersucht kann in zwei Richtungen verstanden werden: als Problemverfestigung, nämlich im Sinn des oben genannten negativen Beweises. Aber es können auch gesunde Anteile an der Magersucht beteiligt sein: im Sinne einer Übertreibung, welche die Absurdität erkennen lässt und zu einer Änderung drängt. Oft wird die negative Beweisführung geleugnet, und wenn der Therapeut sie doch anspricht, erntet er beleidigte Reaktionen (f). Faszination wechselt mit Abscheu vor der Magersucht (c). In der vorhergehenden Geschichte symbolisiert das Brötchen die Magersucht, welche magisch anzieht, obwohl sie so viel Furcht und Terror weckt. In dieser emotionalen Hölle geht die restliche Ich-Stärke verloren, was bleibt, ist das Beklagen des Zerfalls des eigenen Ich. So können bei Sucht wohlgemeinte oder normalerweise wirksame Therapiemaßnahmen kaum wirken (g). In Claudias Trancegeschichte wurde der letzte Punkt geändert in Richtung eines vorsichtig optimistischen Traumabschlusses.

Verteilung der Verantwortung in der Familie

In der nächsten Familiensitzung diskutierte der Therapeut ebenfalls die Frage der Verantwortung: »Ich möchte Ihnen wieder einmal ein paar Gedankenanstöße mitgeben. Die Familiengespräche haben ja

zum Ziel, dass alle Familienmitglieder neben den Sorgen auch einen Gewinn aus Claudias Magersuchtskrise ziehen. Auch Erwachsene lernen von ihren Kindern.
Im Laufe des Lebens auf dem Weg zu mehr Weisheit finden wir heraus, auf welche Art wir wie, wann und wie viel Verantwortung übernehmen. Claudias Bruder übernimmt eher zu wenig Verantwortung, er wirft Claudia vor, sie mache zu viel im Haushalt. Ich glaube auch, dass sich Claudia für vieles verantwortlich fühlt, und dann ist sie irgendwann und irgendwie überfordert. Diese Entwicklungsaufgabe, nämlich die Verantwortungsübernahme, ist gar nicht so einfach zu bewältigen, wenn man berücksichtigt, dass das Leben ja auch Spannung benötigt. Ich persönlich muss mir z. B. immer wieder überlegen, wie weit ich mit meinem Hobby, nämlich schlechte Witze machen, gehen darf, und meine Kinder sagen mir ziemlich entrüstet und ungnädig, Papi, mach keine schlechten Witze …
Ich habe dir, Claudia, vor ein paar Wochen versprochen, dass ich dir später, nachdem du selbst darüber nachgedacht hast, von meinen neuen Ideen über die Gründe der Magersucht erzählen werde …
Gut, Magersucht versinnbildlicht die Unfähigkeit, Verantwortung zu übernehmen, und sie versucht zu beweisen, dass im Leben keine positive Beeinflussung existiert. Die Verantwortung für alle denkbaren Beeinflussungsarten würde dich glatt umhauen. Zudem wäre es ja schöner, so wie früher als Kind in der selbstverständlichen Verbundenheit zu leben, und wenn es positive Konsequenzen im Leben nicht gibt oder nicht geben darf, dann erhältst du die Erlaubnis zurück, Kind zu sein. Du warst als Kind sehr glücklich darüber, dass es in deiner Familie anders als bei den Freundinnen zuging: Beide Elternteile haben sich für die Kinder verantwortlich gefühlt.«
Die Eltern schauten Claudia fragend an. Sie sagte: »Ich hatte oft das stolze Gefühl, dass ich in einer besonderen Familie lebe. Das war mir wichtig.«
Der Therapeut fuhr fort: »Die Zeiten ändern sich, und im erwachsenen Alter muss man wissen, wie man Verantwortung übernimmt. Sie beide, Vater und Mutter, haben bei ihren Vätern erlebt, dass nichts, aber auch gar nichts eine positive Veränderung bewirkt. Der Vater des Vaters war tot und man redete nicht über seinen Tod. Die Mutter erlebte ihren Vater als unnahbar. Auch in Ihrer Ehe

spielte die Frage der Verantwortung – und was man Positives bewirken kann – eine Rolle, nicht erst mit der Trennung. Aus der Perspektive der Mutter hatte sich der Vater sehr weit distanziert; Sie als Mutter fühlten sich mit all den elterlichen Aufgaben zerrissen und überfordert. Auch die Trennung verschaffte wenig positive Konsequenzen, und dann brach bei Claudia die Magersucht aus, als letzte Rettungsmöglichkeit?

Wenn es ganz schlecht geht, will man vermutlich beweisen, dass das System so nicht funktionieren kann ... Schuldgefühle drängen zur Klärung der Verantwortlichkeit. Beachten Sie dabei, dass zu hohe Ideale das gerechte Teilen der Verantwortung behindert.«

»Was ich nicht ganz verstehe«, sagte die Mutter, »Claudia übernimmt ja sehr viel Verantwortung.«

»Eben ist es manchmal zu viel. Sie droht daran zu zerbrechen, und die Verantwortungslosigkeit, die sie in der Sucht findet, schafft Erleichterung. Wenn diese jetzige Frage nach der Verantwortung einen positiven Einfluss auf Sie ausübt, in welche Richtung würden Sie Gewinn erwarten?«

Der Vater meinte, er würde seine persönlichen Bereiche genau prüfen und dort Verantwortung nach und nach übernehmen, nicht alles auf einmal. Die Mutter stellte fest, dass sie in Zukunft weniger Verantwortung übernehmen werde.

»Was hilft einem, gescheiter zu werden? Erstens glaube ich, muss man gewisse Härten im Leben willkommen heißen. Man kann nicht immerwährendes Wohlbefinden verlangen. Der Vergleich mit den Härten macht die eigenen, positiven Projekte umso wertvoller. Zweitens zeigen uns Misserfolge, wo wir unsere Verantwortung besser abstecken müssen; wir sollten nicht als Konsequenz des Versagens uns selbst hassen. Drittens muss man seine Fähigkeiten trainieren; damit kann man in Zukunft größere Verantwortung tragen.«

Verantwortung übernehmen, 3. Teil: Mit dem Verbotenen spielen

Nach den Frühlingsferien ging Claudia ihr Leben lockerer an. Der Therapeut war froh, dass Claudia nicht mehr so viel nachdachte und sich stattdessen einfach mit den Freundinnen und Schulkolleginnen verabredete, sie dabei war, wo es Spaß versprach. Sie kam nur noch alle 14 Tage zur Therapiesitzung, nahm sie ernst und wusste, dass

sie ihr gut taten, doch erklärte sie: »Ich lebe nicht in diesen Räumen, ich muss mich nicht mit der Inneneinrichtung, mit dem Aufhängen der Bilder hier beschäftigen. Und im Alltag bringt es mir auch nichts, wenn ich der Therapie nachsinne.« Claudia aß gut, lebte ruhiger und wog 50 kg. Sie hatte an keinem andern Ort eine neue Therapie begonnen. Ihre Lebensprojekte nahm sie ernst.
Der Therapeut sagte, er wolle heute noch den dritten und letzten Teil der Trancegeschichte erzählen. Überrascht meinte Claudia, gibt es noch einen dritten Teil?
Ihr Bedürfnis, die drängenden Sorgen in allen Details zu erzählen, war ziemlich verschwunden, und so waren Geschichten erzählen und Trance im Moment eine gute Therapieform. Der Therapeut musste nicht mehr wie früher einige Stunden warten und vorbereiten, bis er wieder eine Hypnose durchführen konnte.
Als sich Claudia in einer guten Trance befand, sagte der Therapeut: »Und jetzt bist du wieder in der Geschichte vom letzten Mal, im Traum, der dir wie Wirklichkeit erscheint, wie wenn du ein Buch liest oder von einem spannenden Film gefesselt bist.
In deiner Berufslehre als Bäckerin hast du dich oft durchkämpfen müssen. Wie du weißt, ist dir in den letzten Jahren vieles nicht leicht gefallen, aber jetzt stehst du vor der Abschlussprüfung, als dir wieder einmal ein paar ganz unerklärliche Fehler passiert sind: du hast den Teig vermasselt (D), dir ist ein Blech samt Inhalt aus der Hand geflogen, hast einmal das Salz vergessen. Du schämst dich, hast Schuldgefühle (A), am liebsten würdest du dich verkriechen, aber dann stehst du vor deinem Lehrmeister, und, Ehrlichkeit ist dir ja wichtig, du gibst die Fehler zu. Der Bäcker lacht gutmütig, er denkt an seine eigenen Fehler in der Lehrzeit und meint, du würdest die Sache schon gut machen.
Doch dich selbst zerreißt es immer noch, zwischen dem Gefühl des Versagens und dem Wunsch nach innerem Frieden auf der anderen Seite, und du rennst in die dunkle Nacht hinaus (B), rennst durch die Straßen der Stadt, deine Gedanken geraten dir durcheinander, bis plötzlich der Film ›Verlockende Falle‹ bei dir hängen bleibt, die Versicherungsangestellte, die den Meisterdieb jagt, und im Laufe des Films wird immer klarer, dass die attraktive Heldin selbst die größte Meisterdiebin ist, welche zusammen mit dem Partner einen großen Coup landen will. Und da kontrastiert die sinnliche Schönheit

der Heldin mit ihrem verruchten Hobby, für das sie alles gibt und in dem sie eine wahre Meisterin ist (C), und aus dieser Spannung heraus erhält der Film seine Attraktivität.

Aber dann wird dir klar, dass du keine Diebin bist, aber wer bist du dann? Du erinnerst dich plötzlich an das Rezept deiner Tante, das Rezept für Studentenschnitten, dein Lieblingsgebäck. Darin erkennst du dich wieder, in deiner Tante und ihrem Rezept. Der Bäcker hat dir eingebläut: ›Die Studentenschnitten sind der Stolz unseres Hauses; es ist mein Geheimrezept, das du peinlichst genau ausführen musst.‹ Ein ander Mal jedoch hat dir der Bäcker empfohlen: Achte auf dich selbst, auf dein gutes Gefühl und was dir gut tut, handle danach und aus deiner Intuition heraus‹.

Ja, das ist es! In der nächsten Nacht veränderst du das Rezept für die Studentenschnitten ganz leicht (C), das Rezept deiner Tante unterscheidet sich nur in der Menge einer einzigen Zutat vom Rezept des Bäckers. Du kannst gar nicht anders, du bist dir so sicher, du machst die Studentenschnitten nach dem Rezept deiner Tante und fühlst dich so gut bei deiner Arbeit, steckst deine ganze Liebe hinein. Beim Morgenkaffee, wie wenn er es ahnen würde, genehmigt sich der Bäcker eine Studentenschnitte. Ohne Angst, aber mit freudiger Erregung schaust du ihm zu, wie er isst. Er genießt es und sagt zufrieden: Unser Rezept ist einfach phänomenal!

Es ist deine Freude, es ist dein Leben, es ist deine Sicherheit. Du behältst die Geschichte in deinem Unbewussten, aber Gedankenblitze werden in der nächsten Zeit hinauffunkeln, und dir werden verschiedene Gesichtspunkte der Geschichte auch bewusst klarer werden.

Wie deine Katze, die dich in der Trance begleitet hat, nimm dir deine Freiheit. Beim Denken und Erzählen nimm dir deine poetische Freiheit (C). Eine Geschichte ist nicht dann interessant, wenn sie kompliziert und peinlich genau erzählt wird, sondern wenn die wichtigen Aspekte hervorgehoben werden, wie du z. B. das Muster im Fell deiner Katze siehst, ohne dich bei kleinen Einzelheiten aufzuhalten. Wach aus der Trance auf und mach dir einen gemütlichen Abend, auch wenn es manchmal harte Momente gibt.«

Auf der dritten Ebene der Verantwortungsübernahme entkommt man der langweiligen und unerträglichen Harmonie. Dazu muss man ein bisschen sündigen oder ein kleineres Laster zulassen (C).

Tab. 2: Die drei Ebenen der gescheiterten
Verantwortungsübernahme

1. Ebene: Überhitzung (1–6), enthält die Irrgärten 1, 3 und 5.
2. Ebene: Positive Konsequenzen leugnen (a–g), enthält die Irrgärten 2, 3, 4 und 7.
3. Ebene: Mit dem Verbotenen spielen (A–D), enthält die Irrgärten 2, 3, 6 und 7.

Im Zentrum steht das Versagen, darin versteckt sich Irrgarten 8.

Selbstbezug verbraucht die zu kleinen Puffer (1)	große Verantwortung erdrückt (b)
	schwankende Befindlichkeit (c)
Hyperaktivität und emotionale Sperre (2)	Flucht in die heile Welt (d)
Selbstbestrafung (4)	Beweisen, dass es keine positiven Konsequenzen gibt (e)
Verarmung (5)	Leugnen dieser Beweisführung (f)
Paradiessehnsucht (6)	Rettungsversuche und wohlgemeinte Lösungen scheitern (g)

Versagen (3, a, D)

Mit dem Verbotenen spielen, Sucht, Hyperaktivität (C)	unerträgliche Schuldgefühle (A)
Verantwortung ablehnen Ambivalenz von schuldig/unschuldig (B)	

Aus der Sichtweise eines perfekten Lebens sieht das wie Misserfolg aus (D). Zur Linderung der normalen und jetzt zusätzlichen Schuldgefühle (A) eignet sich zwar auch die verbotene Sucht (C), sie schenkt Linderung oder ermöglicht mit ihren destruktiven Folgen Spannungsabfuhr. Es gibt jedoch reifere Formen, wie man mit der

faszinierenden Frage nach Schuld und Unschuld spielt (B) und nachher einen Weg wählt, der nicht völlig konventionell oder übertrieben harmonisch ist, der aber auch keinen großen Schaden anrichtet (C).
Darin findet sich die Wachstumsspirale, ein gutartiger paradoxer Zyklus, der bei gegenseitiger Harmonie beginnt, zum gegensätzlichen individuellen Handeln führt, für das es keine Erlaubnis braucht, und am Schluss zu neuer, höher entwickelter Gegenseitigkeit.
Das Verbotene ist natürlich der gute Brauch, der die Welt ein Stück weit verdirbt. Wie schon früher erwähnt, beschrieb Bateson unsere Welt aus einer anderen Perspektive auch als selbstheilende, geistige Harmonie von gut abgestimmten Ideen. Diese Harmonie wird aber immer wieder zerrissen, damit die Selbstheilungskräfte auch fleißig trainiert werden.
Es war gut, wenn Claudia nicht mehr zu viel von der Therapie erwartete und so die Illusion nicht weiter nährte, mit Hilfe der Therapie könne man den normalen Problemen im Leben entfliehen.
Ein halbes Jahr später kam Claudia weiterhin in lockeren Abständen zur Therapie. Sie machte gute Fortschritte und blieb von Rückfällen verschont. Wenn sie an der Bäckerei vorbeiging, erinnerte sie sich meistens an die Trancegeschichte, vergaß diese aber im nächsten Moment wieder.

KAPITEL VIII

Frank Farrelly bei der Arbeit: »Ein Sack voll Hobelspäne«

Vor mehr als 10 Jahren organisierte ich einen Workshop mit Frank Farrelly zum Thema Therapie bei Jugendlichen. Frank Farrellys Workshops bestehen vor allem aus Live-Demonstrationen, in denen er Interviews mit Klienten oder Therapeuten führt. Das Kapitel VIII besteht aus der wörtlichen Abschrift zweier solcher Sitzungen. *Frank stammt aus den USA, arbeitete lange als Therapeut und Sozialarbeiter in einer staatlichen psychiatrischen Klinik. Er ist Begründer der provokativen Therapie (21), deren Hauptziel darin besteht, mittels Humor, Übertreibungen und Provokation den Patienten zu einer angemessenen Selbstbehauptung zu bewegen. Frank ist ein Schüler des legendären Carl Rogers, der die klientenzentrierte Psychotherapie entwickelt hat. So kann man bei Frank bedingungslose Empathie und Unterstützung des Klienten voraussetzen, obwohl seine Worte nicht immer danach klingen. Doch Frank übermittelt durch Tonfall und nonverbale Berührungen dem Patienten viel Sicherheit und Sympathie, das muss man im Hintergrund behalten, wenn man die nächsten Abschnitte liest. Franks Echtheit kommt dadurch zum Ausdruck, dass er seine Gegenübertragungsreaktionen dem Patienten in vieldimensionalen Bildern mitteilt. Für eine gesunde Selbstbehauptung benötigt der Patient, davon ist Frank überzeugt, präzise Wahrnehmung des Feedbacks, das er von der Umgebung erhält. In ihrem Nicht-Wahrnehmen des Feedbacks ist eine Magersüchtige manchmal Weltmeisterin, und Franks locker-humorvoller Umgangston hilft ihr beim Brückenbauen.*
Ich habe Frank in meinen jungen Jahren als Therapeut kennen gelernt, und im Laufe meiner therapeutischen Erfahrungen immer wieder an ihn gedacht und so für meinen Stil und mein Vorgehen ungemein von ihm profitiert. Auch wenn Frank nicht formalisierte Hypnose anwendet, als Adressat seines fulminanten Feuerwerkes findet man sich meist in einer ziemlich tiefen Trance.

Zur Familie gehörten die 16-jährige Sarah, die identifizierte Patientin, ihre 16-jährige Zwillingsschwester Karin und die 41-jährige Mutter. Der Vater war vor 10 Jahren gestorben.

Da sich Sarah in der Kinderklinik befand, konnte sie am ersten Interview nicht teilnehmen. Die verantwortlichen Ärzte wollten kein Risiko eingehen. Auf Drängen der Mutter war Sarah am nächsten Tag beim zweiten Interview dabei.

1. Erstes Interview
(Im Gespräch: Frank Farrelly, Mutter, Karin, Übersetzerin)

(Nach gegenseitiger Bekanntmachung fuhr Frank [F] fort:)
F: »Gut, eine von zweien, das ist nicht schlecht, Mam.«
Mutter (M): »Ja, das schon. Gott sei Dank.«
F: »Nun gut. Sarah schaut aus wie Miss Auschwitz und Karin sieht gut aus.«
(...)
F: »Ich habe Sarah nicht gesehen, aber ich arbeite mit Magersüchtigen und ihren Familien: Gott, sie sieht aus wie Halloween. An Halloween verkleiden sich einige Menschen als Skelett, um andere Leute zu erschrecken.«
(...)
F: »Gut, Sarah ist nicht schlecht, nur ein Schmerz im Arsch. – Oh, Entschuldigung, Kopfweh, entschuldige den Ausdruck. Was?«
M: »Ist schon recht.«
F: »Ist schon recht. Du dachtest das Gleiche auch schon. Wie nennst du sie insgeheim: Fräulein Dickkopf?«
M: »Busle, das ist eine Katze.«
F: »Gut, Busle und der Tiger.«
M: »Nein.«
F: »Wie nennst du sie, Karin?«
M: »Gleich.«
F: »Deine kleinen Kätzchen.«
M: »Ja.«
F: »Oh, schön ... Oh Gott, weißt du, was man mit kleinen Katzen

tut, die sich nicht benehmen? Man nimmt sie ins Freie und ertränkt sie.«
(Frank erzählt, als er klein war, wurde er von seiner Mutter bezahlt, die kleinen Kätzchen zu ertränken, wenn es zu viele davon gab. Seine Familie hatte 69 Haustiere. Dann erfahren wir, dass Karin und Sarah auch manchmal miteinander streiten. Frank denkt, dass die Mutter in solchen Momenten ihre Kräfte sparen kann.)
M: »Ich sage offen, wenn es mir nicht passt.«
F: »Ja, sie macht dich aber wütend, wenn sie sagt: Ich werde neun Jahre lang nicht essen.«
M: »Ja.«
F: »Wenn du sehr vorsichtig sein musst, ist es, wie wenn du auf rohen Eiern läufst und versuchst, sie nicht zu zerbrechen. Du kannst einer armen Magersüchtigen nicht immer sagen, was du denkst. Sicher, du könntest es der großen Karin sagen.«
M: »Karin kann ich es sagen, Sarah nicht immer.«
F: »So bist du direkt mit Karin, aber indirekt mit Sarah. Das ist sehr gut. Mit Karin musst du nicht so vorsichtig und nett sein. Aber du musst es mit Sarah sein.«
M: »Ja.«
F: »Hast du, Karin, dir je gewünscht, Mutter wäre etwas netter mit dir und etwas härter mit Sarah?«
Karin (K): »Nein.«
F: »Nein? Du bist zufrieden, so wie sie mit euch beiden ist?«
K: »Ja.«
F: »Ja, vielleicht bist du so stark, dass jede Art, wie Mutter mit dir sein könnte, in Ordnung wäre?«
K: »Nein.«
F: »Aber die schwache kleine Sarah muss sehr vorsichtig behandelt werden. Was meinst du, nein?«
K: »Vielleicht ab und zu, nicht immer.«
F: »Manchmal nicht was?«
K: »Fein behandelt werden.«
F: »Mutter muss mit dir nicht die ganze Zeit so sein, wie sie mit Sarah ist?«
K: »Nein, so wie sie mit ihr ist, ist es gut.«
F: »Gut, Sarah ist schwächer als du, zerbrechlicher.«
M: »Ja, das stimmt.«

F: »Ja, stimmt, richtig, genau, jawollll.« (auf Deutsch)
M: »Ja.«
F: »Ja, so hast du eine starke und eine schwache Tochter.«
M: »Nein, sie ist nicht schwach. Gar nicht schwach.«
F: »Nun sagen wir, sie ist delikat.«
M: »Ja.«
F: »Sagen wir, sie ist sensibel.«
M: »Ja.«
F: »Verletzlich.«
M: »Ja.«
F: »Und wenn du delikat, sensibel und verletzlich zusammenzählst, bekommst du schwach. Zusammenzählen, Linie darunter, dann kommt schwach heraus. Einfache Addition.«
M: »Das schon, ja.«
F: »So musst du sie wie einen Kristall behandeln, der leicht zerbrechlich ist.«
M: »Das habe ich gemacht, und es ist fehlgeschlagen.«
F: »Oh. (erstaunt) Fehlgeschlagen? Was?«
M: »Ja.«
F: »Warum?«
M: »Sie musste wieder ins Spital.«
F: »Das beweist, dass sie sehr, sehr zerbrechlich ist – und delikat und sensibel und schwach.
Natürlich macht sie, dass du durch die Reifen springst. Und sie lässt die Spitalangestellten durch die Reifen springen, das auch. Macht sie, dass auch du durch die Reifen springst, Karin?«
K: »Ab und zu.«
F: »Schlaue Sarah. Ich bin immer voll Bewunderung, wie all die Schwachen die Starken dazu bringen, wie Zirkushunde durch die Reifen zu springen. So schwache Leute bringen die starken dazu, solchen Unsinn zu machen. Gut, vielleicht ist es eine besondere Kategorie von pathetischer Schwäche. Die einfach, geistig, gefühlsmäßig den Leuten Handschellen anlegen, so wie die Polizei den Kriminellen Handschellen anlegt. Einfach wunderbar. – Ich bewundere das sehr. Einfach schlau, sie machen es ohne Anstrengung.«
M: »Ja.«

F: »Ha, hast du dich je wie in Handschellen gefühlt, um Sarah herum? Ja, du solltest! Ja, du hast, hahaha.«
M: »Sicher, ich sag ja nicht Nein.«
F: »Ja, du sagst nie Nein.«
M: »Ja.«
F: »Bist du verheiratet?«
M: »Gewesen. Mein Mann ist gestorben.«
(...)
F: »Gut, wer hat die Kontrolle, du oder Sarah?«
M: »Ich, hoffe ich.«
F: »Oh, du hoffst es.«
M: »Ja.«
F: »Was denkst du, Karin?«
K: »Im Moment die Mutter.«
F: »Ha, sie kann bis morgen Mittag die Kontrolle verlieren.«
K: »Ja.«
F: »Klingt, wie wenn Sarah sehr schnell die Kontrolle über die Familie erlangen kann.«
M: »Ich glaube es nicht, nicht mehr.«
F: »Nicht mehr? – Nur einen Moment, ich frage Karin. Was denkst du, Karin?«
K: »Nein, nicht mehr so schnell.«
F: »Ai, so, Mutter, so alt wie sie ist, fängt sie an zu lernen. Habt ihr das Sprichwort: Einem alten Hund kannst du keine neuen Tricks mehr beibringen? Nun, wenn die Mutter jetzt lernt, Sarah Nein zu sagen, bedeutet das, dass sogar alte Hunde neue Tricks lernen können. – Nicht dass ich das Gefühl habe, du seist ein alter Hund. – Wie alt bist du übrigens?«
M: »41.«
F: (erstaunt) »41.« (pfeift) »Das ist schon recht alt. Ja?«
M: »Ich weiß.«
F: »Ja. Das wäre fantastisch, wenn du langsam einen neuen Trick lernen könntest, mit deiner Tochter Sarah, die wie ein Dompteur ist, welcher Hunde durch Reifen springen lässt. Sarah ist der Dompteur, und du bist das Hündchen: hopp hopp hopp. Ja!«
M: »Ich hoffe, nicht mehr.«
F: »Nun, du hoffst, nicht mehr.«

M: »Ich kann ja nichts sagen, im Moment hab ich sie ja nicht zu Hause, ich kann ja nichts sagen, ich warte.«
F: »Ich sehe dich schon gewisse Dinge tun, die du nicht tun wolltest. Aber du würdest es besser tun, weil andernfalls Frau Hungertod nicht essen wird. Das ist das Hebelgesetz. Art. C. sagte: Gib mir einen Hebel, der lang genug ist, und einen Abstützpunkt, und ich kann die Welt aus den Angeln heben. Nun, das durchschnittliche 16-jährige Mädchen entdeckt den Hebel, mit dem man Mutter bewegen kann.«
M: »Das ist wahr.«
F: »Ja. Bewegst du Mutter auch, Karin? Sie manipulieren, sie unter Druck setzen, sie zwingen? Hör da nicht zu, Mam.«
K: »Ab und zu.«
F: »Ja. Aber wir sagen nicht, wie du es tust.« (Zur Mutter) »Ah, du weißt es. Hat sie es dir gesagt oder was?«
M: »Nein.«
F: »Aber, wie meinst du, kannst du es wissen?«
M: »Ich merke es an den Gesten. Wie sie auf mich zuläuft.«
F: »Wie sie auf mich zuläuft. Bedrohlich, oh.« (knurrt)
M: (lacht) »Nein.«
F: »Mutti, äh, dann sagst du zu dir selbst, nein, ich werde gerade manipuliert.«
M: »Dann muss ich aufpassen, dann weiß ich, dass etwas passiert.«
F: »Ja.«
M: »Oder dann ist etwas passiert, was sie mir sagen muss, damit ich nicht ...«
F: »Ja, das ist so: Wenn Mütter Ruhe im Kinderzimmer wahrnehmen, sagen sie: Was passiert dort drinnen? Die Kinder sagen: nichts! Mütter sagen: Hört auf damit, sofort! Das Kind denkt: Wie kann ich mit nichts aufhören? Aber so sind Mütter. Oder das Kind ist sehr besonnen, macht im Zimmer Ordnung, putzt, da wird die Mutter sofort misstrauisch: Was hast du letzte Woche getan, das ich nicht wissen darf? – Stimmt's oder habe ich Recht? – Ja!«
(zu Karin) »So, du kommst überhaupt nicht in viele Schwierigkeiten, stimmt das?« (mit singender Stimme)
K: »Warum nicht, ab und zu sicher.«
F: »In was für Schwierigkeiten kommst du?«

K: »Kommt auf die Situation drauf an.«
F: »Ist sie nicht schlau? Ich meine, das diplomatische Korps sucht solche Leute. Die Fähigkeit, eine Antwort zu geben und nichts zu sagen. Das ist eine Fähigkeit. Oh ja ... In was für Schwierigkeiten kommen andere Mädchen, wenn sie 16 sind?« (mit singender Stimme)
K: »Probleme mit dem Freund.«
(...)
F: »Mit dieser Jacke kann ich nichts sagen. Kannst du diese Jacke ausziehen? Du weißt, diese Magersüchtigen, sie tragen diese weiten Kleider, die wie Zelte aussehen, damit niemand erkennen kann, dass da nur zwei Zeltstangen stehen. So, du hast eine Figur.«
K: (lacht unsicher)
F: »Ich weiß gar nicht, warum du so lange gebraucht hast, um Ja zu sagen. Hat der Junge bemerkt, dass du eine Figur hast?«
K: »Ich glaub schon, ja.«
F: »Du glaubst es? Was gab dir die ersten Hinweise?«
(Pause) K: »Ich weiß nicht.«
M: »Du musst nicht mich anschauen, ich weiß es nicht.«
F: »Was gab dir den ersten Hinweis, dass er es gemerkt hat, Karin.«
K: »Ein Kompliment.«
F: »Ein Kompliment.«
K: »Dass ich eine gute Figur habe.«
F: »Vielleicht hat er Sarahs Figur gesehen und er dachte, als sie seitwärts stand und ihre Zunge herausstreckte, er dachte, sie sehe aus wie ein Reißverschluss. Und er dachte, Sarah müsse zweimal aufstehen, um einen Schatten zu werfen. Und als er dich sah, oh, oh, du hast eine Figur.«
K: »Nein.«
M: »Das ist jetzt sehr gut für mich, weil Karin in letzter Zeit sehr oft sagt, sie sei zu dick.«
K: »Nein, es geht.«
F: »Du sagst, du seist zu dick?«
K: »Nein, wenn ich neben Sarah stehe.«
F: »Du musst aussehen, als würdest du zwei Tonnen wiegen.«
K: »Ja, aber das stimmt.«

F: »Du bist für Behaglichkeit gebaut, nicht für Geschwindigkeit.«
K: »Nein, ich mach lieber Sport.«
F: »Aber, wenn du gerade neben Sarah stehst, siehst du aus wie Schatten im Sommer und Wärme im Winter.«
K: »Ich weiß nicht, vielleicht.«
F: »Ja! Im Vergleich.«
K: »Ja.« (zögernd)
F: »Ja. Wie viel wiegst du, ehrlich?«
K: »55.«
F: »Und wie viel Gramm wiegt Sarah?«
M: »45.«
K: »44, jetzt.«
M: »44,5.«
F: »Puff. Ja, sie fangen an, Gramm und Milligramm zu zählen. Wenn du dich wiegst, bitte reinige deine Fingernägel nicht, das gibt etwas Gewicht dazu! Geh nicht scheißen, wir wiegen dich vorher, geh auch nicht pissen, zeig, dass das medizinische Programm etwas nützt, wir wiegen Scheiße, Pisse und Fingernägel! Und so sagen Ärzte, Schwestern, Mütter und Familie. Wieg mehr, wieg mehr!«
(zu Karin) »Niemand macht sich so Sorgen über dein Gewicht.«
K: »Nein.«
M: »Sie selber.«
F: »Sie selber, ja. Nun, macht sich dein Freund Sorgen um all dein Fettgewebe?«
K: »Ich habe keinen Freund.«
(Karin erzählt, dass Sarah und sie früher alles zusammen gemacht haben.)
F: »Ja nun, wo du die Jungen entdeckt hast, macht es dir wirklich nichts aus, dich mit deiner flachen Schwester zu zeigen?«
K: (lacht) »Nein.«
F: »Darf ich dir meine Schwester vorstellen, Fräulein Brotbrettbrust. Ja, nimm einen tiefen Atemzug, um anzuschwellen.«
K: »Nein.«
F: »Das machen Mädchen untereinander. Oh, die ganze Zeit.«
(…)
F: »Bist du je gemein zu Sarah?«
K: »Ja.«

F: (erstaunt) »Wirklich?«
K: »Kommt darauf an bei was.«
F: »Da haben wir es wieder, die Diplomatin. Hängt von der Situation ab! Vielleicht, wenn du sie immer unterstützen würdest, immer auf ihrer Seite wärst? Erklärst du ihre Sicht je der Mutti (singende Stimme), verteidigst du Sarah der Mutter gegenüber?«
K: »Nein.«
F: (überrascht) »Nein?«
K: »Wenn wir Streit mit Mami haben, dann helfen wir einander.«
F: »Richtig. Gemeinsam wir stehen, getrennt wir fallen. Wir wollen uns gegen den gemeinsamen Feind vereinen.«
(...)
M: »Ich verliere auch nicht immer.«
F: (mitleidig) »Oh, alle Schaltjahre einmal lassen sie dich gewinnen?«
M: »Nein, nein.«
F: »Nein, nein? Überall auf der ganzen Welt kämpfen Teenagertöchter mit ihren Müttern. Sie probieren sich selbst gegenüber der alten Tasche aus, äh, gegen die alternde Matrone. Oh, es ist mir herausgerutscht.«
M: (gutmütig) »Oh, macht nichts.«
F: »Und die Mütter werden immer müder. So, immer wenn ich eine Mutter mit einer Teenager-Tochter sehe, oder Töchter, sage ich, gib auf. Hol dir eine weiße Flagge, und da gibt es ein altes Lied: Ich gebe auf, meine Liebe (gesungen). Hast du das Lied je gehört? Das könnte dein Titelsong sein. (zu Karin) Ist das nicht toll, wenn du gewinnst und Mutter verliert? Und bist du und Sarah nicht schon in euer Zimmer gegangen und habt manchmal gekichert, wie ihr sie in etwas hineingeredet habt? Sag Ja!«
K: »Ja.« (lacht)
F: »Jawohlll. Warte, jetzt wo Mutter aufgegeben hat, ihr zwei, das Horrorduo, könnt hinausgehen und neue Welten erobern.«
M: »Das stimmt schon.«
F: »An dir haben sie geübt, zusammen zu kämpfen. Natürlich, seitdem du alt und schwach bist, gibst du ihnen nicht viele Möglichkeiten zum Trainieren.«
(Interviewzeit ist vorüber.)

F: »Zeit vergeht schnell, wenn man Spaß hat.«
M: »Ja.«
F: »Was für Reaktionen hattest du mir gegenüber im Gespräch?«
M: »Ja.«
F: »Oh.«
M: »Ein Kribbeln im Bauch. Es stimmt, was du sagst.«
F: »Man kann die Wahrheit nicht bekämpfen.«
M: »Nein, das kann ich nicht.«
F: »Wir beide sind gleicher Meinung.« (...)

2. Zweites Interview
(Im Gespräch: Frank Farrelly, Mutter, Sarah [Indexpatientin], Karin, Übersetzerin und Übersetzer)

(In der Zwischenzeit hatte sich die Mutter die Audiokassette vom ersten Interview mehrmals angehört.)
F: »Ich habe dich dort draußen in der Pause getroffen, und ich sagte, du musst Sarah sein, und ich bin Frank. Und ich sagte, mein Gott, bist du dünn. Aber du hast ein dickes Gesicht, natürlich nicht so fett wie Karins. Das war, was ich dir sagte.«
Sarah (S): »Ja.«
F: »Was, äh, äh, was, Karin?«
K: »Nichts.«
F: (singende Stimme) »Keine Reaktion dazu?«
(Sarah sagt, die andern haben ihr nicht erzählt, was sie gestern besprochen haben. Frank berichtet kurz davon.)
F: »Was? Wenn ein Junge dich anschaut, was sieht er dann?«
S: »Einen Menschen.«
F: »Einen Menschen? (erstaunt) Ja, aber von unbestimmtem Geschlecht.«
S: »Er weiß es schon.«
F: »Kann er sagen, ob du ein Mädchen oder ein Junge bist?«
S: »Das hat man bis jetzt immer können.«
F: »Bis jetzt.«
S: »Ja.«

F: »Aber jetzt hast du die Figur eines 10-jährigen Jungen.«
S: »Das finde ich nicht.«
F: (mit singender Stimme) »Was meinst du denn, wie deine Figur für einen Jungen aussieht?«
(...)
F: »Erzählst du deiner Schwester, was du über Jungen weißt?«
K: »Manchmal, sicher.«
F: »Gut, erzählst du ihr zum Beispiel, schau Sarah, die meisten Mädchen haben Figuren, die etwas verschieden von denen der Jungen sind. Hast du ihr das gesagt?«
K: »Nein.«
F: »Kein Wunder, dass sie so aussieht. Sieht aus wie ein 10-jähriger Bub auf Stelzen. Eine Fadenbohne mit Haar. Wir haben über das schon gestern geredet. Was Mädchen und Frauen sagen: Jungen und Männer haben nur eins im Sinn. Haben wir das nicht gesagt? Nun ich wette, wenn sie dich anschauen, haben sie das nicht im Kopf.«
S: »Das ist mir auch egal.«
F: »Das ist dir egal. Du hast andere Sachen im Kopf?«
S: »Ja.«
F: »Aber, was denkt und fühlt ein Junge, wenn er deine Figur anschaut? Wenn du das eine Figur nennen kannst. Sicher nicht! Was?«
S: »Dass es mir egal ist, was er über meine Figur denkt.«
F: (begeistert) »Warum? (Pause) Titten und Hüften sind nur hässliches Fett. Stimmst du nicht zu?«
S: (lacht) »Warum?«
F: »Warum? Weil du sicherlich diese hässlichen Sachen loswurdest.«
S: »Ja, ich finde sie nicht hässlich.«
F: (mit singender Stimme) »Du denkst nicht, Brüste und Hüften sind hässlich?«
S: »Nein!«
F: (zu Karin) »Sie denkt gar nicht, deine Figur sei hässlich. (Pause) Die meisten Magersüchtigen, mit denen ich gearbeitet habe, die äch (Geräusch des Ekels) wollen kein Mädchen sein. Die drehen ihren Geist einfach herum, und wenn man sie das

nächste Mal sieht, keine Titten, keine Hüften mehr und zwei Stecken als Beine. Erstaunlich! Geistige Chirurgie.«
(Pause) S: »Nein, sicher will ich das.«
F: »Nein, ich glaube nicht, sicher.«
S: »Du glaubst nicht, aber ich finde schon.«
F: »Nun, vielleicht hast du sie wirklich gewollt, aber du hast sie einfach verlegt, die Titten und Hüften, irgendwohin ... Du hast irgendwas verloren: Wo habe ich das nur hingetan? Frag mal Karin, hast du meine Titten irgendwo gesehen?«
S: »Ist mir wirklich noch nie passiert.«
F: (erstaunt) »Noch nie passiert? Du weißt, die machen wunderbare Dinge mit Organtransplantationen heutzutage. Und gewisse Mädchen haben Titten, die sind total zu groß für sie. Vielleicht kannst du in deiner Schule ein Mädchen mit großen Titten fragen, ob sie dir eine vermacht. Und du kannst sie dir gerade mitten auf der Brust implantieren ... Was denkst du?«
S: »Also dann lieber keine als nur eine.«
F: »Nun man sagt, ein halber Laib Brot ist besser als keiner.«
S: »Ja, ja.«
F: »Und wenn du eine große Titte mitten auf deiner mageren Brust hast, könnten die Jungen dir den Spitznamen ›Zyklop‹ geben. Und dann hast du Mädchen gesehen, mit Ärschen so groß wie der Hinterteil eines Busses. Das ist wahr, Mutti.«
M: »Ich sag nicht Nein.«
F: »Du kannst nicht gegen Tatsachen ankämpfen. Du kannst zu einem dieser fettarschigen Mädchen gehen: Möchtest du gerne eine Arschbacke transplantieren?«
S: »Und wohin tun?«
F: »Nun, an deinen mageren Nicht-Arsch-Platz. Dann kannst du eine Titte und eine fette Arschbacke haben.«
S: »Der Arsch fehlt nicht.«
F: »Er fehlt nicht? Du vermisst deinen Arsch nicht?«
S: »Nein.«
F: »Vermisst du deine Titten?«
S: »Nichts.«
F: (erstaunt) »Nichts ... Was, Mam, sie ist mit diesem Körper zufrieden? Ist das nicht eine wunderbare Anpassungsleistung? Uff, was?«

M: »Nein.«
F: »Was, nein?«
M: »Nein, noch nicht, jetzt ist sie mir zu dünn.«
(Frank bezeichnet Sarahs Figur als einen Sack voll Hobelspäne.)
S: »Ich finde nicht, dass es aussieht wie ein Sack voll Hobelspäne.«
F: (anbiedernd) »Was denkst du, wie es aussieht?«
S: »Nicht so schlimm, wie Sie es gesagt haben.«
F: (zu Karin) »Nun, wie würdest du es nennen?«
K: »Ich weiß es nicht.«
F: (wieder zu Sarah) »Ja, furchtbar schwierige Frage. Sie kann nicht einmal an ein Bild oder an einen Vergleich denken, um das zu beschreiben.«
S: »Das ist nicht meine Sorge.«
F: »Nein.«
S: »Nein.«
F: »So ist dein Problem Karins und Muttis Problem (mit singender Stimme), und das Problem vom Psychotherapeuten und vom Spital, und von der Station, und vom Arzt. Das leuchtet mir ein, dein Problem ist es nicht.«
(Pause) S: »Sicher ist es mein Problem, aber ...«
F: »Was ist, aber?«
S: »Mir ist es egal, was sich andere unter meinem Problem vorstellen. Sie müssen es ja nicht haben, ich hab es.«
F: »Wirklich? (mit singender Stimme) Ja, einfach furchtbar reif und unabhängig. Ich denke, das ist eine solche reife Haltung. Oder denkst du nicht, Karin? Was?«
K: »Ich weiß nicht, ja ... ab und zu sicher.«
(...)
F: »Mutti, was?«
M: »Nichts, ich höre.«
F: »Und du fühlst und denkst auch?«
M: »Ja.«
F: »Was?«
M: »Ich sag's am Schluss, ich will weiter hören.«
F: »Oh, so selbstaufopfernd.«
M: »Wieso, nein, ich finde es sogar sehr gut. Ich will jetzt wissen, was im Innern von Sarah vorgeht.«

F: »Was vor sich geht? Reife, psychische Anpassung, Intelligenz, Unabhängigkeit. (zu Sarah) Wie mach ich es?«
S: »Also, was, wie du mich beschreibst? (Pause) Ja so, sie ist so, sie kann das.«
F: »Ich find das großartig, toll, wunderbar. Ja ... Wenn nur alle 16-Jährigen so reif wären, und so unabhängig, und so erhaben über das, was andere Leute über sie denken. Och, nun, die Welt wäre wie, Mutter?«
M: »Verdreht.«
F: (erstaunt) »Verdreht? Ja, eine Menge Landwirtschaft würde das Geschäft verlieren.«
M: »Ja.«
F: »Wenn alle so viel essen würden wie Fräulein Stecken. Ganze nationale Agrikulturen würden bankrott gehen. (Pause) Man wäre nicht in der Lage, den Unterschied zwischen Jungen und Mädchen zu sehen. Und Jungen, zum ersten Mal in der Menschheitsgeschichte, hätten nicht mehr nur das eine im Sinn. Weil, wenn sie Mädchen anschauen, würden sie an Fahnenstangen oder Zaunpfähle denken. Und kein Bevölkerungswachstum, worüber sich viele Leute Sorgen machen: Wir bekommen zu viele Babys auf der Welt, diese Leute in den Hauptquartieren könnten sich zurücklehnen und lächeln: die Lösung der Überbevölkerung kam von einem 16-jährigen Schweizer Mädchen: Die Schweiz führt die Welt an, wumm!«
(Pause) S: »Ja, so kann man es auch sehen.«
F: »Ja, das habe ich gerade gemacht ... Und auf den Gehsteigen gäbe es viel mehr Platz. Hast du je versucht, auf dem Gehsteig an einer dicken fetten Person vorbeizukommen? So käme man einfach schnurgerade aneinander vorbei (zeigt es mit den Händen). Niemand würde mehr aneinander stoßen, Entschuldigung (auf Deutsch) würde zu einem vergessenen Wort. Man käme aneinander vorbei wie Schatten, haha. Es gäbe viele Vorteile, für die ganze Menschheit. Wenn alle das Gleiche wie Fräulein Stecken täten. (Pause) Man hätte Schönheitswettbewerbe und würde dich zur Miss-Welt-Magersüchtig wählen: Und alle Mädchen würden sagen, ich möchte aussehen wie sie. Und nicht wie ihre fette und schwabbelige Schwester, die überall ihre Höcker am Körper hat. Und du wärest in den Mode- und Schön-

heitszeitschriften abgebildet und man würde sagen: ›Oh mein Gott, wirf diesen Beitrag hinaus, stoppt die Presse: ein ganz neues Modell von weiblicher Schönheit ist in Mode‹: Ein zweidimensionales Kartonmädchen.«
S: »Auf das kann ich verzichten.«
F: (erstaunt und verzweifelt) »Was, oh, was meinst du damit?«
S: »Ja, ich will ja nicht in jedem Heftchen abgebildet sein. Wie wäre es, wenn jeder gleich aussähe? Das wäre ja langweilig. Dann könnte man, wie Sie sagen, niemandem mehr Entschuldigung sagen, wenn man aneinander stößt.«
F: »Nein, wenn alle so aussehen würden wie du, dann könntest du die Richtung sofort wechseln und fetter als deine Schwester werden. (mit singender Stimme) Ich will nicht so sein wie alle anderen.«
S: »Ja sicher nicht, ich meine ja, es ist sicher nicht schön, wenn jeder gleich aussieht.«
F: »Oh, ich weiß nicht. Ich sah gewisse Frauen, da dachte ich, es wäre nicht schlecht, wenn alle anderen Frauen genau wie sie aussähen. Schau auf diesen Ausdruck! (mit gespieltem Entsetzen) Vielleicht hast du nicht eine Figur wie andere Mädchen, aber du hast den gleichen Gesichtsausdruck wie alle: ›Oh, warum musst du so reden und denken?‹ Wo hast du diesen Ausdruck gelernt? Von der Mutter oder von Karin?«
S: »Von keiner von beiden.«
F: »Von keiner? Du hast ihn selbst erfunden?«
S: »Sicher. Er kam von selbst.«
F: »Ja, vielleicht hast du doch ein paar Mädchengene, Chromosomen, von denen dieser Ausdruck kommt.«
S: »Das weiß ich nicht.«
F: »Nein, du kannst es nicht wissen. Aber ab und zu, vielleicht zufällig, hast du einen Ausdruck wie ein normales Mädchen. Hast du das bemerkt, Mutter?«
M: (leise) »Ja.«
F: »Ist das nicht erstaunlich? Und dann kommt Hoffnung.«
M: »Ja, sicher.«
F: »Hä, so normal wie sie das sagte! Ihr Gesichtsausdruck! Du denkst das.«
M: »Sicher.«

F: »Ja. Denkst du das auch ab und zu, Karin?«
K: »Ja.«
F: »Meine Schwester ist nicht immer gestört!«
K: »Ich sag ja gar nicht, dass meine Schwester gestört ist.«
F: »Gut, wie nennst du das? Was denkst du? Sie ist nicht gestört, sie spinnt nicht, sie versucht nur einen neuen Trend im Schönheitsideal zu setzen. Ist es das, was du dir selber sagst?«
K: »Nein.«
F: »Du denkst, sie ist einfach sehr, sehr vergeistigt. Und sie möchte, dass die Fastenzeit das ganze Jahr dauert.«
K: »Nein, das glaube ich schon nicht.«
F: »Was denkst du denn, warum sie nicht so isst, wie sie sollte?«
K: »Wenn sie jetzt nicht essen würde, dann würde sie sterben. Und das weiß sie ja auch.«
F: »Vielleicht will sie streben. Hast du das gedacht? Sag Ja.«
K: »Nein.«
F: »Du, Mam?«
M: (leise) »Ja.«
F: »Ja, es ist, wie wenn man mit Tod und Leben spielt. Soll ich leben oder sterben? Werde ich ein Mädchen oder ein Stecken sein? Werde ich hässliche Hügel aus Fett an meinem Körper haben oder wie ein 10-jähriger Bub aussehen? Das sind die Themen, über die ich mit den Fräuleins Stecken rede. In der ganzen Welt ... Aber jetzt habe ich noch eine andere Frage. Hast du schon deine erste Periode gehabt?«
S: »Ja.«
F: (mit singendem Tonfall) »Und hast du die Periode immer noch? Das ist wichtig.«
S: »Nein.«
F: »Fantastisch. Das Leben ist nass, sage ich. Magersüchtige sind am Austrocknen. Und sie legen normalerweise keine Eier jeden Monat. Ist es nicht wunderbar, was der menschliche Geist erreichen kann? Sag Ja.«
S: »Wieso?«
F: »Wieso!«
S: »Einfach, weil du es sagst?«
F: »Nein, weil der menschliche Geist eine mentale, beidseitige Brustamputation machen kann, und eine geistige, beidseitige

Arschbackenamputation, und dann: ›Eier, stoppt zu legen‹, pück, ›dreht Eierlegmaschine ab.‹ Ja, stoppt den stinkenden, nassen Sauerei-Fluss jeden Monat. Und bäng, halt, wunderbar, toll.«

S: »Mein Geist hat mir ganz sicher nicht den Busen und Arsch abmontiert, das kann er gar nicht und das will ich nicht.«

F: »Nun, vielleicht tat es dein Unbewusstes. (Computerstimme) ›Schneidet die Titten weg – o. k. – lass den Arsch fallen, zu viel Gewicht – die ganze Eierlegmaschine abstellen – o. k. – den Fluss abstellen.‹«

S: »Ich hab noch gar nie Eier gelegt, wie du es sagst.«

F: »Du hast noch nie Eier gelegt? Du hattest die Periode?«

S: »Ja, sicher, aber nicht so, wie du es gesagt hast: Eier legen.«

F: »Gut, ich nenn es Eier legen. Meine Ärzte-Freunde nennen es Ovulation ... Eier legen. Nun, einige Hennen im Hühnerstall des Lebens sind Meister im Eier legen, und andere Hennen legen Eier, dass es keinen Scheißdreck wert ist: normalerweise enden diese im Suppentopf ... Ich erfinde diese Regeln nicht, es ist das, was passiert. Also, wenn du jetzt zu deinen beiden Nachkommen hinschaust, diese beiden kleinen Hennen, und du siehst den Hahn im Hühnerhof des Lebens, der herumrennt und junge Hennen jagt, auf welche, denkst du, haben es die Hähne denn abgesehen? Welche von beiden, ehrlich?«

M: »Beide.«

F: (entrüstet) »Beide? Kein verdammter Hahn bei Verstand hat es auf ein Bündel Hobelspäne abgesehen, wenn er eine richtige Henne haben kann, welche Eier legt.«

S: »Für Sie bin ich vielleicht ein Bündel Hobelspäne, aber für andere nicht.«

F: »Was, du hast irgendeinen schielenden, kurzsichtigen Freund, an den du denkst?«

S: »Nein, er schielt nicht, er ist nicht kurzsichtig.«

F: »Was ist er, ist er irgendwie pervers oder irgendwas, der normale Mädchen nicht mag.«

S: (spöttisch) »Nein, gar nicht.«

F: »Ist er einer, der nicht auf Titten und Arsch steht?«

S: »Das weiß ich nicht.«

F: »Ist dir das schon aufgefallen, bei Jungen und Männern:

einige stehen auf Titten,
einige stehen auf Ärsche,
einige stehen auf Beine,
einige stehen auf das Gesicht,
und dann gibt es die ganzheitlichen Männer: Ich will alle Teile am richtigen Platz (mit singender Stimme). Und du vermeidest alle, die auf Titten oder Arsch stehen ... Nun, und solange du lebst und nicht stirbst ... Nun, was Mam?«

M: »Nichts.«
F: »Das ist der Weg, wie einige magere Frauen ohne Figur schlussendlich einen Güggel im Hühnerhof des Lebens finden. (Pause) Der Güggel ist entweder kurzsichtig oder er hat verdrehte Ideen über das, was attraktiv ist. Oh, oder sie sind einfach pervers ... oder Titten und Arsch bedeuten ihnen einfach nichts. Es sind vielleicht Fußfetischisten. Zeig mal deine Füße: die Füße sind zumindest noch nicht geschrumpft. Was?«
S: »Es schaut vielleicht nicht jeder aufs Aussehen, oder?« (humorvoll)
F: »Oh, es ist deine Persönlichkeit, Seele und Geist? Willst du mir das sagen?« (erstaunt)
S: (gutmütig) »Vielleicht.«
(Frank zeigt Sarah auf, wie Jungen sie anschauen.)
F: »Du hast nicht nur den Kontakt zum Esstisch verloren, sondern auch zur sozialen Realität: ›Es geht niemanden etwas an, von was mein Freund angezogen wird!‹ (Pause) Gibt es Leben nach der Magersucht?«
S: »Sicher.«
F: (erstaunt) »Sicher? Ich weiß nicht. Die Mediziner wissen es noch nicht so genau, und die Eltern von Magersüchtigen und Geschwister, Schwestern, Brüder. Ich weiß nicht. Ich nenn Magersucht ein langsamer Selbstmord durch den fehlenden Kaffeelöffel. Nicht, indem etwas getan wird, sondern irgendetwas nicht getan wird.«
M: (leise) »Ja.«
F: »Hast du gedacht, dass sie sterben könnte? Ja?«
M: (leise) »Ja.«
S: »Aber sie hat sicher auch daran gedacht, dass ich weiterleben kann.«

F: »Ab und zu machst du etwas, was ihr Hoffnung macht. Für eine ganz kurze Zeit ... Wie viel wiegst du?«
S: »44,5 kg.«
(...)
F: »Hast du schon einmal ein Bild im Kopf gehabt, Karin ist 20, und nebenan ist ein leerer Stuhl, weil Sarah gegangen und tot ist, hast du schon so etwas gesehen oder geträumt?«
M: »Nein, den Gedanken habe ich oft, aber ich habe ihn weggeschickt. Ich habe immer gehofft, ich könne ihr helfen, und ich hoffe es auch jetzt.«
F: »Aha.«
M: »Ich will ihr helfen.«
F: »Vielleicht ist sie einfach zu unabhängig, um sich helfen zu lassen. Vielleicht ist sie einfach zu reif.«
S: »Nein. Lernen kann man immer.«
F: »Das ist wieder eine so reife, intelligente Antwort ... Das ist so erstaunlich! Sie ist so reif, eine gottähnliche Weisheit. Man findet nicht viele 16-Jährige, die immer von etwas und irgendjemandem lernen können.«
M: »Das stimmt. Sie kann ja auch nicht mit Schülern ihrer Stufe Gespräche führen. Sie braucht Ältere.«
F: »So reif.«
(Das Interview geht über die abgemachte Zeit hinaus.)
(...)
F: »Sag irgendetwas zu Gunsten der Magersucht ... Ein Mädchen spart sicher Geld, das sie nicht für Tampons ausgeben muss. Was? Ist wahr!«
S: »Das ist ein blödes Ding, äh Beispiel.«
F: »Es ist überhaupt kein dummes Beispiel ... Weil die Tamponproduzenten froh sind, dass es nicht mehr Mädchen mit Magersucht gibt.«
S: »Also, wenn jemand Magersucht hat, nur weil er keine Tampons kaufen will, das Geld dafür sparen will!«
F: »Also auch: Stoppt die schlecht riechende, stinkende blutige Sauerei! Trocken und ohne Geruch ist besser! Und du sparst Geld, das du nicht ausgibst.«
S: »So stinkend und so eklig, wie Sie es beschreiben, ist es gar nicht.«

F: »Nun, viele Mädchen sagen das. Äh, und denen ist es peinlich. ›Hildegard, stinke ich?‹ – ›Äh, ich weiß nicht, ich bin erkältet.‹ – ›Eva, stinke ich?‹ – ›Warum? Ich habe meine Tage.‹ – ›Oh, ich auch, ich weiß nicht, rieche ich dich oder mich?‹ – Stimmt, normale Mädchen sorgen sich darüber, das hab ich nicht erfunden. Magersüchtige müssen sich da keine Sorgen machen.
S: »Als ich die Periode hatte, musste ich nie Angst haben, ich stinke.«
F: »Nun, dein Geist war mit anderen Dingen beschäftigt: Wie kann ich mich zu Tode hungern? Wie werde ich diese hässlichen Hügel los?«
S: »Nein!«
F: »Lieber Gott, hilf mir, dass der Arsch heute abfällt.«
S: »Nein, gar nicht.«
F: »Überhaupt nicht ... So arbeite ich mit Magersüchtigen und ihren Familien.«
(Frank fragt nach emotionalen Reaktionen.)
M: »Ich finde es gut, weil man noch nie mit ihr so gesprochen hat. Und sie hat sich noch nie so gewehrt wie heute, um zu zeigen, dass sie weiterleben will. Das ist meine Meinung.«
S: »Ungewohnt, wie Sie mit mir geredet haben.«
F: »Du siehst auch ungewöhnlich aus. Mit der hügeligen Schwester rede ich normal.«
(...)
K: »Ja, es war gut, dass man mal mit Sarah so geredet hat ... Und Sarah, denke ich, hat sich nicht schlecht geschlagen.«
(...)
F: »Wenn du so reif redest, möchte ich dir sagen, ich gebe dir 100 Franken und wir gehen zusammen aus.«
S: »Ja, ist gut.«
F: »Ich habe so eine Schwäche für reife Frauen. Ist einfach schön, was? (...) Ich wollte dich nicht in eine bestimmte Richtung pressen, ich wollte eigentlich mit dir ausgehen, ich finde dich wunderbar, so wie du bist. So müsste ich nicht viel Geld für das Essen ausgeben. Einige Mädchen und Frauen fressen geradezu.«
S: »Stört es Sie nicht, wenn Sie nicht eine Frau mit Busen und Arsch bei sich haben. Kein Busen und Arsch.«

F: »Ich würde einfach sagen, zieh bitte die unförmige, große Jacke an. Zieh bitte die Jacke nicht aus während des Essens.«
S: »Also, wenn Sie nur unter diesen Bedingungen mit mir zum Essen gehen, dann komme ich nicht mit.«
F: »Dann möchte ich, dass du wenigstens einen unförmigen flauschigen Pullover anziehst, der dich doppelt so groß macht, als du bist.«
S: »Also, wenn ich zum Essen gehe, möchte ich mich wohl fühlen und nicht einen Mantel anziehen, weil der andre will, dass ich größer und dicker bin.«
F: »Ich bin, wie ich bin … Äh, oh, da ist sie wieder, deine reife Einstellung.« (mit singender Stimme)
S: »Ja, die gehört jetzt einfach mal zu mir.«
F: »Äh, ich verstehe, es tut dir leid, dass du sie hast. Aber du spielst dich damit ziemlich auf. Du könntest ein bisschen auf die andern Rücksicht nehmen und sie verstecken.«
S: »Ich glaub, hier drinnen sind alle reif genug.«
F: »Aber in einem Restaurant. Ich möchte nicht, dass jemand über mich sagt, schau, jener Mann, der mit dem Skelett isst. Nun, du kannst meine Gefühle verstehen?«
S: »Also, wenn Sie Angst haben, was andre Leute sagen, wenn Sie essen gehen, dann tun Sie mir leid.«
F: »Oh, ich bin nicht so reif wie du.«
S: »Das ist Ihr Problem. Dann müssen Sie nicht mit mir essen gehen. Dann suchen Sie sich jemand anderen aus, der so aussieht, wie Sie wollen.«
F: »Es ist schon nicht nur das, weil ich weiß, Aussehen ist nicht alles. Ich hoffe ja auch, dass ich eines Tages so reif werde wie du … Und ich dachte einfach, wir könnten ausgehen und zusammen essen, ich könnte ein Essen bestellen und du an einem Knochen nagen. Das wäre eine sehr billige Einladung. Und ich könnte dabei herausfinden, wie man reif und erwachsen wird. Es wäre eine günstige Gelegenheit.«
S: »Ja.«
F: »Ja, wenn du nur etwas Unförmiges tragen möchtest.«
S: »Ich glaube, Sie sind genug reif, Sie müssen deswegen nicht mit mir zum Essen gehen. Und ich nage auch ganz sicher nicht an einem Knochen.«

F: »Äh, dann eine kleine Babyportion.«
S: »Ja, gut.«
F: »Dann hast du die riesige Jacke an. Weißt du, was lustig ist? Mädchen mit großen Titten tragen zu große Kleider, um ihre Titten zu verstecken. Und sie ziehen die Schultern nach vorne, damit ihr Busen nicht heraussteht. Und wer trägt außer denen diese Kleidergröße? Die busenlosen Wunder. (…) Es ist so hart für Männer, um sehr reife Frauen zu sein, egal welchen Alters.«
S: »Ich weiß nicht, was für Sie schwierig ist.«
F: »Ich sag dir, es ist schwierig, es macht, dass wir Männer uns wie kleine Buben fühlen, wenn Mädchen und Frauen so reif wie du werden.«
S: »Dann tut es mir wirklich leid.«
F: »Das ist lieb von dir; sehr vergeistigt und reif.«
S: »Sie kommen mir wie ein geschlagener Hund vor.«
F: »So sind halt Jungen und Männer um reife Frauen herum. (…) Ich hab genug Reife für einen ganzen Tag. Ich kann nur ein bestimmtes Maß an Reife aushalten.«
S: »Ja.«
F: »Wasser sucht sich seinen Grund, wie man sagt. Gut, wir hören auf, für heute.«
S: »Ja, ist gut.«

Wenn Ihre Lesetrance jetzt den Abschluss findet, fangen Sie an, sich Fragen zu stellen: Vielleicht möchten Sie herausfinden, welche meiner Strategien ebenfalls bei Frank auftauchen oder wie sehr Franks Lockerheit in meine Familiensitzungen einfließen.
Sie können dieses Kapitel auch einfach als Ausklang der hypnotischen Lektüre betrachten. Meine wirkliche Ausbildung in Magersuchtsbehandlung begann mit diesen beiden Interviews – ich stelle sie an den Schluss des Buches, ähnlich wie Milton Erickson am Schluss einer Trance dem Hypnotisanden die Hand schüttelte und ihn nach seinem Namen fragte, um so vielleicht Amnesie und hypnotisches Lernen zu induzieren. Eine gute Geschichte sollte am Schluss zum Anfang zurückkehren.
Damals leuchtete mir Farrellys Vorgehen ziemlich schnell ein, im Gegensatz zu Ericksons Strategien, bei denen ich recht lange brauchte, um sie zu verstehen. Erickson hat sich auch unverschäm-

terweise aus dem Staub gemacht, bevor ich eine Gelegenheit bekam, seine Erläuterungen direkt von ihm zu hören ...

Anmerkungen

(1) C. Ettrich & U. Pfeiffer: *Anorexie und Bulimie: Zwischen Todes-Sehnsucht und Lebens-Hunger.* München: Urban & Fischer 2001

(2) paradox: widersprüchlich, unlogisch

(3) Ich danke W. Hablützel, der mir den Unterschied zwischen Labyrinth und Irrgarten erklärte: In einem Labyrinth führt ein einziger, verschlungener Weg zum Zentrum; beim Irrgarten hingegen erschweren verwirrliche Abzweigungen den Weg ins Zentrum oder nach außen.

(4) G. Bateson: *Ökologie des Geistes.* Frankfurt am Main: Suhrkamp, 6. Auflage 1983

(5) J. Kuhl und M. Kazèn: *Persönlichkeitsstil und -störungs-Inventar (PSSI).* Göttingen: Hogrefe 1997

(6) M. Gerlinghoff & H. Backmund: *Magersucht.* München: dtv, 4. Auflage 2001

(7) H. Buchholz: *Die verzehrte Frau, Anorexie und Bulimie im Spiegel weiblicher Subjektivität.* Opladen: Leske + Budrich 2001

(8) M. H. Erickson, E. L. Rossi, S. L. Rossi: *Hypnose.* Stuttgart: Pfeiffer bei Klett-Cotta, 5. Auflage 1998

(9) M. H. Erickson & E. L. Rossi: *Hypnotherapie.* Stuttgart: Pfeiffer bei Klett-Cotta, 6. Auflage 2001, S. 323

(10) J. K. Zeig: *Ein Lehrseminar mit Milton H. Erickson.* Stuttgart: Klett-Cotta 1985, S. 163–175

(11) S. R. Lankton & C. H. Lankton: *Answer within: A clinical Framework of Ericksonian Hypnotherapy.* New York: Brunner und Mazel 1983

(12) N. Peseschkian (2001), persönliche Mitteilung

(13) S. Rosen: *Die Lehrgeschichten von Milton H. Erickson.* Salzhausen: Iskopress, 4. Auflage 1996, S. 109–118

(14) M. H. Erickson & E. L. Rossi: *The February Man.* New York: Brunner und Mazel 1989

(15) M. H. Erickson & E. L. Rossi: *Hypnotherapie.* Stuttgart: Pfeiffer bei Klett-Cotta, 6. Auflage 2001, S. 485–503

(16) Eigentlich heißt die Geschichte: Donald Lawrence und die Goldmedaille. In S. Rosen, Die Lehrgeschichten von Milton Erickson. Salzhausen: Isko-Press, 4. Auflage 1996, S. 124–127

(17) N. Peseschkian: Der Kaufmann und der Papagei. Frankfurt am Main: Fischer 1979

(18) M. H. Erickson: Further clinical techniques of hypnosis: utilization techniques. In: The Collected Papers of Milton H. Erickson on Hypnosis Volume I, Edited by Ernest L. Rossi, New York: Irvington 1980, deutsch: Gesammelte Schriften von Milton H. Erickson, hrsg. v. E. Rossi, Heidelberg: Carl-Auer-Systeme Verlag

(19) Tennyson, zitiert in G. Bateson, Geist und Natur. Frankfurt am Main: Suhrkamp 1983

(20) M. H. Erickson: A Study of an Experimental Neurosis Hypnotically Induced in a Case of Ejaculation Praecox. In: The Collected Papers of Milton H. Erickson on Hypnosis Volume III, Edited by Ernest L. Rossi, New York: Irvington 1980, deutsch: Gesammelte Schriften von Milton H. Erickson, hrsg. v. E. Rossi, Heidelberg: Carl-Auer-Systeme Verlag

(21) F. Farrelly & J. M. Brandsma: Provokative Therapie. Berlin: Springer-Verlag 1986

Christian Ziegler:
Aufmerksamkeitsstörung bei Kindern
Neurobiologische Einsichten und
hypnotherapeutische Behandlung
2001. 238 Seiten, broschiert, ISBN 3-608-89702-X
Leben lernen 146

Neueste neurobiologische Forschungen zeigen, daß Aufmerksamkeitsdefizite mit einer entwicklungsbedingt verzögerten Frontalhirnreifung zusammenhängen. Eigene Forschungen des Autors konnten dies bestätigen und führten zu dem erfolgreich erprobten Behandlungsansatz, der in diesem Buch dargestellt wird: Leichte Tranceinduktionen, ausgehend von der Hypnotherapie nach Milton Erickson, die auf die Bedürfnisse der Kinder abgestimmt wurden, vermögen die Frontalhirnaktivität zu stimulieren und Entwicklungsschritte anzustoßen. Zahlreiche Fallgeschichten demonstrieren dem Kindertherapeuten das Vorgehen Schritt für Schritt.

Milton H. Erickson/Ernest L. Rossi:
Hypnose erleben
Veränderte Bewußtseinszustände therapeutisch nutzen
Aus dem Amerikanischen von Alida Iost-Peter
2004. ca. 320 Seiten, broschiert, ISBN 3-608-89718-6
Leben lernen 168

Das Hauptaugenmerk dieses Bandes liegt auf der indirekten Kommunikation und der therapeutischen Kunst, mit ihren verschiedenen Spielarten Veränderungen beim Patienten herbeizuführen. Durch indirekte Kommunikation werden assoziative Prozesse in Gang gesetzt, die verborgene Ressourcen und neue Reaktionspotentiale hervorlocken. Die Ausführungen Ericksons, im lebendigen Dialog mit E. Rossi entwickelt, erstrecken sich auch auf Phänomene der Tranceinduktion (Katalepsie und ideomotorische Signale), bei denen selbst der erfahrene Hypnotherapeut noch Neues entdecken dürfte.